紀念故宮博物院建院80週年

原載《牛頓雜誌》

中國歷史旅遊文集

─建築・城市・考古・地理 訪查17年

謝敏聰 撰文・攝影

北台科學技術學院副教授

台灣 學生書局 印行

謹以此書作為

故宮博物院 80 華誕

的最乎獻礼

許敦聰

敬賀

2005. 10. 10.

我愛故宮，禮讚故宮
——代序

一、我愛故宮

　　作者從唸小學的時候（1957～1963 年），即已熱愛故宮，至今快 50 年，值故宮博物院建院 80 週年大慶，謹以此書作為呈給故宮的最高獻禮。

　　作者出生於 1950 年，當時國共雙方已隔台灣海峽分治，一直到 1988 年，年近 40 歲，因台灣方面宣布解除戒嚴，並開放到大陸探親，作者才有機會，瞻仰數十年來嚮往的紫禁城。

　　從孩童時代，我就對歷史很有興趣，每當上到有關歷史的課程，則倍感興奮與親切。小學 3 年級的常識課本中，有橋山黃帝陵寢與杭州岳王墓之照片，甚為珍視，時看甚久，仍手不釋卷。尤其照片以黑白製版，益加古味，並能啟發思古之幽情。而也經常閱讀有關歷史的課外書，時至深夜不能眠。

　　小學 5 年級的地理課本，有一章描寫元、明、清國都——北京市，並附了一張故宮宮殿的黑白照片，莊嚴雄偉，當時我很驚訝，知道大陸還有木造的古宮殿存在。

　　初中時代，就讀於台中市衛道中學，母校的前身乃東北四平市的曉東中學，一天忽然在圖書館發現大陸易手以前日本人編印的《北京景觀》一書，內有 5 張彩色圖版，以及眾多的黑白照片，配以簡明的說明，我高興地叫了出來，引起圖書館員的糾正。

作者唸初中時代（1963～1966 年），攝於台中市近郊霧峰鄉北溝，故宮博物院前石獅子旁。

　　適又從一位到過大陸的台灣老人購得北

京易手前的彩色風景卡 35 張，這時候對北京重要的風景名勝有了色彩概念（例如故宮的漢白玉石欄杆、金黃琉璃瓦頂、暗紅色的圍牆、紅色的柱子、金碧的彩畫）。

爾後，每逛書肆，偶能發現北京的舊照片，均反覆欣賞，愛不釋手。

初中地理課本上所附的〈北京市地圖〉及課堂所用的《中國地圖冊》上的〈北京地圖〉，是我仔細研讀的對象，名勝古蹟及城門地點均能默記。教授歷史與地理課程的王德勝老師係河北省寶坻縣人，北京輔仁大學國文系畢業，王師曾長期居住北京，上課時常提及北京風物，無形之中加深了我對北京古城的溫情。

當時，由大陸遷台的故宮博物院展覽館，暫設於台中市近郊霧峯鄉的北溝，地點相當偏僻，而且設備遠不及後來遷到台北後的中山博物院院址完善，但因有故宮之名，而古文物亦由北京故宮遷來，這個時候，霧峯故宮博物院是我常去的地方之一。而後來北遷的台北故宮更是本人常到的地方，除了欣賞文物，也順道在故宮圖書館研讀藝術領域的藏書。

大學依照自己的興趣就讀於台灣大學歷史系，接受史學訓練，研究所就讀於文化大學史學研究所，基於對北京古都長期的強烈情感與喜好，因而選擇了〈明清北京的城垣與宮闕之研究〉作為碩士論文，由恩師李守孔教授指導。

對北京城的研究，迄今一直沒有中斷，1980～1981 年旅美期間，每見有關北京古蹟之中、英、日文等書，無不購閱，再三研讀，有關北京文物的資料日積月累，很是可觀。

1981 年任教於文化大學史學系，1982 年，恩師程光裕教授命筆者參與由張其昀博士監修、程光裕教授主編的《中國歷史地圖》，筆者負責元、明、清時期北京的都市與宮殿等篇章，古今對照，彩色製圖，集成 16 開本。

1983 年應頗具雄厚財力的世界地理雜誌陳明達董事長的約聘撰述《宮殿之海紫禁城》，做為世界地理雜誌的第一部叢書，文長十餘萬字，圖片由香港攝影家在北京實地攝影（當時因台灣實行戒嚴法，不允許台灣人赴大陸拍攝），製作成為菊 8 開、320 頁的洋洋彩色巨冊，是書的發行引起很大的迴響。

1987 年台灣開放到大陸探親，對北京古文物已嚮往三十餘年，如今能一睹真實風貌，自是迫不及待之事，旋於 1988 年 7 月暑假，經由香港直飛北京，得償宿願，實乃筆者此生最感欣慰之事。此次在北京期間花三天的時間在故宮考察研究，兩赴明陵，一涖清東陵，兩到天壇，一逛北海、頤和園、盧溝橋與西山、地壇、太廟、社稷壇、景山。在北京住了 17 天，並拍下了 70 捲幻燈片。

　　此後至今，一有寒暑假，即不時到大陸考察，也不時以北京文物為主要研究領域，或將北京作為中繼站，而轉赴其它各地旅遊，考察報告大多發表於《牛頓雜誌》，即本書所集結之專文。

　　另外，本人在台灣也不時，關切兩岸故宮的發展，也經常帶學生們參觀台北故宮文物，作校外教學。

二、禮讚故宮

　　中華歷史源遠流長，各王朝定都之地也成為當時的政治、文化、軍事、交通、經濟的中心，此或在長安、洛陽，或在開封、杭州，或在南京、北京，各隨國力重心的轉移而選擇京師的所在。

　　長安、洛陽、開封、杭州、南京，因建都年代久遠，屢經戰亂，古代宮闕均已夷為邱墟，園林也盡摧於樵木，其地早已「滄桑數改，存跡已非」，不禁令人「留連落日頻回首，想像餘墟獨倚牎」。唯獨北京，近千年來莊嚴巍煥，至今宮殿依舊，金闕綺麗，成為研究中國傳統宮城制度唯一珍貴的實例，它代表著古代中華文明及文化的光榮。

　　在中國歷史上不乏壯大的宮殿建築，如秦朝的阿房宮，西漢的長樂宮、未央宮，唐代的三內（太極宮、大明宮、興慶宮）均極負盛名。由考古的發掘約略可以確知其規模偉貌。而北京紫禁城是在累積這些歷代宮殿建築經驗的精華，再加以創新的現存世界最大的木構建築群。

　　紫禁城為明、清兩朝的皇宮，輝煌喬麗，誠王者之居，它的建置是集古代中國人的宇宙觀、世界觀及禮教思想與科學技術的偉大成果，充分地表現了中華民族的祖先們有著無窮無盡的創造才能與智慧。

民國以前，深宮大內，警蹕森嚴，普通百姓，無由涉足，儘管在這周圍 3.4 公里內的宮闈禁地有著無數的宮殿、樓閣、門、亭、堂、庫等，絢麗豪華、輝煌璀璨，但是絕大多數的天朝子民也只能遙窺天咫，而無從親歷。

1925 年，故宮博物院成立，故宮內禁開放，民眾始得進入此廣寒秘密之所。見宮內門闕樓台殿宇的宏美深邃，闌檻瑣窗屏罩的金碧流輝，園苑奇花異卉峯石的曲折羅列，氣象萬千，極盡人間奢華，無不驚讚。

這溫潤圓熟，雍容華貴，風格獨特，莊嚴肅穆，雄姿偉立，光華燦爛的紫禁城是 500 年間明清皇帝們權威的象徵。紫禁城不獨可以淋漓盡致地展現出中國傳統宮殿建築的構築之偉、園林之美、雕繪之華、工藝之精，尤足以闡揚中華文化的偉大精神。

台北故宮完善地保護遷台文物，如器物、書畫、文獻，並時常舉辦藝術史的研討會，出版眾多宣傳故宮文物的出版品，對中華文物精品的保存與傳播，居功厥偉，尤足稱述。

三、祝願與感謝

本人從事中華史蹟之研究有年，尤對北京文化古都特別用力，先後有《明清北京的城垣與宮闕之研究》等著作；值故宮建院 80 週年之際，適本人將在《牛頓雜誌》發表過的 17 年來到大陸考察專文，集結出版，謹以本書作為故宮博物院 80 華誕的最高獻禮，祝願我故宮，業務蒸蒸日上！中華文化更加發皇！

作者在考察過程中蒙孫文良教授、王燦熾教授、于善浦教授、張永祿教授、田廣林教授、胡德生教授、芮謙教授、于建設局長、龐淼先生及謝驊、韓玫兩位同學，與內子宋肅懿女士的諸多協助，而《牛頓雜誌》在登載這些科研考察專文中，塗紹基先生、洪家輝先生、徐玉清小姐等高級主管均傾盡全力地支持，均在此一併致謝。

謝敏聰　謹識
2005 年 10 月 10 日

目　　錄

明清北京城正陽門側景

設計營造北京城的建築師們
——蒯祥、馬天祿、雷發達

中國建築師梁思成與林徽音：
「北京——都市計畫的無比傑作。」

美國建築師 Ehmundn Bacon：
「在地球表面上人類最偉大的個體工程，可能就是北京了。」

丹麥建築師 Steen Eiler Rsiussen：
「整座北京城的平面設計勻稱而明朗，是世界奇觀之一，是一個
卓越的紀念物，一個偉大文明的頂峰。」

北京現存的城制與宮殿創建於明成祖時代，以後的約 5 百年，均予增修，形成今天北京城內到處多是紅牆黃瓦、巍峨壯麗的中國帝制時代晚期的古建築，這是由很多優秀、傑出的設計師、科技家所創造出來的傑作。

中國在帝制時代重科舉、輕技藝，史書記載哲匠良工的事蹟並不多見，僅能零碎從史料汲出，再予拼湊整合，從而肯定規建設計建造北京城的建築師們的高度成就。

北京城的營建

明朝的北京城是修改元代的大都城建成的，明朝沿用元代城垣的東牆、西壁，而重新建造南、北側的城牆。

明太祖洪武元年（公元 1368 年），明軍攻下大都，以元大都北部，地多空曠，而城區太大，防衛線過長，因此放棄了北部城區，並在元大都北側城牆以南約 2.5 公里處另築新城牆，北城牆仍像元大都只設兩個城門，重新命名，東為安定門，西為德勝門，從而奠定了明代北京的北界。此外，明初還把東城牆的崇仁門易名為東直門，西牆的和義門易名為西直門。

明成祖永樂元年（1403 年），詔改北平為北京，這是現今北京地點有北京名稱之始。明成祖永樂 4 年（1406 年），皇帝下詔修北京宮殿，15 年（1417 年）開始大舉興工，18 年（1420 年）基本竣工，此次皇工大役共動員 23 萬工匠、百萬民夫，完成了紫禁城及皇城的宮殿、門闕、城池，而且也完成了太廟、社稷壇、天壇、山川壇以及鼓樓、鐘樓等一系列建築。紫禁城周圍 3.4 公里，有 4 個城門，皇城周圍 9 公里，主要也有 4 個城門。

明成祖時也重新規劃北京大城城牆，以作為明帝國的新都城。為了配合京城（後來的內城）為正方形的形態，於是將舊元大都的南城牆拆除，空出地方，成為明清皇城前的東、西長安街（即今北京市的東、西長安街），另在長安街南 1 公里處再築新的南城牆，仍開 3 門，於是京城成為口形態，城周共 20 公里，此即北京內城，也就是今天北京的 2 環交通線（北京現今城區交通線是以環狀擴充，環舊皇城為 1 環，環舊內城為 2 環，再外還有 3 環、4 環……）。

明世宗嘉靖 29 年（1550 年），俺答進兵明帝國，北京戒嚴，這時大臣乃有築外城的提議，因為當時正陽門外是商業區，十分繁榮。而城外居民數又是城內的加倍，應築外城，但考慮工程浩大，先築南面，至嘉靖 32 年（1553 年）竣工，外城計 14 公里。清廷入關，對內、外城牆未予改建，而北京城牆一直為凸形態，以迄 1949 年，北京城牆未有變更。

舉世無雙的古代都市計畫

明初規建北京，最高的思想指導原則有二：一為中國傳統的宇宙觀與世界觀，即北京城的設計要仿照宇宙星極 3 垣 28 宿的排列，以作為世界的中心：二為宗法禮制，主要為《周禮・考工記》一書，即城為正方形，各側城牆開 3 門，左宗（廟），右社稷（壇），前朝後市。

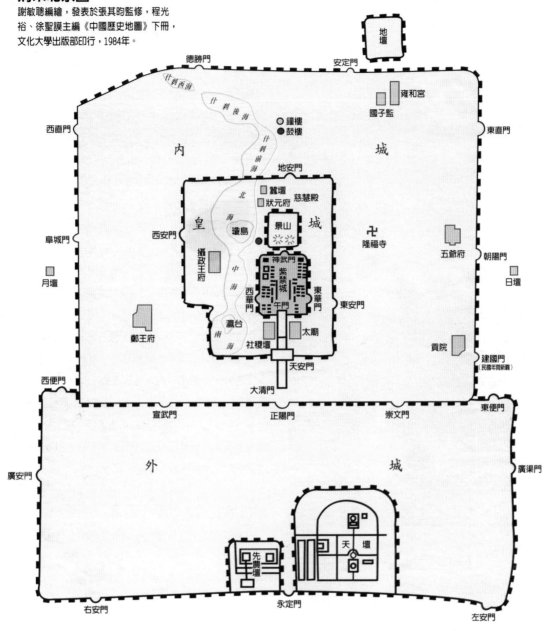

清末北京圖
謝敏聰編繪，發表於張其昀監修，程光
裕、徐聖謨主編《中國歷史地圖》下冊，
文化大學出版部印行，1984年。

　　有了這些指導原則可以遵循，但也不是機械式地照搬，而是結合北京的
地理特點，加以靈活運用，設計成都市計畫的無比傑作。

　　明代北京城的都市計畫是非常嚴密而完整的，外城包圍著內城的南面，
內城包圍著皇城，皇城再包圍著紫禁城。外城、內城、紫禁城的周圍又繞以
既寬且深的護城河，城牆均呈長方形或正方形。

　　在北京城的設計上還沿襲隋唐長安城的制度，採用了按照一條縱貫南北
的中軸線來安排一切建築的布置原理。中軸線南起外城南牆中門——永定門，
穿過紫禁城的中心，北抵鐘樓，總長7.8公里，整座北京城最宏大的建築物和
場地大都安排在中軸線上，而其他各種建築物也都按照這條中軸線來作有機

6　天壇祈年殿。為天壇的代表建築，為皇帝祈禱五穀豐登之地，光緒15年（1889年）遭雷火焚毀，
　　次年照原樣重建。

的布置和配合。

中軸線偏離子午線二度十幾分

據北京晚報 2005 年 3 月 8 日報導，北京城都市風貌中的南北中軸線，不但令北京人引以為傲，也被視為世界城市史上極為罕見的建築藝術軸線。中國測繪科學研究院學者夒中羽有最新發現。

夒中羽是在一次準備拍攝北京全景鳥瞰圖的過程中，從北京的航空影像圖、衛星影像圖、北京地圖中赫然發現，北京南北中軸線並非正南正北，而是有所偏移。

夒中羽進一步以「立竿見影」方式試驗，結果得出，從永定門開始的中軸線到了鐘樓，已經偏離子午線達三百多公尺，即偏離子午線二度十幾分。

由最南往北走中軸線，進入永定門，東邊有天壇，是皇帝祭天的地方，分為 3 部分，南為圜丘壇，中為皇穹宇，北為祈年殿，總面積為紫禁城的 2.5 倍，是中國最大的祭壇。西邊有先農壇，是祭祀農神及皇帝觀看耕種農事之地。

進入正陽門（包括箭樓和城樓），正陽門為整座北京城的正門，一如隋唐長安城的明德門，位居京城南牆的中央門。城樓總高 42 公尺，為當年北京城最高的建築。

經東、西兩城區交通孔道橫亙的棋盤街，進入大清門（今地為毛主席紀念堂），門內為千步廊，直通天安門，天安門前有 ⼞ 形的廣場，外建宮牆，名曰天街，天街東西兩端各建長安左門與長安右門，向南凸出的部分接通大清門，宮牆外為中央官署所在地。

1969 年重建天安門

天安門是皇城的南門，在皇城 4 門中最為偉觀，這裡曾是明清皇帝頒詔書的地方。1969 年 12 月天安門曾秘密重建過。在天安門原址、按原規格和原形式重建。由一批精於工藝的部隊官兵，組成木工連、瓦工連、彩釉連、架子工連和混合連等施工隊。大木作關鍵師傅孫永林參與了此次重建。

重建單位還從非洲和北婆羅洲進口原木 60 根，每根重達 7 噸（長 12 公尺，直徑 0.6～1.2 公尺）。整個城樓共用了 6 公斤金箔，所有的油漆彩畫描龍畫鳳都經過嚴格的一麻五灰十三道工序。光是琉璃瓦就製作近一百種規格，十萬餘件。

1970 年 3 月 7 日天安門城樓重新對外開放，不僅保留原有外形、尺寸和結構布局，還擁有九級抗震能力，安裝了電梯、供電照明、電視廣播、自動攝影機等設施。

天安門往北為端門，再北為午門，午門為紫禁城的正門，是百官常朝集會的地方，又是每有征討凱旋舉行獻俘儀式的地方。

皇城內，天安門東邊為太廟，內供奉皇帝祖先們的牌位；天安門西邊為

天壇圜丘壇

皇穹宇。郭文英參與的作品。殿身呈圓形的木構建築，柱樑結構精巧，內部有3層天花藻井為古建築中所少見的。本宇主要功能為儲存皇天上帝牌位的地方。

社稷壇，這是古代朝廷祭祀土地神及五穀神的地方。

進入午門為太和門，明代在此舉行常朝，即御門聽政，太和殿是明清宮廷正殿，為紫禁城內規格最高的殿宇，為元旦、冬至及皇帝生日3大節及大慶典在這裡舉行慶祝典禮。往北之中和殿為皇帝到太和殿坐朝休息處，再北為保和殿，為殿試試場及每年除夕歡宴少數民族王公貴族的地方。太和殿、中和殿、保和殿稱為外朝3大殿，位於3台丹墀之上。

3大殿北為乾清門，門內為內廷，由南往北依序為乾清宮（內廷正殿）、交泰殿（清代尊藏寶璽的地方）、坤寧宮（明代為皇后寢宮，清代為祭神的地方）。坤寧宮北為御花園，再北為紫禁城的北門——神武門。

在紫禁城以北，座落在中軸線上的是

正陽門城樓。初建於明永樂18年（1420年），為北京城的正門，高42公尺，為明清北京城內最高木的建築。

景山（煤山），登臨山頂可俯看整座北京城，再北為鼓樓、鐘樓，鐘樓為中軸線的終點。

另外，在紫禁城外、皇城內，不在中軸線上的重要建築，西有北海、中海、南海，東有皇史宬。

明清北京街巷的排列採取方正平直的形式，這是由整座城市的方正平直所決定的。大街多作南北向，而胡同多作東西向。內外城共有16個城門（內9外7），每座城門都有1條筆直的大街。大城著名的大街30餘條，形成棋盤式的道路系統，街的大小都有定制，小巷子稱為胡同，遍布大城，有1000多條，為居民住宅集中的地方。

天安門。始建於明永樂 15 年（1417 年），為傑出的建築師蒯祥設計的。城門五闕，紅色墩台高十多公尺，台上重樓九楹，立於兩千多平方公尺的須彌基座上，繪有中國傳統的金龍和璽與紅草和璽彩畫。

天安門為皇帝頒詔，冬至到天壇祭天，夏至到地壇祭地，孟春祈穀到先農壇耕耤田，以及大婚、親征等典禮儀式進行或經過的地方。

1949 年 10 月 1 日，毛澤東主席在天安門城樓宣告：中華人民共和國中央人民政府成立。天安門暨廣場是中華人民共和國的象徵。

明初設計北京的主要建築師

陳珪（1334～1419 年），江蘇泰州人，歷事洪武、永樂兩帝，因戰功封泰寧侯。永樂 4 年（1406 年），建北京宮殿主持籌備及規劃設計，卒於永樂 17 年（1419 年），享年 85 歲。

師逵（1365～1427 年），山東東阿人，亦歷事洪武、永樂兩帝。永樂 4 年（1406 年），下詔營建北京宮殿，師逵被派往湖南及湖北採大木，他率 10 萬人入山，事成後進位戶部尚書，為官清廉，宣宗宣德 2 年（1427 年）卒，年 62 歲。

宋禮（？～1422 年），河南洛寧人，永樂初年任工部尚書，營建北京宮殿之初，被派遣到四川採大木，並督理疏濬大運河，永樂 20 年（1422 年）卒。

蒯祥（1398～1481 年），蘇州吳縣香山人，其父蒯福是明初著名的木

社稷壇。明清兩朝遵《周禮・考工記》：「左祖右社」的古制，建社稷壇於天安門西側。壇上有5色土。遠方拜殿（今中山堂）建於明永樂19年（1421年），是北京城內現存最早的木構建築。

皇城城牆

工，曾主持明太祖建都南京時代的宮殿木作工程，蒯祥年少隨父學藝，後繼承父業，繼續主持南京宮殿木作工程。

明永樂15年（1417年），蒯祥主持北京宮殿郊廟施工，當時才30餘歲，設計營建了承天門（今天安門）、宮廷正殿——太和殿，以及中和殿、保和殿等。史書稱他：「凡殿閣樓樹，以至迴廊曲宇，無不稱上意。」「他精敏聰慧，巧思善畫，能以兩手握筆畫雙龍合之如一。」「每宮中有所修繕……略用尺準度，若不經意，及造成，以置原所，不差毫厘。」

他還參與了營建大隆福寺（今毀，地已成百貨商場）、南內，和西苑（今三海）殿亭，充分顯示了他高超的技藝。尤其大隆福寺鏤刻精巧，壯麗甲於北京諸佛寺。

明英宗正統5年（1440年），蒯祥奉詔重建被雷火擊毀之紫禁城3大殿等工程。另外，明成祖長陵、仁宗獻陵、宣宗景陵、英宗裕陵、景帝的壽陵（後未使用），也是他的傑作。

蒯祥技藝精湛，被譽為蒯魯班，官至工部侍郎（即今營建部次長），卒於憲宗成化17年（1481年），終年84歲。

馬天祿，深州（今河北深縣）人，永樂年間，開辦興隆木廠（木廠為各個工種配套齊全的施工單位），歷明清兩朝，馬天祿及其後人承辦皇室工程營造宮殿、園林、陵寢。

吳中（1372～1442年），也是北京皇宮的設計建築師之一，字思正，山東武成人，永樂5年（1407年）任工部尚書（營建部長），後改任刑部尚書，以軍餉不足，諫停北征蒙古，被好大喜功的明成祖關於監獄。仁宗繼位復其

故宮太和殿。為中國現存最大的殿宇，也是故宮內最堂皇的建築。金碧輝煌，壯麗絕倫。原為明初蒯祥設計，今殿為康熙年間梁九、雷發達重建。

北京鐘樓（左）、鼓樓（右）。鐘樓是明清北京城7.8公里中軸線的迄點。

宣武門內大街四合院。充滿京味的四合院因城市的改建，夾在高樓大廈中。

天安門前的華表柱。天安門前後有 4 根華表柱，雕刻極盡精美，很有可能是明初建築師陸祥設計監琢的。

官，宣宗宣德初年，他將公有的建築材料送給宦官楊慶蓋府邸，被降級並停俸祿 1 年。

英宗正統 6 年（1441 年），宮殿復建完成，進位少師，吳中勤敏而且善於計算，在工部 20 多年，參與北京宮殿及長陵、獻陵、景陵營造，規劃井然有序，但不體恤工匠，又好聲色，時有誹議，卒於正統 7 年（1442 年）。

王順、胡良，彩繪師出身，山西保德縣人，永樂年間建太廟，徵全國繪工到北京。明成祖曾拍王順肩，稱讚有加。

蔡信，是木工出身的建築匠師，江蘇武進人。有精湛的設計才能和瓦木各作的豐富知識，是明成祖營建北京的規劃主要設計人之一。根據史書記載，蔡信「有巧思，……永樂間，營建北京，凡天下絕藝皆徵，至京悉遵信絕墨。」北京宮殿建成後，由工部營繕清吏司郎中升為工部侍郎。除了營建宮殿、園林、壇廟、陵寢之外，蔡信還能利用水力製造水磨。

楊青，瓦工出身，金山衛人（今上海金山縣人），原名阿孫，楊青名為明成祖所賜，擅長估算，精於調配工料，善於安排施工人力，參加營建北京宮殿及陵寢工程，初封太僕少卿，英宗正統 5 年（1440 年）重建 3 殿、2 宮有功，升工部左侍郎。

陸祥，石工出身，江蘇無錫人，明太祖營建南京，曾應徵服役。陸祥「巧思，當用石方寸之許，刻鏤為方池以獻，凡水中所有魚龍荇藻之類皆備，曲盡其巧。」成祖時參加營建北京工程。今天安門前、後的華表柱、故宮 3 台及保和殿後雕有矯龍的階石等傑作，很有可能是陸祥設計監琢的。

阮安，交阯人（今越南境內），由英國公張輔選送之宦官，為一傑出的建築家，史稱其有巧思，曾奉成祖命規劃北京城池宮殿及各官署的營造，他所提的規劃都符合規制，工部只是奉行而已。他的主要成就在英宗正統 5 年（1440 年）重建 3 殿、2 宮，都因有功而受賞，生前賞賜雖富，但都用於工作，身後竟無 10 兩金子。

明朝中期與末年的建築匠師

郭文英，木工出身，陝西韓城人，以技術精巧著名。明世宗崇奉道教，諸多匠師營建宮觀，草擬草圖最能為皇帝稱許的為郭文英，他曾參與北京外城及皇史宬與天壇皇穹宇的設計。

徐杲，亦為木工出身，建築技術高超。明世宗嘉靖 36 年（1557 年），3 大殿及殿門均毀於火災，當時皇帝急於修復，首先復建奉天門（即今太和門），徐杲觀自指揮操作，沒有幾個月就完成了。自正統 5 年（1440 年）到嘉靖 38 年（1559 年），已相隔 120 年，當時沒有準確的建築圖樣，蒯祥、郭文英都已逝世，建築工匠們對原有的規模和制度都不甚了解，只有徐杲憑記憶估算出來。按照他的設計，嘉靖 41 年（1562 年）建成後，竟然和原來的一模一樣，「不失尺寸」。在修建 3 大殿過程中，他用磚石來修補殘缺損壞的須彌座，將小塊、劣質木料經過拼合、斗接、包鑲之後作柱子。這不僅克服了當時大型木材及優質木材瀕於枯竭的困難，而且節省了大量的建築經費。

保和殿後三台下部雲龍石雕，重約 250 多噸，為故宮最大的一塊石雕。

繼重建 3 大殿後，徐杲指揮修建永壽宮，只用不到 4 個月的時間，而且還節省了 280 萬兩白銀。徐杲還參與修建北京外城、皇史宬、太廟，被明世宗拔擢為工部尚書。

雷禮，江西豐城人，嘉靖進士，後任工部尚書。嘉靖 36 年（1557 年）曾與徐杲共同策劃 3 大殿之修復方案，他也具有治河及施工經驗。

馮巧，明末著名的建築家，在萬曆（1573～1619 年）、泰昌（1620 年）、天啟（1621～1627 年）3 朝主持修建宮殿、陵寢的工程，包括重點慈寧宮、坤寧宮、乾清宮、披房斜廊、乾清、日精、月華、隆福等門圍廊房 110 間，並修神宗定陵。重建 3 大殿，在「前朝州籍無可借考」的情況下，費用省而工倍。

皇史宬大殿。郭文英與徐杲參與修建的作品。位於皇城內南池子南口（當時的「南內」範圍），建於明嘉靖 13 年（1534 年），為明清兩代保存史冊的檔案庫。殿宇為全部用磚石砌築的無樑殿，室內有高大的石須彌座，其上放置鍍金銅皮樟木櫃 152 個，其結構具有防火、防潮和避免蟲鼠咬傷的特點。而山牆上有對開的窗，以使空氣對流，設計符合科學原理。

清代的皇家工程制度

清代的皇家工程由樣式房和算房兩單位分工負責和配合，樣式房負責建築設計，由雷氏世家所掌管，有「樣式雷」或「燙樣雷」之稱；算房負責編造各種作法，並做預算、估工計料等規劃，由梁九、劉廷瓚、劉廷琦、高藝等人先後承擔，所以有「算房梁」、「算房劉」、「算房高」之稱。

太廟戟門

皇家工程需先選好地址，由算房丈量，內廷提出建築要求，最後由樣式房總體設計，確定軸線、繪製地盤樣（平面圖）以及透視圖、平面透視圖、局部平面圖、局部放大圖等分圖，由粗圖到精圖才算設計圖完成，已與現代設計十分相似。而在平面圖中繪製個別建築物的透視圖是雷氏創造性地運用互相結合之法，更精確地表現個別情況的手段。

當設計精圖確定後，又繪製準確的地盤尺寸樣，以反映複雜關係，諧調空間布局，估工算料。樣式房的這類圖比例準確，線條清晰，重點突出，是

太廟正殿。明清兩代皇室的祖廟，原建於明永樂 18 年（1420 年），嘉靖 23 年（1544 年）重建，建築師徐杲參與了此次的重建。

以墨線為主，輔以彩色，如遇彩畫例如瀝粉描金，畫面非常醒目美觀。樣式房的設計圖樣經皇帝審批同意以後，再發工部會同內務府算房編造各種作法與估計工料。

清代營造北京的建築師

梁九，木匠出身，順天府（今北京）人，生於明天啟年間（1621～1627年），曾師事馮巧，盡學其藝。馮巧曾以寸代尺，用模型方法指導施工。清初主要工程均由梁九主持，尤其在清聖祖康熙 34 年（1695 年），重建太和殿時，將 1 比 10 的模型設計方法應用於施工，對施工提供了極大的方便。卒年70 有餘。

樣式雷，是清代建築師雷氏世家的俗稱，雷氏世家先後 7 代，在樣式房主持宮廷營繕 240 餘年，其中 9 人具有重要影響。傳康熙初年，營建 3 大殿，

雷發達（1619～1693 年）以南方名匠供役其間（待考），康熙 28 年（1689 年），發達在北京工作 30 餘年解役。

雷發達在主持樣式房工作中，除先進行設計（畫樣），並創造出用草紙板和漿糊燙製成和實物相似的模型小樣的方法，這種立體模型叫做「燙樣」。燙樣使某部件能夠拆卸，便於觀看內部結構。此外，雷氏的設計還注重建築位置的科學性與環境的諧調性，既使二者巧妙配合，又顯示中國建築群的變化布局藝術。

發達子雷金玉繼承父業，此時紫禁城（皇宮）各宮殿除了外東路的寧壽全宮一區，基本上多已重建完成，雷氏家族此後多改在園囿、陵寢發揮，計有暢春園、圓明園、玉泉山、香山園、承德避暑山莊，並在北京城內的北海及中南海適當地添加景致，擴大設計，也設計了嘉慶帝的昌陵（在河北省易縣）及咸豐帝的定陵（在河北省遵化市）。

以圖紙及燙樣為藍圖而具體的施工準則，則遵照工部《工程做法則例》。雷氏留下大量的圖紙與燙樣，時代大多是道光（1821～1850 年）、咸豐（1851～1861 年）、同治（1862～1874 年）3 朝，圖紙典藏於北京圖書館善本部，燙樣主要珍藏於北京故宮博物院，少量散見於北京清華大學。

梁思成先生言：「北京是中國（可能是全世界）文物建築最多的。北京市之整個建築部署，無論由都市計畫、歷史或藝術的觀點看，都是世界上罕見的瑰寶。北京全城的體形秩序的概念與創造——所謂形制氣魄——實在都是藝術的大手筆。」

北京建築群的設計和營造，雄偉壯觀，精巧綺麗，是無數能工巧匠高超技藝的傑作，代表了當時土木建築的輝煌成就。城市是眾多建築的集合體，元、明、清 3 代以來，北京是經過嚴整都市計畫的世界著名大城市。史載營造明代北京，動員工匠 23 萬，民夫 100 萬，本文僅能舉其史載有名的督工與管工官員及經劃設計、技藝特殊的領班。至於未在歷史記載中留名的其他工匠與民夫，在此一併肯定他們對營造北京城、推進中國文明（也是世界文明的一環）達到高峰所做的傑出貢獻。

故宮寧壽宮內皇極殿藻井、金柱及彩畫。寧壽全宮一區及其西側的乾隆花園為「樣式雷」4世時代的雷家瑋、雷家瑞、雷家璽的傑作。

北海公園。雷氏家族在乾隆朝以後，在北京城內的北海及中南海適當的添加景致，擴大設計。

北海靜心齋。為北海公園內建築結構最精巧、造園藝術最高的庭院，建於乾隆 21～24 年
（1756～1759 年），光緒 11 年（1885 年）進行增建。它以疊石為主景，周圍配以樓閣亭榭，小
橋流水等各種建築，布局巧妙。增建靜心齋是「樣式雷」7 世雷廷昌的傑作。

北京孔廟大成殿。建於元代，明初修改元大都，將孔廟設計在內城東北部。

雍和宮法輪殿。雍和宮原為雍正當皇子時的府邸，為北京最大的喇嘛廟。

〔重要參考資料〕

《明史》。萬曆《韓城縣志》。民國《吳縣志》。

于倬雲：《紫禁城宮殿》，香港，商務印書館，1982年。

王燦熾：《燕都古籍考》，北京，京華出版社，1995年。

雷從雲、陳紹棣、林秀貞：《中國宮殿史》，台北，文津出版社，1995年。

北京市文物研究所編：《中國古代建築辭典》，北京，中國書店，1992年。

萬依主編：《故宮辭典》，上海，文匯出版社，1996年。

單士元：《故宮札記》，北京，紫禁城出版社，1990年。

梁思成：《凝動的音樂》，天津，百花文藝出版社，1998年。

孫劍：〈雷發達〉收入杜石然主編：《中國古代科學家傳記》，北京，科學出版社，1993年。

梁思成與林徽音：〈北京──都市計畫的無比傑作〉，載《新觀察》2卷7、8期。

侯仁之：〈北京舊城平面設計的改造〉，載《文物》1973年5期。

許大齡、張仁忠：〈明代的北京〉，收入北大歷史系編寫組：《北京史》北京出版社，1990年。

李孝聰：〈北京城市職能建築分布〉，收入侯仁之主編《北京城市歷史地理·第6章》，北京，燕山出版社，2000年。

http://tw.news.yahoo.com/050308/43/1kek2.html

宋肅懿：《唐代長安之研究》，台北，大立出版社，1983年。

宋肅懿：〈風華唐代長安城〉，載台北，《藝術家》323期，2002年4月號。

謝敏聰：《明清北京的城垣與宮闕之研究》，台北，台灣學生書局，1980年。

謝敏聰：《北京的城垣與宮闕之再研究1403～1911》，台北，台灣學生書局，1989年。

謝敏聰：《北京─九重門內的宮闕》，台北，幼獅文化事業公司，1989年。

謝敏聰：〈紫禁城的規建與沿革及其評價〉，載台北，《明史研究專刊》6期，1983年。

謝敏聰：〈1949年後北京舊城的改建〉，載台北，《時報雜誌》126期，1982.5。

謝敏聰：〈近代北京城變遷1840～1986年〉，載台北，《簡牘學報》12期。

謝敏聰：〈紫禁城─九重門內的宮闕〉，載台北，《時報周刊》147期，1980.12。

謝敏聰：〈記北京故宮的書室〉，載台北，《文藝復興月刊》138期，1982.1。

本文原載《牛頓雜誌》211期，2000年12月號。2005年8月根據新資料增訂。

北京故宫

— 未睹皇居壯，
安知天子尊

紫禁城現通稱故宮，位於北京市的中心，是中國最後兩個王朝——
——明朝、清朝——的皇宮，也是世界上現存規模最大、最完整的
木造工程建築群，同時是中國最大的國家博物院、中國文化最具
紀念性的代表物。

太和殿。為故宮最大，也是最重要的殿宇，氣象莊
嚴雄偉，壯麗絕倫，為明清宮廷正殿。有唐·王維
詩：「九天閶闔開宮殿萬國衣冠拜冕旒」的氣氛。

建制思想——宇宙中心的象徵

紫禁城殿宇巍峨，金闕重疊，瓊樓連綿，雕樑畫棟，絢麗璀燦，氣象萬千，展現出古代天子皇居的雄偉壯麗，莊嚴肅穆。

古代的中國皇帝，自認為是承奉天帝的命令來統治天下的，而在當時的政治觀念中——「天下即中國，中國即世界」，不管是天朝的臣民，或者是四夷外邦，均須以中國皇帝為寰宇的共主。所以皇帝們就依據古代的傳說，以為天上紫微垣的的星座是天帝的寶座，便以紫微當做宮城的名稱，又皇宮之內門戶有禁，因此稱之為「紫禁城」。

紫禁城平面呈長方形，占地 72 公頃，南北長 961 公尺，東西寬 753 公尺，城牆高 10 公尺，有 4 個城門——即南：午門，象徵朱雀 7 宿（星宿）；東：東華門，象徵蒼龍 7 宿；西：西華門，象徵白虎 7 宿；北：神武門，象徵玄武 7 宿。城牆外繞有 52 公尺寬的護城河（筒子河）。城內建築面積 15 公頃，原有房屋 9999.5 間（天宮 10000 間），現存 8662 間（註：「1 間」為 4 柱之間）。

紫禁城內，外朝太和門前有內金水河，象徵天河銀漢。太和殿即模擬明堂星（如《隋書·天文志》所說的：「擬明堂而布政」）。

內廷的乾清宮、坤寧宮，法象乾坤天地，在宮城的正中。乾清宮、坤寧宮二宮之間的交泰殿，是天地交泰之地。乾清門以內的日精門、月華門，以象日月。東六宮及西六宮代表 1 天 12 個時辰。乾清宮東 5 所及乾清宮西 5 所則象徵眾星拱衛宮城。

午門，為紫禁城的南門，也是正門，重檐廡殿黃琉璃瓦頂，為每年頒朔及戰爭凱旋舉行獻俘禮的地方。

由景山南望紫禁城宮殿大觀。九重禁地的千百樓台、金殿輦路，鳳閣龍樓，輝煌華麗，舉世無雙。

　　紫禁城的北門外，明代有市場，又明清時代，北京大城內很多地方也有市場，內、外兩城為天市垣的象徵。

　　紫禁城外又圍有皇城城牆，皇城是太微垣（天帝的南宮）的象徵。

　　紫微垣、天市垣、太微垣及蒼龍7宿、白虎7宿、朱雀7宿、玄武7宿，即「3垣28宿」，為中國古代天文學所認知的宇宙範圍，模擬引申到皇帝的京城。

　　設計明清北京城的建築師又加上《周禮·考工記》：「前朝後市，左祖右社」的理想，今天全部有脈絡可尋。天安門廣場原為明清兩朝宮廷廣場及京堂衙署的所在；紫禁城、皇城的北門（後門）外，明清時代也有市場；天安門左側的勞動人民文化宮原為皇帝的祖廟，即太廟；天安門右側即有社稷壇，現已改為中山公園。

故宮簡史

澆水成冰運載巨石建宮

　　紫禁城於明永樂4年（公元1406年）開始籌備建造，動用了20萬名工匠，100萬名民伕。木料從遙遠的西南各省（四川、廣東、雲南、貴州）及湖廣（湖南、湖北）、江西、山西等地的森林砍伐而來。城磚和牆磚是在山東

臨清燒的，宮殿內的方磚稱為「金磚」，燒於蘇州，用運糧船運到北京。石塊則採於北京西南的房山縣，沿途掘井，以利冬天在路上澆水結冰，然後利用平底船運載巨石在冰上滑行：根據賀仲車軾《冬官記事》一書的記載：「（明世宗）嘉靖時，3 殿（指今太和、中和、保和等殿）中道階級大石長 3 丈、闊 1 丈，厚 4 尺，派順天府等 8 府，民夫 2 萬，造旱船拽達……計 28 日到京，官民之費，總計 11 萬兩銀有奇。」現在保和殿後御道上的一塊大石雕，重達 250 多噸，可能是這類大石之一。

永樂 15 年（1417 年）正月起，由平江伯陳瑄督漕，運大木到北京，2 月，由泰寧侯陳珪督工建造，陳珪的經劃有條理，但實際管工的為成祖的親信太監阮安和工部尚書吳中。

北京新宮闕的規制與南京宮城是一樣的，但更為壯觀。此後，明朝的帝王們對於北京宮殿多有增建，因此，明代的宮苑大內規制宏麗，崇樓疊閣，摩天連雲，殿樓亭閣等多達 786 座。宮殿有的高達 9 層，基址牆垣都用上述的臨清磚，木料俱用楠木，史載宮女 9000 人，太監 10 萬人（此段的史料數字太誇大了，根據當時的狀況，推測為宮女 3000 人，太監 20000 人）。

火災兵災連連屢燬屢建

明代紫禁城大小宮殿在火災之下，屢建屢燬，統計 3 殿 2 宮各 4 次被災，最後一次是李自成離開北京時，此時大半宮室均已燬壞。

清順治元年（1644 年）5 月，多爾袞率大軍進入北京城，前明文武官員出迎這位攝政王，多爾袞於是乘輦入紫禁城武英殿升座。同年 9 月，順治帝車駕入宮，御皇極門（今之太和門）頒詔書，大赦天下。

從順治元年（1644 年）起，開始整理破敗不堪的紫禁城，先修乾清宮，繼建太和殿、中和殿、位育宮……等。爾後康熙、雍正、乾隆三朝也都極力地經營，耗資無數，使這九重禁地的千百樓台、金殿輦路、鳳閣龍樓更為輝煌華麗，舉世無雙。但自嘉慶以後，因內憂外患，國家多事，甚少增建。

宣統 3 年（1911 年）清帝退位，民國政府與清室訂〈優待條例〉，其中有「大清皇帝辭位之後，暫居宮禁，日後移居頤和園」，從此溥儀就在紫禁城的北半部（內廷）一直居住到民國 13 年（1924 年），才被馮玉祥驅逐出去。

紫禁城的南半部（外朝）則於民國 3 年（1914 年）開放，改為古物陳列所，清室御物及熱河（今承德市，仍有清帝的避暑山莊）、瀋陽（仍有清朝入關以前的皇宮）等行宮運來的歷代珍藏古董等物，均公開展覽。太和殿一度曾為袁世凱「登基」稱「帝」之場所。

民國 14 年（1925 年）10 月 10 日，紫禁城的北半部成立了故宮博物院，開放內禁，揭開了明清 500 年來皇帝宮苑的神秘面貌，使一般民眾都能一睹宮廷的真面目。

民國 20 年（1931 年），918 事變後，中日華北戰事吃緊，故宮珍藏文物乃分批南遷到南京與中央博物院古物會合，再西遷後方。抗戰勝利後古物遷

京故宮平面圖

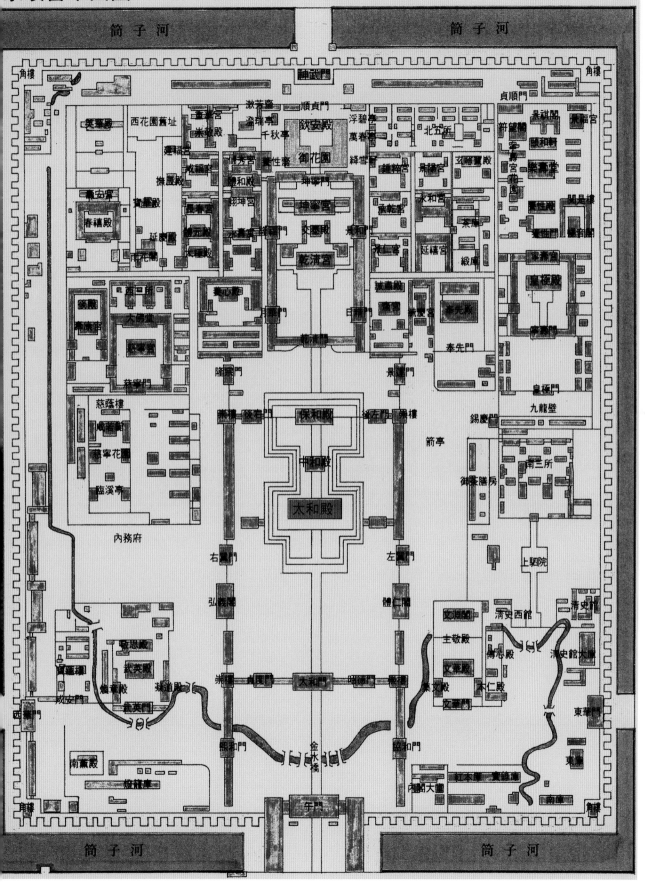

太和門全景

返南京，旋因國共戰爭，國軍失利，國府乃選精品，先移存台中霧峰北溝，關展覽室，後來古物又北遷台北士林外雙溪，即今之台北故宮博物院。

外朝——皇帝正式的辦公區

從漢代以來，中國皇宮即可分為前、後兩部分，前部稱「省」，即外朝，是皇帝與大臣決事之所，後部稱「禁中」，即內廷，是皇帝后妃燕居的地方。即「前朝後寢」的布局。

走進紫禁城午門，也就是進入了外朝，首先看到了由一大片紅牆及黃琉璃瓦組成的宮殿群。午門是紫禁城的正門，由 1 座大樓和兩旁 4 座略小的崇樓所構成，平面呈「凹」的形制，向上仰望樓頂，金色堂皇，至為壯觀，門前可容納 20000 多人，門樓正中設有寶座，當國家有大慶典，以及征討或凱旋獻俘的場合時，皇帝便親自到此地接受朝禮。

外朝主要建築有太和門、太和殿、中和殿、保和殿與東西兩翼的文華殿及武英殿。

太和門、太和殿建構偉觀

太和門是太和殿的正門，也是紫禁城內宮廷最大的門座，建於漢白玉石崇基之上，架構宏偉，門左、右羅列銅獅，更顯現出天子正朝儀門的尊嚴。門前的金水河曲折多姿，形似玉帶，象徵天上銀河，河上跨 5 座雕刻精美的

太和門—為宮廷最高大的門座。太和門左、右有兩頭銅獅羅列，益顯天子正朝儀門之尊嚴。銅獅雕刻，極盡富麗，而其雄偉，尤稱北京第一。

太和殿內寶座。太和殿正中放置金漆雕龍寶座，寶座正位於北京城中軸線的中點，雕刻纖麗，龍身昂曲。寶座旁有 6 大根蟠龍金柱，寶座後精美圍屏，殿內的金龍藻井倒垂著圓球軒轅鏡，天花板繪龍戲珠圖。

漢白玉石（大理石）單拱石橋，與太和門配置在一起，蔚成一幅漂亮的圖案。

進太和門後往北，依序為太和、中和、保和殿等 3 大殿。3 大殿建於 1 個工字形 3 層漢白玉的丹墀（台基）上，四周廊廡環繞，氣勢磅礡，為皇宮大內最壯觀的建築群。

太和殿是中國現存最大的單一木構建築，也是紫禁城內規模最大的宮殿，氣象莊嚴，為外朝的正殿，往昔統治華夏 400 餘州的天子正朝，落成於明永樂 18 年（1420 年），今殿竣工於清康熙 37 年（1698 年）。殿基高 7 公尺，殿高 35.05 公尺，東西長 63 公尺，南北寬約 33 公尺，正面有 12 根圓紅柱，殿內有瀝粉金漆木柱和精緻的蟠龍藻井，而金漆雕龍寶座是統治權的象徵。這裡是明清皇帝登基的地方，而每年元旦、冬至、皇帝生日及大慶典，皇帝必至此殿接受朝賀。

中和殿是皇帝到太和殿大朝的休息處。保和殿是殿試試場。文華殿則是皇帝講解儒家經典的講堂。武英殿用途歷代不同，清代時內廷校勘書籍之地，現今流傳坊間著名的古版本——殿本，就是來自武英殿。

太和殿仙人及走獸琉璃脊飾

太和殿前銅鼎

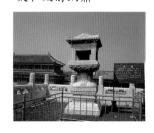

太和殿前嘉量

太和殿前銅鶴

內廷——皇帝及其家人居住

乾清門以北為內廷，此處離午門約 600 公尺。內廷殿宇眾多，千門萬戶，目迷五色。

清代紫禁城以內，到了黃昏的時候，除了值班乾清宮的侍衛以外，上自王公，下至伕役（即蘇拉）全走得乾乾淨淨，除了皇帝自家人之外，再沒有 1 個真正的男性。

故宮博物院開放以後，將內廷區分為五路：即中、東、西、外東、外西路。中路明代稱中宮，除了乾清、交泰、坤寧 3 宮是歸皇帝、皇后居住外，御花園（瓊苑）也在中路。東路原為皇子們所住，所謂「東宮太子」。西路的宮室都較寬大，為皇太后、皇后及妃嬪等居住，即所謂的「西宮」。外西路多為先皇帝的老妃嬪居住之所，外東路統稱寧壽宮，乾隆帝、西太后均曾住過。

中路（中軸線上）

中路的配置與外朝 3 大殿相似，不過規模略小。

乾清門 清代自康熙朝（1662～1722 年）直到道光朝（1821～1850 年），皇帝皆御門聽政於此，凡奏事、題本、除授、引見皆在此舉行，乾清門左右有上書房及南書房。上書房為清代皇子、皇孫讀書之所，其階下為習射之所。

乾清宮 內廷正殿，也是明清皇帝的寢宮與日常辦公的地方，節日時在此大宴群臣。此外，皇帝崩殂停靈柩於此。明代時是皇帝的寢宮，明末的移宮案，就是以爭奪居住乾清宮而爆發皇位繼承的政爭。清雍正以後作為皇帝辦理日常政務、召見百官之所，清末也在這裡接見外國使節。此宮東西 45.5 公尺，南北 20.5 公尺，正面 10 柱。宮中設寶座，上懸順治帝題「正大光明」

中和殿（前）及保和殿（後）

乾清門—外朝、內廷的分界

乾清宮—內廷正殿，明朝、清初皇帝寢宮。

乾清宮前走廊天花

乾清宮前的銅龜及金殿

交泰殿門扇

的匾額，雍正帝以後，匾額後藏著清代嗣儲君的名字，稱為「儲位密建法」。

交泰殿 平面方形，每邊 16 公尺，在乾清宮與坤寧宮之間，象徵天地交泰。明代曾為皇后寢宮、皇后生日在此受賀。殿制與中和殿同，內圓頂滲金雕刻花紋極精緻。殿內儲寶璽凡 25 顆，承以朱架，裹以黃綾，依次排列，殿之東側有乾隆年製之中國古代計時器——銅壺滴漏。

坤寧宮 交泰殿後為坤寧宮，原為明代皇后寢宮，皇帝大婚時在這裡舉行 3 天儀典，3 天以後，皇帝、皇后各回自己所住宮室。明代宮後有鞦韆，清

交泰殿寶座

明節宮眷遊戲於此。按滿洲習俗：祭祀於正寢。故中 3 間改為祭天跳神之所，此乃依照盛京（瀋陽）清寧宮舊制。內有煮肉祭神之大鍋、吃肉木炕及法器等。宮前右側的神竿，俗稱「祖宗杆子」，便是祭天時懸肉骨之用，並於竿下跳神。

宮內的東暖閣有 3 間，為皇帝大婚合巹之所（新婚之房），臨窗南面為大炕，名龍鳳喜床。

御花園 建於永樂年間（1403～1424 年），面積約為 12000 平方公尺，是「宮廷式」花園，佈置章法按照宮殿土次相輔、左右對稱的格局來安排，山石樹木做為陪襯建築和庭院景物，佈局緊湊，建築以富麗取勝。

園景大致分 3 路，天一門是御花園的入門，門內面闊 5 間重檐盝頂式的欽安殿是最主要建築，內供奉玄天上帝。其餘 20 餘座建築結構精巧多樣。摛藻堂，乾隆時為書庫，內原藏《四庫全書薈要》12000 冊，現藏台北故宮博物院。

天一門。御花園的正門，取天一生水之義。

欽安殿

御花園位育齋

御花園的太湖石及花卉盆景。顯示出御花園「奇花異卉嬌帶露，姹紫嫣紅顯雍容」的典雅華貴。

內東路

此路南為齋宮及奉先殿，北為東六宮

齋宮 雍正9年（1731年）建，因雍正得位是與弟、兄鬥爭而來，即位後仍持續數年，因此行動起居警蹕特甚。根據以前制度，舉行祭天大典，皇帝要在天壇齋宿，到雍正始移於此。後沿此例，皇帝到天壇及地壇祭天地時，先於此齋宮吃1天齋。

奉先殿 建於永樂15年（1417年），仿金陵之制，明朝以太廟時享未足展孝思之誠，復於宮內建奉先殿，如廟寢制。國家有太廟以象外朝，有奉先殿以象內朝。

東6宮 是眾妃的寢宮，順治皇后佟佳氏於景仁宮生下康熙皇帝，光緒的珍妃亦曾居景仁宮；延禧宮清末改建為水晶宮；永和宮為雍正的生母孝恭仁壽太后、同治的慧妃、光緒的瑾妃住過；鍾粹宮明代為光宗朱常洛為太子時所居；清咸豐帝奕詝為皇子時也曾居此宮；慈安太后因居鍾粹宮而被稱為東太后。

景陽宮，乾隆年間是貯存圖書的地方，後殿康熙、乾隆登基前都曾在此讀書，其匾曰：「御書房」。

奉先殿，為內廷祭祀皇帝祖先的殿宇。

故宮的井亭

鍾粹宮。清代晚期，慈安太后和隆裕皇后曾先後居此。

景陽宮。清代為貯圖書之處。

承乾宮，明代為東宮娘娘居所，清代這裡長久無人居住。

內西路

南為養心殿，北為西 6 宮。

養心殿 除太和殿外，養心殿可謂清宮中最重要的地方，置於何時已不可考；惟明・劉若愚《酌中志》已載有養心殿。殿名取自《孟子》：「養心莫善於寡欲」之意。

清康熙以前皆以乾清宮為寢宮，從雍正以後，清帝年紀稍長都要住到這裡來，也就是以此為宵旰寢興之所。並於此批閱重要奏摺，發佈諭旨，接見近臣。咸豐 5 年（1855 年），咸豐與僧格林沁在此舉行最隆重的「君臣抱兒」大禮；同治 7 年（1868 年），曾國藩由南京來，於此被召見 3 次；慈禧於此垂簾聽政；隆裕太后的遜位詔書也於此頒佈。「復辟」後的溥儀也在此召見張勳，當面給他封賜。

養心殿。從雍正以迄宣統，這裡是皇帝寢殿。 養心殿內寶座

養心殿門額。由宮殿坐北
朝南的方向看：左為滿
文，右為漢文。

養心殿為工字形建築，前、後殿相連，前殿辦事、後殿就寢。前殿 7 間，上懸清世宗雍正帝御筆匾額：「中正仁和」。

西 6 宮為：

長春宮，乾隆及其孝賢皇后、慈禧太后曾住過。

永壽宮，嘉慶的如妃之居所。

太極殿，同治帝及其瑜妃的住處。

咸福、翊坤、儲秀宮，慈禧都住過。特別是慈禧太后為慶祝她 50 壽辰，大肆修宮殿，連同賞賜、飲宴、唱戲等共耗銀 125 萬兩，現在儲秀、翊坤宮、體和殿等處彩畫、雕花隔扇、門窗及殿外銅龍、銅鶴等都是當年製作的。

東西 12 宮，都有前殿、後殿、周圍廊子、配殿、宮門等等，大小諸殿門群立，蔚為豪壯華麗，飾以宮燈、聯對、繡榻、龍床、屏風等，在各座殿堂周圍還有 4 公尺高、2 公尺寬的小宮牆，自成一個體系。

外東路

寧壽全宮在紫禁城東北部，為俗稱的外東路。乾隆 36 年（1771 年），乾隆帝為自己準備登基 60 年退位後，當太上皇而擴建寧壽宮。但乾隆帝退位後很少到此地來。

宮分南北兩部分，南半部為皇極殿、寧壽宮；北半部有養性殿、樂壽堂、頤和軒、乾隆花園等建築。

皇極殿 是寧壽全宮的正殿，制如乾清宮而略小，殿前的陳設與太和殿、乾清宮大略相似。

光緒 20 年（1894 年），慈禧 60 歲生日，在皇極殿接受祝賀。10 年後（1904 年），慈禧 70 壽誕時，在這裡接見過美國、德國、比利時、英國、日本與法國等的使節。

承乾宮—東六宮之一，曾為清順治董后所居。

樂壽堂仙樓。樂壽堂為寧壽宮的書室，此堂乾隆、慈禧均曾寢居。

儲秀宮—慈禧太后曾居此度過50壽辰。

長街及琉璃門

翊坤宮。慈禧太后為貴妃時曾居此宮。

體和殿內部陳設。此殿曾是慈禧吃飯的地方,也曾是光緒選后定妃之地。

長春宮，為西六宮之一。乾隆皇帝的孝賢皇后曾住過。慈禧太后亦曾居此。

養和殿匾額

儲秀宮東廂養和殿殿額

寧壽宮　寧壽全宮內特有一室，亦名寧壽宮，制如坤寧宮，其西楹，是太上皇敬奉薩蠻教(Shamanism)神位的地方。乾隆 60 年（1795 年）乾隆歸政後，定此宮為太上皇寢宮，一直到光緒親政，慈禧太后也曾住到這裡來。

外西路

一如其他各路，豪華宮殿眾多。多是皇太后、太妃的居處。另佛堂也多，花園有兩處，它的建築特點是適應年邁老婦人修身養性的需要。

乾隆花園玉翠軒竹香閣。乾隆花園有較多的江南風格。竹香閣內結構悉以竹為之。

皇極殿。為寧壽宮正殿,制如乾清宮而略小,殿前的陳設與太和殿、乾清宮大略相似。

41

倦勤齋。裝修相當考究，掛檐以竹絲編嵌，鑲玉件，四周群板雕刻百鹿圖，槅扇心用雙面透繡。

神武門—紫禁城的北門

結語

　　紫禁城有它輝煌的時代，從明永樂 19 年（1421 年），到清宣統 3 年（1911 年）的 491 年間，曾有 24 位皇帝在這裡發號施令，統治中國。而約 16 萬平方公尺的龐大古建築群，具有中國古代木結構建築的獨特風格，為中國古建築的精華；院藏大量的歷代藝術品，是中華民族寶貴的文化遺產，它們代表中國光榮的過去。參觀故宮，宛如進入時光隧道，彷彿歷史場景之再現。它是一般大陸遊客首選的旅遊地點，也是全世界特級的觀光勝地之一。2005 年值故宮博物院建院 80 週年，故宮完成中軸線的周邊古建大修，並開放武英殿區，同時建福宮花園也已重建完成，2008 年奧運前將先完成中軸線主殿如太和殿、乾清宮及東西 6 宮等古建築群的修繕，2020 年故宮落成 600 週年時，將恢復「康乾盛世」金碧輝煌的歷史原貌，21 世紀初故宮的維修是 100 年來最大規模的維修。

〔重要參考資料〕

《明史·成祖紀》。清·朱彞尊：《日下舊聞考》。

清·孫承澤：《春明夢餘錄》。清·于敏中：《國朝宮史》。

那志良：《故宮 40 年》，台灣商務印書館，1966 年。

于倬雲：《紫禁城宮殿》，香港商務印書館，1982 年。

《北京旅遊手冊》，北京旅遊出版社，1986 年。

陳捷先老師：《儲位密建法》，載《雲五社會科學大辭典·歷史學》台灣商
　　務印書館，1970 年。

易叔寒：〈多少蓬萊舊事〉，載《中央月刊》1974 年 8 月。

王璞子：〈故宮御花園〉，載《文物》1959 年 7 期。

于倬雲：〈故宮太和殿〉，載《文物》1959 年 11 期。

單士元：〈故宮〉，載《文物參考資料》1957 年 1 期。

單士元：〈故宮乾隆花園〉，載《文物》1959 年 1 期。

鄭連章：〈北京故宮乾隆花園的建築藝術〉，載《中國紫禁城學會論文集》
　　第 3 輯，2004 年。

鄭連章：《紫禁城城池》，北京，紫禁城出版社，1986 年。

尚國華、芮謙：〈影響紫禁城宮殿與家具陳設的因素芻議〉，載《中國紫禁
　　城學會論文集》第 3 輯，2004 年。

胡德生：《中國古代的家具》，商務印書館國際有限公司，1997 年。

謝敏聰：〈明清北京建制的思想淵源〉載《中央日報》1980 年 5 月 6 日。

謝敏聰：《明清北京的城垣與宮闕之研究》，台灣學生書局，1980 年。

　　本文原載《牛頓雜誌》182 期，1998 年 7 月號。2005 年 8 月根據新資料增訂。

瀋陽故宮
—— 大清王朝創業皇宮

瀋陽故宮為清帝入關前的皇宮，因屬草創時期，屋宇不甚宏廓，規模簡約。
但它是目前除北京故宮而外，僅存的 1 座保存規制完整的中國古代正式宮
殿。瀋陽故宮富滿族色彩，它對研究清朝初期的宮殿建築及地方與民族特色
均有極大的價值。

1988 年瀋陽民俗節，演出復原清宮朝儀——「皇上聖躬康泰，萬歲！萬歲！萬萬歲！」。

前言

潘陽故宮在遼寧省瀋陽市舊城的中央,原名盛京宮闕,入關後改稱奉天行宮。始建於後金太祖天命 10 年(公元 1625 年),清太宗崇德元年(1636 年),基本建成。

清世祖順治元年(1644 年),清廷入關,遷都北京,從此盛京(瀋陽)成為其留都。

清聖祖從康熙 10 年(1681 年)蒞臨瀋陽巡幸和祭祖,一直到清宣宗道光 9 年(1829 年)成為清代歷朝皇帝東巡謁陵的定制。康熙、雍正、乾隆、嘉慶、道光 5 朝約 160 年間,先後有 11 次東巡,每次巡幸,皇帝均居故宮,朝政於崇政殿,多寢於清寧宮,因此瀋陽故宮在康熙、乾隆 2 朝又曾修繕與擴建。

瀋陽故宮全部建築物約 70 餘棟、300 餘間房,10 幾

瀋陽故宮前街—瀋陽路

瀋陽故宮宮門

組院落,面積 6 公頃,比起北京故宮 9 千 9 百多間房,面積 72 公頃的規模相差很多。南向,長方形,南北長,東西短,氣象整齊嚴肅。

瀋陽故宮可分為 3 大部分:東路為大政殿區,中路為大內宮闕區,西路為文溯閣區。大內宮闕區還可分為 3 部分,中央宮闕,東側小部分為東宮,西側小部分為西宮。

大政殿區

大政殿區是故宮最早的建築物。大政殿原稱「大殿」,為太祖所建的 8 方亭,俗稱 8 角殿。全高 18 公尺,為東路的主體建築。2 翼輔以方亭 10 座(左、右各 5 座),俗稱 10 王亭,組成 1 組完整的建築群。這裡是皇帝舉行大典的地方。崇德 8 年(1643 年),福臨在此登基繼位,次年改元順治,是為清世祖。

崇德元年(1636 年),曾名篤恭殿,康熙時改今名。有大木架結構。重簷。頂為黃琉璃瓦綠剪邊,16 道 5 彩琉璃脊,中為寶瓶火焰珠攢尖頂。殿的

門額以滿漢字排列，書「大政殿」。下有須彌座台基，周圍繞以青石雕欄。殿身 8 邊均為「斧頭眼」式槅扇門。內為徹上明造（建築物的梁枋構件加工較粗糙，叫做「草栿」，因此用天花板遮沒，天花板以下的梁枋叫「明栿」，而梁枋加工工整，不必用天花板，全部是明栿，叫做「徹上明造」。），有極精緻的斗栱、藻井、天花。正門前雕雙金龍蟠柱。殿前為南北長 195 公尺，東西寬 80 公尺的廣場，正中闢為通道，兩側排列 10 王亭，居前的 2 亭為宗室王貝勒議政之所；其餘為 8 旗大臣辦公之地，按紅、黃、藍、白、鑲紅、鑲黃、鑲藍、鑲白以次序列。丹墀下，左、右各有 1 座音樂亭。殿後有鑾駕鹵簿（儀仗）庫 11 間。建置莊嚴肅穆，這種特殊的建築式樣與北京故宮不同，反映騎馬的滿族的天幕形式，但部分式樣確也受漢式建築的影響。

大內宮闕區

　　大內宮闕區建於太宗崇德 2 年（1638 年），位於大政殿區、文溯閣區的中間，南北長 400 公尺左右，東西寬 120 公尺左右，呈長方形。正門為大清門，自大清門往北到清寧宮，凡分為 4 重院落。此路相當於「外朝」與內廷。

大清門——盛京午門

　　第 1 重即大清門。大清門是皇宮的正門，位於故宮建築群中路南端，是 1 座 5 間硬山式（雙坡屋頂，兩側山牆同屋面齊平，或略高於屋面）屋頂的「屋宇式」大門。

　　大清門俗稱午門，建於天聰 6 年（1632 年），皇太極多次臨御此門頒賞文武官員及外國使節，康熙、乾隆等皇帝東巡盛京時也在此多次舉行活動。因而此處宮廷禁地，左、右兩側的「文德坊」和「武功坊」，有重兵把守，戒備森嚴，不令閒雜人等靠近。

　　大清門南，越過現在的瀋陽路，東、西各有 1 座 4 角攢尖頂的奏樂亭。清代皇宮外朝舉行重大典禮時，都要於此設樂演奏，兩亭之南，各有 1 座 5 間硬山頂布瓦（灰瓦）房，稱作「朝房」，為王公、大臣等待上朝的地方，2 座朝房之南，正對大清門的地方，乾隆年間，皇帝命在這裡修起了 1 座長數丈的照壁牆。

崇政殿——皇宮正殿

　　進入大清門為第 2 重院落，中間為御路，沿御路往北不到 100 公尺，登

崇政殿——皇宮正殿

崇政殿御座

上丹陛，便是金碧輝煌的皇宮正殿——崇政殿，俗稱金鑾殿。崇政殿是 1 座面闊 5 間、硬山前、後廊式建築，周圍有石欄杆圍繞，雕有麒麟、獅子和梅、葵、蓮等紋飾。其山牆頂端和正脊上鑲嵌著 5 彩琉璃趕珠龍，兩端為「虬吻」。

崇政殿的廊柱、殿柱皆漆以朱紅色，十分耀眼。廊柱為方形，殿柱為圓型。殿內頂棚為「徹上明造」，不飾天花。望板上用和璽彩畫的手法彩繪藍地白雲。

殿中央設有木台，高 1 公尺餘，台上設有大方椅 1 座滿刻龍紋，即皇帝的御座，椅後木製圍屏，雕刻很精緻。

殿前台基上安設「日晷」、「嘉量」。

皇太極使用崇政殿的時候最多，除在此

47

崇政殿雀替

崇政殿山牆墀頭

崇政殿嘉量

崇政殿日晷

舉行重大慶典活動，也作為常朝之所。天聰 10 年（1636 年），後金改國號為清的大典也在此舉行。

崇政殿的兩側，闢有左、右兩翊門，可通往後院，進入院內，便是鳳凰樓，這是故宮第 3 進院落。

鳳凰樓——清代瀋陽最高的建築物

鳳凰樓建於後金天聰元年（1627 年），為人工堆砌成的近 4 公尺高台上的 3 層單檐黃琉璃瓦綠剪邊的高樓，高聳矗立，雕梁畫棟，它是後宮的大門，也是昔日盛京最高的建築物，「鳳樓曉日」為盛京 8 景之 1。建成初期是君主、大臣進行軍政策劃與舉行宴會的場所；後為皇帝與妃嬪宴遊之地。清入關後，這裡曾貯藏《實錄》、「聖訓」、「玉牒」、「聖容」及在關外行用的「玉寶」。

乾隆 13 年（1748 年）又於鳳凰樓前東側增建師善齋，及齋南之日華樓；西側增建協中齋，及齋南之霞綺樓，這大抵是宮人所居的地方。

台上 5 宮——皇太極的後宮

第 4 進院落為清寧宮的 4 合院，清寧宮居中，東、西廂為皇太極 4 位側妃所居，統稱「台上 5 宮」。高台約為 4 公尺。

從努爾哈赤起兵始，皇帝的「宮室」均建於山地之上，或半山坡上，這固然由於生活習慣，但也為了安全理由，即便於防守，也便於瞭望敵情，因此建宮於高台，形成「宮高殿低」，與北京故宮「殿高宮低不同」。

清寧宮也稱正宮，地址最高，硬山式 5 間 11 檁，前後出廊，屋頂為黃琉璃瓦綠剪邊。門開在東側第 2 間，東間暖閣內，是清太宗和皇后博爾濟吉特氏的寢宮。西 4 間是皇帝祭神之所。宮內南、西、北三側環炕，北炕東端安有兩口大鐵鍋。院內東南角立有祭天用的薩蠻教(Shamanism)神杆（也稱為索倫杆）。這些都保存著滿族住居的特色。

清寧宮的東、西兩側是東、西配宮。東配宮南有關雎宮（宸妃寢宮）、衍慶宮（淑妃寢宮）；西配宮南有麟趾宮（貴妃寢宮）、永福宮（莊妃寢宮，順治帝的出生地），都是 5 間 9 檁硬山式，前後出廊，頂黃琉璃瓦綠剪邊，正脊上裝飾著龍鳳紋。

鳳凰樓。為清代盛京最高的地方，「鳳樓曉日」為盛京 8 景之 1。

東、西宮

　　崇政殿的兩側各有 1 座狹長的院落，俗稱東、西宮。

　　東宮有垂花門、頤和殿、介祉宮、敬典閣等建築，是乾隆回瀋陽「東巡」祭祖時，為他的母后修造的寢宮。

　　西宮有垂花門、迪光殿、保極宮、繼思齋、崇謨閣等建築，是「東巡」中乾隆、嘉慶、道光的寢宮。崇謨閣曾存放著稱世界的清朝入關前用滿文記述的編年史《滿文老檔》。兩宮均建成於乾隆 13 年（1748 年）。

文溯閣區

　　文溯閣是西部建築的主體，輔助建築後有仰熙齋、前有嘉蔭堂、戲台等。

　　文溯閣建於乾隆 47 年（1782 年），取周詩「溯間求本」之意「而予不忘祖宗創業之艱，示子孫守文之模」。專作庋藏《四庫全書》之用，此地也是皇帝東巡瀋陽時讀書的地方。建築形式仿自浙江寧波天一閣，面闊 6 間，2 樓

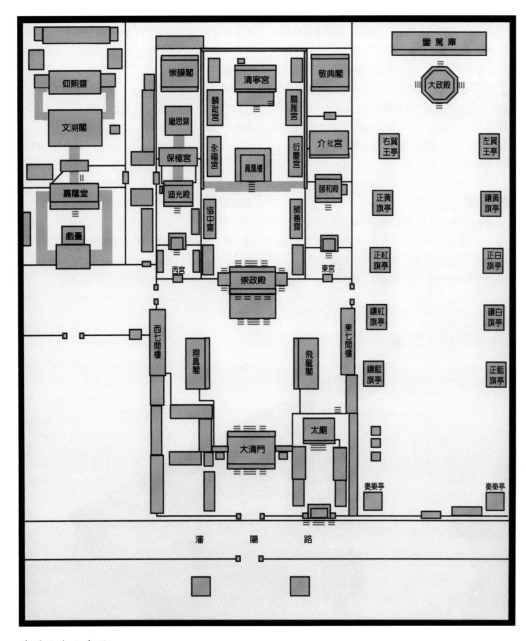

濬陽故宮示意圖

3 層重簷硬山式，前、後有出廊，頂為黑琉璃瓦加綠剪邊。前、後廊簷柱均飾
以綠色。閣東有碑亭 1 座，內有刻滿、漢 2 種文字的《御製文溯閣記》和《宋
孝宗論》。

嘉蔭堂也為歷朝皇帝祭祖謁陵時，居住之所。

太廟

太廟為皇室家廟，後金天聰 10 年（1636 年），清太宗皇太極為供奉祖

清寧宮－帝后寢宮

介祉宮

文溯閣。存放《四庫全書》之地，閣仿寧波天一閣建。根據新華社報導，1966年由瀋陽運抵蘭州，
作為甘肅省圖書館重點特藏文獻的文溯閣《四庫全書》由於氣候環境乾燥，在近40年受到很好的
保護，甘肅省政府新修的九洲台文溯閣《四庫全書》藏書館，於2005年7月8日舉行開館儀式。

51

文溯閣寶座

太廟

太廟內陳設

先，首建太廟於撫近門（今瀋陽大東門）外 2.5 公里，為清代太廟之始。太廟前殿設太祖努爾哈赤及皇后葉赫那拉氏神位，開國功臣費英東、額亦都配享兩側；後殿供奉努爾哈赤以上 4 祖及妣神位，伯祖禮敦配享。凡有國家重典均至太廟致祭。

乾隆 43 年（1778 年），皇帝旨令移建盛京太廟於大清門東景佑宮故址，即今瀋陽故宮中路東南端。

移建後的太廟，正殿 5 間，東、西配殿各 3 間，廟門 3 間，組成 1 座 4 合院，各殿屋頂皆滿覆黃琉璃瓦，而無宮內那樣飾以綠剪邊。直至清末，太廟主要收貯清代帝后冊寶，這裡綜合了盛京太廟兩個不同歷史時期的原貌。

結語

瀋陽故宮為清朝肇建初期的皇宮，在太祖、太宗時代，清帝居此 19 年。清廷遷都北京後，清帝們先後又有 11 次東巡瀋陽祭祖，因此到道光朝（1821～1850 年），故宮仍在擴建或維修。八國聯軍侵華，沙俄曾佔領瀋陽故宮。清末民初，故宮仍為禁地，日本學者內藤虎次郎多次進入故宮拍攝《滿文老檔》、《五體清文鑑》等珍本秘笈；民國 13 年（1924 年），日本學者伊藤清造也拍攝大量的故宮建築照片。民國 17 年（1928 年），故宮首度開放 6 天，觀眾達 10 萬人以上。民國 18 年（1929 年），故宮成立東三省博物館，正式對外開放。1986 年定名稱為瀋陽故宮博物院。

舊俗瀋陽 8 景中，有「宮殿群鴉」1 景，形成人文與自然融合的景象。清代於 2、8 月，於盛京宮殿西偏的空地上撒糧以飼鴉，是以烏鴉群集，年久成為習慣，1994 年筆者造訪瀋陽，此景仍在，1998 年筆者再訪瀋陽時，已不復見此景，可能是工業城市的污染，威脅到鳥類的棲息地吧！

瀋陽故宮現為東北地區現存規模最大的木造建築群，為東北的象徵、東北的瑰寶。

〔重要參考資料〕
《欽定盛京通志》。《欽定大清會典事例》。
《盛京城闕圖》，北京，中國第一歷史檔案館。
瀋陽故宮博物院編：《盛京皇宮》，北京，紫禁城出版社，1987 年。
袁亞非主編：《一代盛京》，北京，中國人民大學出版社，1993 年。
鐵玉欽：〈後金汗城清留都〉收入閻崇年主編：《中國歷代都城宮苑》，北京，紫禁城出版社，1987 年。
園田一龜：《清朝皇帝東巡の研究》，大阪，大和書院，1944 年。
王華隆：〈瀋陽史蹟〉，載《禹貢》半月刊 6 卷，第 3、4 合期。
謝敏聰：〈瀋陽故宮〉，載《故宮文物月刊》10 期，1984 年 1 月。

本文原載《牛頓雜誌》196 期，1999 年 9 月號。2005 年 8 月根據新資料增訂。

梁思成與林徽音

錦繡中華古建築，長青人間四月天

　　《人間四月天》電視劇轟動兩岸，劇中的男女主角梁思成與林徽音賢伉儷是中國建築史研究的開山宗師，抗戰前後兩位大師以科學方法勘察、拍照、測繪中國各地的古建築，注釋宋代李誡所撰科學名著《營造法式》，1950 年並設計中華人民共和國國徽。

婚前的梁思成

　　梁思成，廣東新會人，為梁啟超的次子。梁啟超一家在戊戌政變後流亡到日本，啟超為清廷所通緝，清光緒 27 年（公元 1901 年）4 月 20 日，思成出生於日本東京。1906～1912 年，思成在橫濱大同學校幼稚園、神戶同文小學初小就學。

　　民國元年（1912 年），孫中山建立中華民國，清室退位，改朝換代，思成隨父梁啟超、母李蕙仙返國，到民國 4 年（1915 年）期間就讀於北京匯文學校及崇德學校高小，隨後入清華學校就讀。民國 12 年（1923 年），思成正準備畢業考試，並在做赴美國留學的準備。5 月 7 日與異母弟梁思永乘一輛汽車到天安門

1934 年梁思成與林徽音考察山西民居時合影。（資料照片）。

廣場參加北京學生舉行的國恥日紀念活動，車到南長街口，被軍閥金永炎的汽車撞傷。思成左腿骨折、脊椎受傷，終生留下殘疾，思永則面部受傷，滿臉是血。附帶一提的是，思永（1904～1954 年）出生於澳門，為中國著名的考古學家，1930 年畢業於美國哈佛大學。回國後在南京政府中央研究院歷史語言研究所考古組工作，曾多次參加安陽小屯、侯家莊及山東歷城縣（今章丘縣）龍山鎮城子崖的發掘。終因工作過度，於 1954 年病逝，享年 50 歲。

與林徽音初識

民國 7 年（1918 年），思成結識林徽音，時思成 17 歲，剛剛進入清華學堂；徽音 14 歲，在英國教會辦的培華女中讀書。民國 10 年（1921 年），徽音留學英國 1 年半後，隨父林長民返國。思成與徽音的來往更多了，林長民與梁啟超都有意結為兒女親家。

民國 13 年（1924 年）6 月，思成與徽音到了美國賓州大學，思成在建築系學習，徽音進美術系，但選修建築課程。9 月，思成母親李蕙仙因癌症病逝，思成與徽音也訂了親。梁思成在賓州大學學習期間，看到歐洲各國對本國的古建築已有系統的整理和研究並寫出本國的建築史，而日本學術界，如大村西崖、常盤大定、關野貞都對中國建築藝術有一定的研究，唯獨中國卻沒有自己的建築史。

民國 14 年（1925 年），梁啟超寄了 1 本重新出版的古籍「陶湘本」《營造法式》，思成從書的序言及目錄上知道這是 1 本北宋官訂的建築設計與施工的專書，為著名的建築師李誡（字明仲）所撰，是中國古籍中少有的 1 部建築技術專書。但是在一陣驚喜之後，又帶來了莫名的失望和苦惱，原來這部精美的鉅著竟如天書一般無法看懂。思成認為既然在北宋（960～1125 年）就有這樣系統完整的建築技術方面的鉅著，可見中國建築發展到宋代已經很成熟了，思成因此自覺要更加強研究中國建築史及《營造法式》一書。

思成在留學時代就曾寫信給其父梁啟超，說要寫成一部《中國宮室史》，梁啟超鼓勵思成說：「這誠然是一件大事。」

婚前的林徽音

林徽因（音）於清光緒 30 年（1904 年）出生在浙江杭州陸官巷住宅，祖籍為福建閩侯。祖父林孝恂曾參加孫中山的革命運動，徽音的堂叔林覺民、林尹民均為黃花崗革命烈士。父親林長民曾留學日本，早稻田大學畢業，學

宋‧李誡：《營造法式》書影。《營造法式》為中國古代 8 大科學名著之一。梁思成旁徵博引，親自考察、測繪，並訪問清宮古建築老工匠，完成注釋《營造法式》的亙古未有的工作。梁思成與林徽音均極景仰與推崇李誡，因此將兩人的愛子取名從誡。梁從誡教授，目前居住在北京，從事環保運動，為自然之友組織的會長。

薊縣獨樂寺觀音閣斗栱。此閣共用斗栱 24 種，建築手法高超。

習政治、法律，回國後任福州法政學堂校長。母親何雪媛為林長民之側室。宣統 3 年（1911 年），武昌起義後，林長民到上海、南京、北京等地宣傳辛亥革命。

薊縣獨樂寺山門。建於遼統和 2 年（984年），屋頂為五脊四坡形，古稱四阿大頂出檐深遠曲緩，檐角如飛翼，為中國現存最早的廡殿頂山門。

　　民國元年 1 月，孫中山在南京組織中華民國臨時政府，林長民為臨時參議員秘書長，並

在上海組織「共和建設討論會」，擁梁啟超為領袖。時林徽音 8 歲，在上海隨祖父居住，並讀小學 2 年級。

民國 3 年（1914 年），林長民任北京政府國務院參事，舉家遷往北京，祖父林孝恂因膽石病病逝。民國 5 年（1916 年）林徽音 12 歲，入英國教會辦的培華女子中學讀書。

民國 9 年（1920 年），林長民以國際聯盟中國協會成員名義赴歐遊歷，徽音 16 歲，亦隨父行，到英國唸中學，徽音並隨父遊歷巴黎、日內瓦、羅馬、法蘭克福、柏林、布魯塞爾等地，並以優異成績考入倫敦聖瑪利學院(St. Mary's College)。林徽音是年在英國與徐志摩相識。民國 10 年（1921 年），林氏父女返國，徽音仍進北京培華女中讀書。次年，徽音與梁思成交往開始密切，兩人產生了感情。再次年，林長民、林徽音、梁思成均參加胡適、徐

遼·獨樂寺觀音閣。在河北省薊縣（今隸天津市），為梁思成首次發現年代最為久遠（當時）的木造古建築。建於遼統和 2 年（984 年），位於唐山市附近，歷史上經 28 次大地震，仍巍然屹立。結構勻稱、科學，為中國現存最古老的木結構高層樓閣。

遼·佛宮寺木塔。在山西省應縣，建於遼清寧2年（1056年），總高67.13公尺，底層直徑30公尺，平面呈等邊8角形。為全世界現存最早、最高大的木結構塔式建築。

志摩創辦的新月社，徽音在培華女中畢業，並考取半官費留學。

應縣木塔斗栱

民國 13 年（1924 年），徽音 20 歲，印度詩哲泰戈爾應林長民、梁啟超的邀請來華訪問，4 月 23 日到北京，在天壇草坪演講，由林徽音攙扶上台，徐志摩擔任翻譯。吳詠：《天壇史話》記載：「林小姐人豔如花，和老詩人挾臂而行，加上長袍白面，郊荒島瘦的徐志摩，有如蒼松、竹、梅的一幅三友圖。」

5 月 8 日，新月社同仁在北京協和大禮堂舉辦慶祝泰戈爾 64 歲生日。由林徽音主演泰戈爾的著名抒情詩劇《齊德拉》，梁思成擔任布景，張彭春任導演，用英語演出。劇中林徽音飾公主齊德拉，張歆海飾王子阿朱那，徐志摩飾愛神瑪達那，林長民飾春神伐森塔。《晨報》報導演出盛況有「父女合演，空前美談」、「林女士態度音吐，並極佳妙。」熟識林徽音的胡適曾稱譽她為才女。

應縣木塔內部

6 月，林徽音、梁思成、梁思永同往美國留學，先到綺色佳康乃爾大學，2 個月後再同往賓州大學就讀。次年初，徽音與聞一多在美國參加「中華戲劇改進社」。此時林長民受聘於駐京奉軍郭松齡任幕僚長，郭謀反張作霖自立未遂，於 12 月 24 日在瀋陽附近遇伏，長民為流彈擊中死亡，時年 49 歲。

民國 16 年（1927 年），徽音 23 歲，獲賓大學士學位，轉入耶魯大學戲劇學院，學習舞台美術半年。

新婚

民國 17 年（1928 年）3 月，梁思成與林徽音在加拿大渥太華結婚，梁之姐夫周希哲係當時駐加總領事，婚禮在中國駐加拿大總領事館中舉行，婚後夫婦同赴歐洲參觀古建築，取道西伯利亞，8 月 18 日返回北京。9 月，東北大學兼校長張學良聘梁思成、林徽音為建築系主任、教授。

民國 18 年（1929 年），梁啟超死於醫療事故，終年 57 歲。是年，林徽音在北京協和醫院生下女兒梁再冰。次年，林徽音在北平香山雙清別墅養病，創作了大量的新詩，從 3 月到 9 月，分別在《新月》、《詩刊》、《北斗》等刊物發表詩《那一晚》、《誰愛這不息的變幻》、《仍然》、《一首桃花》、《山中一個夏夜》、《笑》、《深夜裡聽到樂聲》及《情願》及短篇小說《窘》。

宋・隆興寺摩尼殿。在河北省正定縣。其形制特殊，為中國現
存早期古代建築所僅見。梁思成發現其為宋代建築。

加入中國營造學社

　　民國 18 年（1929 年），
朱啟鈐在北京成立中國營造學
社，開始時設在其寓所，後遷
至中山公園（前明清時代的社
稷壇），開創之時只有數人。
民國 20 年（1931 年），朱啟
鈐先後請梁思成、林徽音、劉
敦楨 3 位教授參加學社工作，
因此思成與徽音一起辭東北大
學教職。至此，中國營造學社
組織結構趨於完善，共分兩個
業務組：一為法式組，由梁思
成教授主其事；一為文獻組，由劉敦楨教授主其事。雖分兩組，業務研討合
作融洽。

　　學社在致力文獻蒐集和古建築技術工藝研究方面，梁思成指示訪問老技

宋・晉祠聖母殿。在山西省太原市、外觀華麗精巧，為現存規模較大的 1 座宋代建築。

工師傅，並訪問明清製作宮殿、庭園燙樣的樣式雷後裔，探訪古建築工藝，遍及各工種，如瓦、木、扎、石、土、油漆、彩畫、裱糊。從眾多老工匠，口述明清時代的工藝，大都可以上接宋、元而知其沿革，對北宋時代李誠編撰的《營造法式》傳統流傳，雖詞彙有別，可知其淵源有自。

是年 11 月 19 日，林徽音在協和小禮堂為駐華使節以英文演講〈中國建築藝術〉，徐志摩為了聽林徽音這場學術報告，早晨由南京搭飛機趕回北京，飛機因雨霧在濟南附近黨家莊撞山，徐志摩身亡。

華北古建築考察的開始

民國 21 年（1932 年）春，思成發現河北省薊縣獨樂寺為遼代建築，碩大的斗栱完全和清故宮的結構不同。清式做法柱與柱徑有一定的比例，觀音閣及山門的柱高不隨徑變，柱頭削成圓形，柱身微側內向，這是明清所未見的，這是當時中國所發現的最古的一組木構建築，因此撰〈薊縣獨樂寺觀音閣山門考〉載《中國營造學社匯刊》3 卷 2 期。6 月調查河北寶坻縣廣濟寺遼代的三大士殿（此殿毀於抗日戰爭）。

同年夏天，梁思成與林徽音同去北平西郊臥佛寺、八大處等地考察古建築，兩人合撰的考察報告〈平郊建築雜錄〉，發表於該年刊的《中國營造學社匯刊》3 卷 4 期。是年 7 月至 10 月，徽音發表《蓮燈》、《別丟掉》、《雨後天》等詩作。8 月，徽音生子，思成景仰宋代建築師李誠，取子名為從誠。是年也結識美國學人費正清(John Fairbank)與費慰梅(Wilma Fairbank)夫婦。

民國 22 年至 25 年（1933～1936 年），思成與徽音考察山西大同雲岡石窟，並陪同費正清夫婦到山西汾陽、洪洞等地考察古建築。中國營造學社出版梁思成的《清式營造則例》一書，林徽音寫了該書第 1 章《緒論》。《中國營造學社匯刊》5 卷 3 期也刊出思成與徽音合著之《晉汾古建築預查紀略》。

此期間，林徽音又發表大量詩作及小說，包括著名的《你是人間 4 月天》

《清式營造則例》脫稿後，思成認為對清式的研究可以暫告一段落。以科學方法透過對各地實物進行調查、測繪，為中國營造史闢 1 條較為可循尋的途徑。以思成與徽音為主要成員的中國營造學社考察隊，於 1933～1936 年在華北展開古建築調查，成果豐碩。因而有唐、宋、遼、金、元古建實物的陸續發現。主要的勘察有：

河北正定縣的隆興寺，其摩尼殿在 1978 年大修時，在殿的闌額及斗栱構件上多處發現墨書題記，載明它建於北宋皇祐 4 年（1052 年），證明梁思成當年判斷其建造年代為宋代是正確的。摩尼殿為隆興寺最大、最完整的殿宇，思成根據它的外觀為重檐歇山頂，四邊加抱廈，這種布局除了故宮角樓外，只在宋畫上見到。上下兩檐下的斗栱均十分雄大，柱頭有卷殺（為對木構件輪廓的一種藝術加工形式，如栱頭削成的曲線形，柱子做成梭柱，樑做成月樑）4 角的柱子比居中的要高，是《營造法式》中所謂「角柱生起」的實證，判斷為宋代建築。

河北省正定縣開元寺鐘樓（左）及塔。鐘樓重修於唐乾寧 5 年（898 年），仍保存唐代風格。

遼・下華嚴寺薄伽教藏殿。在山西省大同市。大同是遼朝的西京，華嚴寺是遼皇帝的祖廟。薄伽教藏殿內的「天中樓閣」是中國現存最古的書櫥。

在正定縣，思成也發現開元寺的鐘樓建於唐末或五代，但其上部及外檐經後代重修。

大同是拓跋魏的故都，及遼金兩代的陪都。營造學社先考查遼金以來的巨剎——華嚴寺與善化寺。華嚴寺內的大雄寶殿是現存遼金時期木建築體型最大的，薄伽教藏殿是在 1038 年建成的佛經圖書館，其內的「天宮樓閣」是中國現存最古的書櫥，在兩寺諸殿中建築年代最早。善化寺的三聖殿建於金代，其建築年代約在 1128～1143 年，兩者相距 105 年。

雲岡石窟在藝術史上的價值自不待言，在建築史方面也有其特殊史料價值，窟內有關塔、柱、闌額、斗栱、屋頂、門、欄杆、踏步、藻井等，均以形象載明當時構件的形制。

應縣木塔也是中國建築史上的奇構之一，建於 1038 年（遼代），在木結構中，它在世界範圍來說也算是最高的一座，由於是 8 角形的平面，為內部梁尾的交叉點造成相當複雜的結構問題，但古代建築師運用了 50 多種不同的斗栱圓滿地解決了此一複雜的問題。

由應縣赴渾源考察始建於北魏的恆山懸空寺，寺內鑿崖為插懸樑基，起3層簷歇山頂殿閣2座，南北高下對峙，中隔斷崖，飛架棧道相通。身臨其境，俯瞰谷溪風貌，仰望瀑布飛濺，有如置身石壁間。

全世界現存最早的石拱橋被梁思成發現，它是在河北省趙縣的安濟橋，梁思成意外發現此橋建於隋朝大業年間，由匠師李春負責建造。淨跨37.02公尺，跨度大而弧形平。橋拱肩敞開，大石拱上兩端各建2個小拱，此一設計減少水流阻力，又減輕大拱券和地腳的載重，特別是拱肩加拱的「敞肩拱」型橋，更是世界橋樑史上的首創。

大同上華嚴寺大雄寶殿斗栱及門扇。金代建。

民國23年（1934年），梁氏夫婦第二次赴山西，邀費正清夫婦同行，此行發現太原晉祠聖母殿為宋代建築。聖母殿是一座接近正方形、重簷歇山頂的殿宇，面闊7間，進深5間，4周有圍廊，是《營造法式》中所謂「副階周匝」形式的實例。民國24年（1935年）調查蘇州宋代玄妙觀三清殿，次年考察洛陽龍門石窟，開封繁塔、鐵塔、龍亭等，泰安岱廟、咸陽唐武則天母親的順陵。

大同善化寺三聖殿。金代。

中國現存第二早木建築——佛光寺的發現

梁氏夫婦於盧溝橋事變的前夕，於五台山找到建於唐宣宗大中11年（857年）的佛光寺大殿，這是當時所知中國存在最早的木建築，其面闊7寬、進深4間，斗栱雄大，出簷深遠，可以看出唐代建築的氣勢，為現存唐代木構建築的代表作。現知中國最早的木建築為在五台山的南禪寺大殿，是梁氏夫婦於1954年發現的，建於唐德宗建中3年（782年），但進、深各3間，規模很小。

大同雲岡石窟第9窟屋形龕，為建築史窟，模仿漢魏瓦頂木建築，1斗人字3升栱。

民國23年至26年（1934～1937年），中央研究院撥款5000元給營造學社，要求將故宮全部建築都測繪出來，出一本專著。此期間學社測繪了天安門、端門、午門、太和門、太和殿……計60餘處，但因戰爭爆發，測繪沒有完成，已測繪的圖稿也沒有全部整理出來。

七七事變爆發後，北平營造學社解散，梁思成一家從天津搭船到煙台，爾後再從濟南乘火車，經徐州、鄭州、武漢南下，是年9月抵長沙。11月，日機空襲長沙，梁思成一家險些喪命，不久他們轉往昆明，莫宗江、陳明達、

恒山懸空寺。始建於北魏。

蘇州玄妙觀三清殿。南宋時代建造。

洛陽龍門石窟奉先寺。開鑿於唐武后時代。

劉致平、劉敦楨等營造學社會員也抵達昆明，經與中美返還庚子賠款基金會連繫，組織了營造學社西南小分隊。

民國 29 年（1940 年），徽音 36 歲。冬天，營造學社隨中央研究院歷史語言研究所入川，思成一家亦西遷往四川宜賓南溪縣李莊鎮上壩村，後徽音肺病復發，一連幾週高燒不退，從此抱病臥床 4 年，直到抗戰勝利。

合撰《中國建築史》

民國 31 年（1942 年），梁思成接受國立編譯館委託，編寫《中國建築史》（該書於 1953 年又曾大幅修訂）。林徽音抱病閱讀二十四史，作史料準備工作，該書的第 6 章（五代、宋、遼、金部分）由林徽音撰寫，徽音並承擔了全部書稿的校補工作。

全書分為 8 章，除第 1 章緒論，就中國建築的特徵與建築史的分期，以及《營造法式》與清工部的《工程作法則例》2 部書作介紹外，其餘各章以斷代方式講述中國建築，內容以文獻、考察報告、測繪、攝影照片整齊排比，參互搜討，歸納演繹，章節分明，寫出第 1 部完整系統而形象的中國建築史。

抗戰期間，中國營造學社調整西南 36 個縣的古建築，包括漢闕、漢崖墓、摩崖石刻等，而思成也致力於《營造法式》的研究，完成《營造法式》大部分圖解工作，也出版了英文版的《圖像中國建築史》。

抗戰勝利後至 1972 年，思成一直擔任清華大學建築系主任。民國 37 年（1948 年）9 月，思成當選南京政府中央研究院院士。

1949 年 1 月，北平易幟，2 月，中共中央邀請梁思成與林徽音等編印《全國重要文物建築簡目》。7 月，政協籌委會把中華人民共和國國徽設計任務交給清華大學和中央美術學院競圖，結果以梁思成與林徽音參加的清華小組中選。

1952 年，梁思成與林徽音被任命為人民英雄紀念碑建築委員會委員，完成了須彌座的圖案設計。又應《新觀察》雜誌之約，撰寫了《中山堂》、《北

海公園》、《天壇》、《頤和園》、《雍和宮》、《故宮》
等一組介紹中國古建築的文章。

武則天母楊氏順陵（陝西咸陽）

反對拆除北京城牆

1950 年，中共中央決定拆除北京大城城牆和城門樓，拆
城牆的理由是由城牆為封建帝王的遺跡，現已失去了功用，
而且它們阻礙交通，並限制或阻礙城市的發展，拆後可取得
許多的磚頭，可以取得地皮，可用於建造房屋
或利用為公路。

梁思成針對此點提出了一個建議，主張城
牆和門樓應該保留來為人民的健康與娛樂服
務。他指出，城牆上面平均寬度約 10 公尺以
上，可以砌花池，栽植丁香，種植草花，再安
放些園椅，可以成為公園，城樓、角樓可以闢
為陳列館，成為環城立體公園，是全世界獨一
無二的。

但 1950～1962 年，北京明清大城城牆全
長 34 公里被拆得剩內城部分崇文門迤東 500
公尺，外城部分西便門附近 190 公尺。文革期
間又拆城門，連角樓、門樓、箭樓在內約 40
個城門樓，今僅存 5 個。

河南省嵩山少林寺，宋·初祖庵

1955 年 4 月 1 日，林徽音終抵不過病情
的糾纏，病逝於北京同仁醫院，享年 51 歲。

1955 年 6 月，思成任中國科學院技術科
學部委員（現改稱為院士）。1962 年，思成
與林洙女士結婚，林女士溫文嫻淑，思成晚年
的生活多由林女士照顧，尤其在文革期間，林
女士與思成共同渡過艱困的時光，誠是感人。
1966 年 6 月思成完成了《營造法式注釋》的
寫作。思成在文化大革命期間受盡迫害。1972
年 1 月 9 日病逝於北京，享年 71 歲。思成與
徽音的學術遺作多由林洙女士編輯出版，林徽
音的文學遺作多由其子梁從誡教授整理出版。

河北省曲陽縣北嶽廟德寧之殿。（元代）。

民族文化生命的永光

梁思成與林徽音是兩位傑出的中國建築史
家、啟蒙大師，而林徽音在文學創作方面如白
話詩、散文、小說、話劇、文學評論也有卓越
的成就。現今全世界對中國建築史的研究，多

山西省太原天龍山石窟。（部分）。自東魏至
唐，歷魏、齊、隋、唐在此開鑿石窟。以唐代
最多，達 15 窟。

65

遼寧省義縣遼代奉國寺大殿。建於遼開泰 9 年（1020 年），為中國現存稀有的遼代單層高大建築。

▲唐・佛光寺東大殿。在山西省五台山。林徽音發現殿內樑架上題記為唐代大中 11 年（857 年）所建，找到距今 1000 多年前的唐代木造古建築是梁思成伉儷最得意的學術成就。

◄河北省趙縣安濟橋。為全世界現存最早的石拱橋，亦為中國現存最古的橋樑，為隋代李春所建。僅 1 石券，跨經 38 公尺。橋之 2 端撞券部分各砌 2 小券，形成空撞券。此法歐洲遲至 14 世紀初見，李春此橋較歐洲早 800 年，近代工程至 1912 年始應用上。

係在這兩位大師的考察、測繪、攝影，以及所撰的專著、論文的基礎上進行的。

　　兩位大師一生奉獻學術文化，鞠躬盡瘁，即使在戰時與物質條件極差的時候，加上病痛，也不改兩位大師對學術的執著。將原來陌生的文化瑰寶──中國古建築，發現、研究並發揚光大，為民族文化的綿延做了最偉大的貢獻，兩位大師的研究堪稱是「中國民族文化生命的永光」。

人民英雄紀念碑，在北京市天安門廣場。

北京市頤和園。全園由萬壽山、昆明湖組成。占地290公頃，計有各種形式的宮殿園林建築3000
餘間。園中山青水綠，閣聳廊迴，金碧輝映，在中外園林藝術史上有極高的地位。

清‧北京故宮太和殿。在北京市。梁思成在各地心存念念屋頂海黃的紫禁城，他也曾測繪過大部分的北京故宮。梁氏夫婦合著的《清式營造則例》即以北京故宮為實物藍本。

〔重要參考資料〕

宋‧李誠：《營造法式》。清工部《工程做法則例》。

林洙：《建築師梁思成》，天津，科學技術出版社，1996 年。

《中國營造學社史略》，台北，建築與文化出版社，1997 年。

梁思成：《中國建築史》（2005 年）、《中國雕塑史》（1997 年）、《凝動的音樂》（1998 年），天津，百花文藝出版社。

《梁思成文集》，北京，中國建築工業出版社，1986 年。

美國‧費慰梅著、成寒譯：《梁思成與林徽音——一對探索中國建築史的伴侶》，台北，時報文化出版公司，2000 年。

林杉：《林徽音傳》，台北，世界書局，1993 年。

單士元：〈紀念梁思成先生誕辰 85 周年往事追憶〉、鄭孝燮：〈緬懷梁思成教授的業績〉、羅哲文〈難忘的記憶，深切的懷念〉、蕭默：〈梁思成與敦煌〉以上 4 篇專文，載《古建園林技術》1986 年 3 期（總 12 期）。

梁從誡：〈倏忽人間 4 月天〉，載《林徽音文集》，天下遠見出版公司，2000 年。

梁從誡口述、張作錦訪問整理：〈我的母親林徽音〉，載台北，《聯合報》2000 年 2 月 11 日。

陳明達：〈中國營造學社〉、樓慶西：〈梁思成〉以上兩條文，載《中國大百科全書‧建築、園林、城市規劃冊》，1988 年。

陳鍾英、陳宇：〈林徽音年表〉，收入《林徽音—中國現代作家選集》叢書，香港三聯書店，1992 年。

本文原載《牛頓雜誌》204 期，2000 年 5 月號。2005 年 8 月增訂。本文所附照片大體以中國營造學社考察過的古建築項目，而到實地重新拍攝。

赤峰

紅山。紅山文化於 1938 年在此山山後發現。紅山位於赤峰市區東北隅的英金河畔，在市區即可遠望其雄姿，赤峰即因此山而得名。紅山由 5 個主要山峰構成，其最高峰海拔 746 公尺，面積約 10 平方公里，南北走向，為山石赭紅的花崗岩體，由於其中鉀長石含量超過 50 ％，故峰紅似火，特別是在陽光照耀下更燦爛。

──全世界行政面積最大的市
──紅山、契丹文化發源地

赤峰市位於內蒙古的東南部，行政區面積廣達 9 萬平方公里，是全世界最大的市，也是中國歷史文物的寶庫。

北京大學嚴文明教授，將以赤峰市為代表的北方「紅山文化」與南方「長江文化」與中原「黃河文化」同列為中國文化三大區系。

而在 10 世紀初，由契丹族建立的強大王朝──遼，也是以赤峰一帶為根據地，但由於遼「書禁甚嚴」，因此，外界對契丹民情風俗的了解極為有限，直到近、現代透過考古發掘，才填補了不少遼代歷史的空白。

赤峰市區一景—現代化的市容

赤峰市中心

翁牛特旗旗政府駐地烏丹鎮

巴林右旗旗政府駐地大板鎮

市容繁華整潔的現代化城市

　　赤峰古名「松州」，原稱昭烏達盟，位於內蒙古自治區東南部，舊屬熱河省，南距北京 400 公里。赤峰市的行政區域面積廣大，約為臺灣島的 2.5 倍。全區地形景觀多變，有名山大川、原始森林、浩瀚沙漠、丘陵、草原、湖泊等等。1983 年經國務院批准實行市管縣體制，下轄 3 區、7 旗、2 縣，即紅山區、元寶山區、郊區；阿魯科爾沁旗、巴林左旗、巴林右旗、克什克騰旗、翁牛特旗、喀喇沁旗、敖漢旗；以及林西縣、寧城縣。赤峰市的行政中心則位在紅山區。赤峰近年進步很快，由市區到各旗、縣都有路面很好的公路網，而市區市容整潔，很多時候陽光充足，新式現代建築高樓櫛比，相當亮麗。公車、出租車相當多，市中心也有肯德基、寶島眼鏡，而名列全國 10 大衛生城市之 1，尤為赤峰榮譽。

中國古代文明的重心

薈福寺建於清康熙年間，為喇嘛廟，在大板鎮。

　　位於市中心的赤峰市博物館，建築宏偉，館舍建築面 6800 平方米；館藏文物 1 萬餘件，豐富而精彩，特別是契丹族或遼代文物，例如遼魚龍提梁銀壺、金銀器、佛雕、陳國公主墓出土的鎏

巴林左旗旗政府駐地林東鎮　　林西縣城　　　　克什克騰旗旗政府駐地經棚鎮

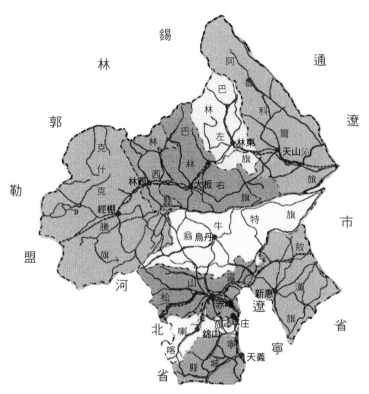

赤峰行政區劃圖

金銀冠、黃金面具⋯⋯等，製作華麗、巧奪天工。此外，遼上京博物館、中京博物館、巴林右旗、林西縣、克旗博物館的藏品也有相當豐富而珍貴的館藏。1982 年至 2002 年先後主辦、承辦大型學術活動：「中國契丹考古學會」、「中國遼金史學術第四次年會」、「內蒙古考古學會」等。而 1993、1998、2004 舉辦三屆的「中國古代北方文化國際學術研討會」更大大地提升了赤峰在國際、國內的知名度，赤峰已成為研究紅山文化及遼史的著名城市。

　　赤峰總人口 455.2 萬（2002 年數據），其中漢族 330 萬，蒙古族 77 萬人，全市共有 30 個民族。市區人口約 30 萬人。

　　赤峰所在的西遼河地區是中國古代文化的重心之一，從史前舊石器時代

的上窯人文化，以迄清代經營蒙古，各時期均遺留下極為豐富的地上、地下遺產。

1992年，中國10大考古發現，其中赤峰市就占了2個：一為遼朝大臣耶律羽之墓，其中出土文物頗豐，為了解遼人生活帶來許多寶貴的資料；二為興隆窪文化遺址的挖掘進入高潮，這是內蒙及東北地區發現年代最早的新石器時代遺址。此外，在中國大陸各地發現的約2萬處新石器時代遺址中，赤峰市就占了3000多處。

在歷史發展的滄桑歲月中，赤峰出現過兩次文化高峰——「紅山文化」和「遼文化」。這兩大文化在整個中華民族的歷史文化中，均占據重要位置。赤峰現有各類歷史文化遺址6800處。其中全國重點文物保護單位15處，全市著名人文景觀主要有：興隆窪文化、趙寶溝文化、紅山文化遺址、猴頭溝遼金瓷窯遺址、遼上京、遼中京遺址、元應昌路遺址、燕、秦、漢長城和金界壕；遼真寂之寺；遼祖陵、慶陵、寶山遼墓、大明塔、慶州白塔；百岔河——陰河岩畫等，堪稱中國北方文明的搖籃。

翁牛特旗烏丹鎮三星它拉村玉龍發現地。玉龍是新石器時代紅山文化的典型代表物，也是赤峰的市徽。原件現收藏於北京，中國國家博物館。2005年8月5日新華社報導，在距它拉村玉龍發現地5公里的老牛槽溝遺址，首次發現單純的紅山文化遺址，而以前的遺址發掘中，大都是紅山文化與其他類型文化共存的、伴生的。

玉龍——赤峰市徽

玉龍是在翁牛特旗境內的紅山文化遺址中所發現的，曾先後發現過兩件形制和風格基本一致的玉質圓雕捲龍，年代不晚於5000年前，是中國迄今所知時代最早的玉雕龍，而龍的最初起源必定更古遠。其中一件以墨綠硬玉雕成，通高26公分，長吻前伸，雙目細長，周身捲曲，造型簡潔有力，流露威嚴。有些學者認為，此種玉龍可能是「胚胎崇拜」的表現。

紅山文化

公元1938年，日本學者濱田耕作在主持赤峰市區紅山後山的挖掘後，發表《赤峰紅山後》考古報告，報告中稱這種新發現的考古文化為「紅山第一期文化」。1954年，考古學家尹達在所著《關於赤峰紅山後的新石器時代遺址》中，正式將其命名為「紅山文化」。

紅山文化的分布範圍以西拉沐倫河、老哈河為中心，西

紅山文化祭壇復原。（赤峰紅山）。赤峰市紅山文化遺址約有3000多處。

起張家口，東達遼河中游，北至大興安嶺，南抵北京、天津地區，中心區域在朝陽市牛河梁，又以赤峰、朝陽兩區域最為集中。已發現的遺址多數分布在高出河床的台地和山崗上。由豐富的地下文物考古資料顯示，紅山文化屬於一種農耕經濟類型的發達原始文化，距今約7500～8000年前，大約延續了5000年。

紅山文化早期以「興隆洼類型」為代表，出土器物以夾砂厚胎厚脣，並壓印「之」字紋陶罐為特色。中期「紅山後類型」，以彩陶與夾砂「之」字紋陶共存，還有玉鐲、佩飾、龍形玉雕等最具代表性（距今 5000～6500 年前）。晚期有「小河沿類型」。而最末期則是北方早期青銅文明——夏家店下層文化。

紅山諸文化——夏家店下層文化

內蒙赤峰、遼寧北票、河北唐山、蔚縣等地，是夏家店文化的分布區。夏家店文化有早晚之分，下層文化的年代相當於夏、商；上層年代相當於西周到春秋戰國初期。兩層文化有前後的繼承性。

夏家店下層文化城堡，左方所見壘石為城牆遺跡。（赤峰市松山區王家店鄉夏家店村）。為中國北方早期青銅時代先民遺存，其年代相當於中國歷史紀年的商朝早期或夏代，距今約4300年。

下層文化有較多的農業工具，當時人也豢養豬、狗，種植粟、稷。使用的陶器以三足器鼎、鬲為多。這一文化過著農業的定居生活，而且與中原文化有密切的關係。

其遺址於 1960 年首次發現於赤峰市夏家店村，距今 3800 餘年，此時的赤峰地區已進入金屬時代，使用青銅器及彩繪陶器，也有輪製技術、農業生產。村落四周多用石塊疊起石牆，以為防衛。是已開始形成嚴密分工的社會。

迄今已經調查或發掘過的古城址共有 60 多處。夏家店下層文化古城是古夷族（商朝先民）所創造的人文地理奇觀，諸多考古發現表明商文化在很多方面都承繼夏家店下層文化。夏家店下層文化古城，以及中國北方 4000 年前一系列古城的發現，證明中國古代也有城邦林立的時代。

紅山諸文化——牛河梁遺址

牛河梁紅山文化遺址

牛河梁紅山文化遺址的位置，距赤峰市寧城縣約 2.5 小時車程，即位於遼寧省凌源縣及建平縣的交界處。

自 1986 年對外公布後，牛河梁遺址就倍受國內外矚目。考古學家根據大批出土的文物，初步推斷此處為大型祭壇、女神廟和積石冢墓群遺址。顯然在 5000 年前，這裏存在過一個具有國家雛形的原始文明社會。此一重大發現使中國文明史提前了 1000 多年。這些建築遺址位於紅山文化分布區的中心地帶，是 1979 年與 1983 年以後陸續發現的。壇、廟、冢布局範圍約有 50 平方公里。這種類似「三合一」的規模有些類似北京的天壇、太廟和明十三陵。

其他重要遺址——陰河岩畫、小黑石遺址

陰河岩畫

岩畫(petroglyph)是刻畫在岩穴、石崖及獨立岩石上的彩畫、線刻浮雕等的總稱。在離夏家店村不遠的陰河河岸之岩山上，刻有反映畜牧生活的岩畫 100 多幅，稱為「陰河岩畫」。有謂為新石器時代的作品，其真正年代待考。

小黑石文化約出現在西周晚期至春秋時期。其遺址位於寧城縣西南部山區的小黑石村，是夏家店上層文化較重要的發現。墓地位於台地上，西北與漢代右北平郡郡址「黑城遺址」隔河相望，兩者相距約 2.5 公里。

墓為長方形豎穴墓，南向，以自然石壘砌成。內有木質葬具，長約 3.5 公尺，寬 1.8 公尺，深 1.4 公尺。隨葬器物十分豐富，共 700 餘件，其中青銅禮器有簋、鼎、鬲、尊、罍、豆、壺、罐、匜等，兵器有劍、盔、匕、戈、刀、鏃等，用品有斧、鑷、鐮、錐、磨石等。另有裝飾品及車馬具。

赤峰古文化類型（改編自赤峰市人民政府網頁 http://www.chifeng.gov.cn）

文化名稱	典型遺址	文化特徵
興隆窪文化 距今約 8000 年	敖漢旗興隆窪 林西縣白音長汗	半地穴房址，環壕聚落，有玉器，陶器以筒形為主，飾幾何形組合紋飾。
趙寶溝文化 距今約 7000 年	敖漢旗趙寶溝　小山	聚落址，半地穴房址，幾何形刻劃紋，靈神物紋，鉢、罐、尊等。
紅山文化 距今約 6000 年	赤峰紅山後 巴林右旗那斯台	之字紋筒形罐、彩陶、女神像，大型柳葉狀石耜，玉龍等，積石墓。
小河沿文化 距今約 4500 年	敖漢旗小河沿 翁牛特旗大南溝	彩陶器、文字符號、石環石壁，精製的小型石器。
夏家店下層文化 約 3600 年前（早商）	敖漢旗大甸子 寧城縣三座店 松山區孤山子石城	筒形鬲，彩繪獸面紋陶器，青銅器石城、土坑墓。
夏家店上層文化 西周－春秋中期 （山戎或東胡）	寧城縣南山根　小黑石溝	磨光紅陶器、青銅器、青銅短劍，動物紋飾件等，土坑石椁墓。

　　夏家店上層文化有些陶器是從下層文化發展而來，還有較為典型的西周式的銅禮器，所不同的是出現不少帶有北方遊牧民族文化特徵的刀、劍和透雕飾物。這裡經常有屬於草原青銅文化的遺物出土，有的與商周青銅器一同出土，由此可以看出兩種文化互相交織的情形。

契丹人的生活

　　契丹族的由來有一種傳說：很久很久以前，有一神人騎著白馬從老哈河（土河）往東走，一天女則自平地松林沿西拉沐倫河（潢水）駕青牛車而來，到了木葉山，二水合流，神人與天女不期而遇，結為美眷，生有八子，後來繁息眾多，形成八部組織。

　　契丹人以遊牧、漁獵為生，春天下水捕魚，秋天上山打獵，稱為「春水秋山」。其經濟生活以馬為富，逐水草而居，因此常隨季節遷移，隨遇而安，稱為「四季捺鉢」。

　　塞外冬寒，草原遼闊，生活艱辛，因此契丹人生性豪邁而勇猛。契丹人自古以來就特別崇拜太陽，居室皆東向，而且根據《新五代史·契丹傳》的記載，契丹人「每月朔旦，東向而拜日，其大會聚、視國事，皆以東向為尊」。

　　契丹風俗「男子髡髮」，也就是男子頭頂剃光，只在兩鬢各留一綹長髮垂肩。而婦女喜歡以「栝蔞」塗面如金，珍珠絡臂，稱為「佛妝」。這從遼

遼慶陵壁畫契丹人。（取自田村實造、小林行雄《慶陵》，京都大學文學部，1952）

遼道宗哀冊上的契丹文。（遼寧省博物館藏）

墓壁畫可以印證史載無誤。

契丹人多住帳蓬，喜乘馬，運輸有馬車、牛車。原信奉薩蠻教(Shamanism)，後多信佛教，上京、中京佛寺眾多。契丹風俗中較特殊的有元旦驚鬼、臘月辰日著戎裝為戰爭日，以及正月 13 日為「偷盜節」等。所謂「偷盜節」即是放國人作賊 3 日，但取財超過 10 貫者，依法要再歸還失主。這種風俗與古斯巴達風俗相似，藉以激發急智。

契丹族原無文字，建國後才創出契丹大、小字。大字類似漢字，小字較有變化，兩種文字與漢字同時使用，但明清以來即失傳而成為死文字。直到 1930 年熱河省主席湯玉麟發掘遼慶陵，出土契丹字、漢字哀冊共 17 石，而後大、小字石刻也陸續出土，學者漸有研究成果，才逐漸將其讀活。

契丹帝國的興衰

遼是中國歷史上由契丹人所建立的一個王朝，也是「世界帝國」：位居東北亞要衝，為歐亞北方橋樑，東通中國東北、朝鮮半島、日本，西與內外蒙古、西域交通，南與中原為鄰。由於契丹國在中國北邊聲威遠播，此時的西方人甚至將中國全土稱為契丹，在遼滅亡後亦然。以後的西人著作中即常以 Kytai、Cathaia 或 Chata 稱中國，也有轉音為 Cathay 的。

遼史的真象，迄今仍十分神祕，不但歷史的紀錄未盡詳備，即使是當時與遼對峙的宋朝人對遼朝也十分陌生。這是由於契丹王朝嚴禁將文字輸往宋國所致。宋人沈括所著《夢溪筆談》：「契丹書禁甚嚴，傳入中國者，法皆死。」契丹文書在明清以後全部失傳，而遼代傳至後世的文物也很少，更增添了遼史的神祕。但遼代的地下遺物非常豐富，經過近 90 年的陸續挖掘，已填補了不少遼代歷史的空白。

契丹為東胡族的後裔。10 世紀初，契丹八部之一迭剌部的「夷離堇」（軍事首領）耶律阿保機（872～926 年）統一契丹各部，當時中原處於唐末五代

遼慶陵壁畫——四季山水圖之夏天部分（取自
田村實造、小林行雄《慶陵》1952）

遼慶陵東陵壁畫剖面圖，左有四季山水
圖，右邊第一人為髡髮的契丹人。（取
自田村實造、小林行雄《慶陵》）

的混亂時期。公元 907 年，阿保機稱帝，是遼
太祖，國號「契丹」，建都臨潢府（今赤峰市
巴林左旗林東鎮）。

太祖死後，由太宗耶律德光（902～947
年）繼位，改國號為「遼」，國勢日盛。其東
的渤海國年年進貢，西邊的西夏也稱臣，南面
的後晉認遼為父，南唐則由海道前來朝貢，領
土展馳 5000 里，擁精兵 30 萬。太祖時疆域東
至日本海，西到新疆北端的阿爾泰山，南越長
城，占有河北省大部，向北則擴展至外蒙的克
魯倫河流域。

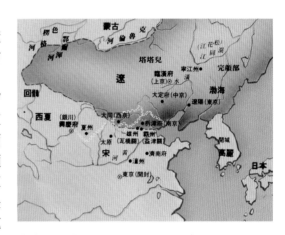

遼帝國疆域圖

「契丹國」的建立對草原遊牧民族而言，
是一件劃時代的大事，自此結束了 500 多年的部落聯盟時期。公元 936 年，
石敬瑭割燕雲十六州以求契丹援兵，遼太宗遂發兵滅後唐，封後晉石敬瑭為
「兒皇帝」。燕雲十六州落入遼國手中，中原王朝不僅喪失了豐饒富庶之地，
而且自此以南，華北平原無險可守，契丹騎兵只需一、二天的時間，就可以
抵達汴京（今開封市）。遼為統治廣大土地，採行「兩元政治」：以漢法治
漢地，以契丹法治契丹。

公元 982 年，遼聖宗耶律隆緒（971～1031 年）即位，致力改革吏治，國
勢更盛。1004 年，遼舉兵南侵，與宋朝訂立「澶淵之盟」。每年自宋得銀 10
萬兩，絹 20 萬匹。宋、遼和平維持了 100 多年。

但自道宗耶律洪基（1055～1101 年在位）之後，遼國勢漸衰，法令紊亂，
綱紀廢弛。而女真（金）崛起。再傳至遼天祚帝耶律延禧（1101～1125 年在
位），昏憒奢侈，內訌不斷，對外戰事更屢屢敗北。1125 年，天祚帝被金兵

遠望遼上京南塔

遼上京大內宮城址碑

俘虜，遼亡，立國凡 210 年。從此契丹族與他族混居融合，元代以後史書少見其名，有學者認為達斡爾族即為原住地契丹族的後裔。

上京臨潢府

契丹族仿效漢人國家的多京制度而建有五京：上京臨潢府（今赤峰市林東鎮）、東京遼陽府（今遼寧省遼陽市）、南京析津府（今北京市）、中京大定府（赤峰市寧城縣境）、西京大同府（山西省大同市）。

遼上京是契丹族在中國北方草原地區建立的第一座京城。城址位於林東鎮南。城垣規模很大，城牆為夯土版築，周長 12 公里，布局仿唐代長安城。它是中國都城故址中保存最為完善的遺址之一，現今裡面沒有民居，也無工廠。

根據文獻和考古勘測，上京分南北二城，「北為皇城，南為漢城」，北朝南市。現兩城之間被沙裡河水分割為二，城垣呈不規則的六角形。皇城是契丹貴族及官吏的住所，城牆高 6～10 公尺，外壁現存馬面 42 個。四牆各有城門，門外有甕城，西城門保存最好。

皇城內有遼宮城「紫禁城」遺址，城南殘存石刻觀音 1 尊（今已缺頭）、龜趺 1 具。宮城西牆內地勢較高，原有龜趺 2

遼真寂之寺，又稱林東召廟。在巴林左旗林東鎮西南約 20 公里峽谷。石窟開鑿在谷內南向的陡壁上，窟前有大殿，面闊 7 間，進深 3 間。窟分中、南、北 3 窟，均較完整。谷口兩側岩壁上以淺浮雕手法刻有力士像各 1。窟上山頂陡壁有巨石一塊，遠望如桃，俗名桃兒石。

林東召廟前谷口之遼代石刻

遼上京博物館　巴林左旗林東鎮

具，疑為重要寺院所在，或為太祖宴寢之所的「日月宮」。日月宮有圓形台基，係拜日用的東向建築。城北部原為北方民族特有的穹廬帳地區。

漢城為工匠、商賈和平民的居所；另有驛館，以接待諸國信使。城牆現殘存 3 段，周長 6 公里，高約 4 公尺，1920 年時已闢為農田，今地貌不清，但高大建築尚有跡可尋。

上京城南北山丘各存一密檐式磚塔，南塔最佳，為八角七檐，高 25 公尺。每層雕刻佛像、飛天、領養人等，表情生動，雖然歷經歲月風霜磨損，依舊感人。北塔為六角五檐建築，較矮小。

遼上京北塔

上京攬勝——真寂之寺

真寂之寺又稱為召廟石窟寺，位於林東鎮西南 20 公里的群山中，其中桃石山從谷底驟然矗起，桃形巨石就聳立於峰頂崖端。桃石山陡峭雄偉，是攬勝佳境。

石窟開道於遼代，在桃石山東壁分南、北、中三窟，中窟規模最大。窟內刻有佛涅槃像、菩薩、天王等像，造型豐富。窟前是清代所建「善福寺」佛殿，谷口石壁有浮雕金剛力士像。

遼上京城內的臨潢石佛

中京大定府

公元 1004 年（宋真宗景德元年），宋遼澶淵之盟後，遼得歲幣與絹等，乃建中京。到了 1007 年，基本建成，設立大定府。遼帝常駐於此，以接待宋、夏使臣。中京城的布局仿北宋汴京制度，有外城、內城和皇城三重，城牆全用夯土版築，殘跡最高約 4 公尺。

遼中京大明塔。是全
國最具體量的塔。塔
建在 6 公尺高的土台
基上，平面呈 8 角
型，共有 13 層，第 1
層正面四面鑲嵌磚雕
的佛、菩薩、力士和
飛天像，背面砌成雙
層塔形。塔旁有祭壇
遺跡。

遼中京遺址大觀。寧城縣大明城。

城址東西4公里，南北3.75公里，宮殿、樓閣、府庫、市肆俱全。外城和內城以漢人居民為多，也稱「漢城」，建有廟宇、經塔。漢城除漢族外還有回鶻、女真、奚等民族，主要進行工、商、農、牧交易。皇城在內城中間，主要為契丹貴族所居，建有祖廟及宮殿等大型建築。

外城正南門名朱夏門，入門是一條寬64公尺的中心大街，臨街有石砌木蓋的下水道，兩旁是整齊的街坊。3條南北大街與5條東西大街縱橫交錯，各寬約10餘公尺，另有無數小巷穿行其間。

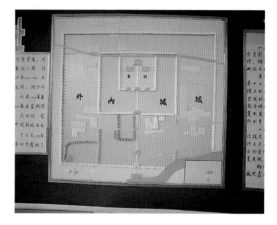

遼中京佈局圖（寧城縣遼中京博物館展示圖）

從朱夏門北進1.5公里，由陽德門進內城，再向北250公尺左右入閶闔門進皇城。閶闔門仿宋都宮門，有5個門洞，上有閣樓，稱「五鳳樓」制。東西180公尺處是左、右掖門，為皇城出入的二便門。除宮殿外，城內空地還設有牧區式的氈房。

在遼中京城遺址內外現存磚塔3座。大塔位於內城外東南角處，是密簷式塔。傳說建於遼聖宗時，為感聖寺的舍利塔，現稱「大明塔」。塔高74公尺，造型渾厚，規模宏偉，是遼代佛塔建築中的傑作。

遼中京西城牆。遼中京城的布局,仿北宋汴京的制度。

小塔位於內城外偏西南位置,高24公尺,也是8角13層密檐,每面都有雕刻,可能是遼末或金代建築。

半截塔則在外城外西南。據民間傳說,半截塔是始修未完,並非倒塌;但另一說為元代時地震,上半截塔倒塌所致。每當日落時分,站在外城城垣遺址上眺

祖山及其影壁山。祖山是遼太祖陵寢的所在地。

望,小塔與半截塔在遼闊的高粱田裡顯得格外蒼涼,900多年前遼軍的驍勇英

84

姿、寺塔鐘聲與裊裊馨香，都已隨風遠去，無影無縱。

耶律阿保機的風水寶地

遼太祖耶律阿保機病逝於滅渤海國後凱旋榮歸途中，葬於其祖先的故鄉——祖州。

祖州城位於林東鎮西南 25 公里的石房子村，為遼太祖陵寢的奉陵邑，城址呈不規則的五角形，周長約 1.7 公里。此地為遼太祖 4 代先人出生之地，故建城後號祖州。

祖州城的城牆為夯土版築，現高約 4 公尺，有角樓，4 牆各有門址，城東為諸官廨舍及綾錦院，有東西橫街，下連市肆。城北有內城，內城裡有大型建築遺址。

在內城西北山坡有一座由 7 塊巨石板疊成的石房子，高 3.5 公尺，寬 4.8 公尺，長 6.7 公尺，十分奇特。由石房子可遠瞭祖陵的山門。

祖州城內的石房子疑與遼太祖陵寢的祭祀有關。祖州是遼太祖陵寢的奉陵邑。

祖陵在祖州西方的一個環形山谷中，山巔之間的缺口處均以石塊築成壁壘填實，此谷即《遼史》所載的「黎谷」、「液泉」，為遼太祖及述律后的陵寢所在，風水絕佳。谷口兩峰形成天然的山門，當為「黑龍門」。龍門外東側一孤山有建築遺址，遺存龜趺 1 具，附近曾多次發現契丹大字和漢字殘碑片。

疑為遼太祖陵的墳丘

入龍門北行 1.5 公里有建築遺址，尚留柱礎 2 方。黎谷深處疑似陵墓的地方有 2 處，一是位在東北隅的一方土丘，過去日本人曾試掘，但仍無定論；另一處是西北隅一小山谷，俗稱石人溝，溝東有一巨大土丘，丘頂草木稀疏，丘西側有一佚首斷臂石人，疑似陵前翁仲（現已移至遼上京博物館），故疑此丘為祖陵。石人溝附近山丘遍野，夏季盛開藍色的鴿子花、鈴蘭、雛菊，花海一片，蝶舞鳥啾，令人怡悅，彷彿山水有靈，景致不凡。

遼代慶州城遺址

慶州城是遼代鼎盛時期的重要州城，為遼代帝王經常遊獵之地，也是遼聖宗、興

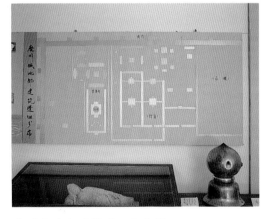

慶州城北部建築遺址分布圖

慶州塔。遼景福 2 年（1032 年），遼在慶雲山下營建慶陵，同年建慶州於慶陵南為奉陵邑。遼重熙 18 年（1049 年），位於慶州城內的釋迦如來舍利塔竣工落成。8 角 7 級，樓閣式磚木混合建築，塔高 73.27 米。

宗、道宗三位皇帝和后妃陵寢的奉陵邑。

慶州位於巴林右旗北部，始建於公元 990 年（遼聖宗統和八年），在 1031 年（遼興宗景福元年）移民實州，建為慶陵的奉陵邑。慶州城由內、外城組成，外城套內城。城正南向，外城南北長 1700 公尺，東西寬 1550 公尺，城牆多不存，僅北牆呈土埂狀。

城內建築遺跡清晰可辨，有環繞建築群的流水溝和人工池遺跡，東南有玲瓏石，當為園林建築之部分。城南部有正中大街，東西兩門之間有橫街。

從巴林右旗首府大板鎮前往慶州及慶陵約需 4 小時，而且要乘越野車才能翻山城嶺，爬坡涉河。道路雖崎嶇難行，但草原曠野錯落在群山之間，景色別致，令人豁然開朗。

遼塔可說是現存遼代建築的代表。慶州也有一座釋迦佛舍利塔，座落在慶州內城中的西北隅。塔始建於公元 1047 年（遼興宗重熙 16 年），竣工於 1049 年（重熙十八年）。為 8 角 7 層空心樓閣式磚塔，保存較為完好。塔高 71 公尺，通體塗白，民間俗稱白塔。塔下正南與塔座同高處，有一座清代建的覆鉢式小磚塔。

慶雲山與遼慶陵

慶陵是由聖宗的「永慶陵」、興宗的「永興陵」，以及道宗的「永福陵」所組成的陵園建築群。

慶陵始建於公元 1031 年（遼興宗景福元年），座落於巴林右旗北部大興安嶺中的慶雲山南麓，南距慶州城遺址約 10 公里，群山環繞，風景優美如畫。這 3 座陵墓在山麓依序排列，彼此有山澗、坡腳分隔，稱為「東陵」、「中陵」和「西陵」。

陵地後倚之山峰，遼時初名「永安山」，後又改稱「慶雲山」，今稱「瓦仁烏拉山」。山上樹木叢生，巨菇遍野，蔓草過膝，澗流潺潺，若無嚮導指引，必定迷途其間。但盜墓者卻魔高一丈，能搜尋得掘。慶陵多次被盜掘，隨葬文物多已散失，但從此地發現的石刻契丹小字哀冊，首次得知契丹文字使用情況。

墓內壁畫甚為豐富，從其中帶有契丹小字題榜的人物像，首次證實史籍記載契丹髡髮的習俗。東陵壁畫中的巨幅四季山水圖，表現了遼代皇帝四時「捺鉢」的習俗。現殘存壁畫還有多處，地表的享堂、廡殿、羨道等遺跡也依稀可見，殘瓦破片散落在草叢間，令人唏噓。

潢水石橋——宋代南北使臣必經之橋

由赤峰市區前往出產礦泉水的大板鎮，途中會經過西拉沐倫河。西拉沐倫河是內蒙古東部最大的河流，也是南北天然的分野，西拉沐倫蒙語漢譯即潢水之意；河以北為畜牧區，以南為農業區（多種小麥、燕麥、高粱、向日葵等）。橫跨河上的橋名「巴林橋」。橋址附近於唐宋時期已有橋樑建築，名為「潢水石橋」——以西拉沐倫河古稱「潢水」而得名，是古北口外第一

慶雲山遠景。慶雲山又名永安山，為遼慶陵的陵山，這裡是遼聖宗、興宗、道宗三帝及其皇后的陵寢的所在，山峰常有雲繞其間，所以名慶雲山。其地即今巴林右旗瓦爾漫汗山。為遼朝皇帝夏季捺鉢（行宮）所在。據沈括：《使契丹圖抄》載：「永安，地宜畜牧，畜宜馬牛羊，草宜荔梃、枲耳、穀亦粱麥。」

遠望契丹黑山，黑山為遼慶陵的影壁山。遼俗謂契丹人魂魄由黑山神管理，因此冬至日北向拜黑山。

大石橋。

《新唐書‧地理志》記載：「營州北四百里至潢水」。《遼史‧地理志》引述公元 1016 年（宋大中祥符九年），薛映從中京到上京途記云：「渡潢水石橋，旁有饒州」。潢水石橋是宋代南北使臣必經之地，因此在許多宋人的行程記中多有記載。

潢水河床廣隘不定，時有流沙和沙井，河水淺不可行車，深不可行舟；而洪水暴漲時，更斷絕行人。當時能在如此背景下興築石橋，堪稱一奇。1950 年代因蓋新橋，原橋廢棄，附圖所見為檔案照片。

遼饒州故城

遼代饒州故址，位於林西縣城西南 60 公里，西拉沐倫河中游北岸之台地，南距西拉木倫河僅 254 公尺，北靠群山，東距今巴林橋約 35 公里，由古城西行 30 公里，即到克什克騰旗境內之上橋（即西石橋）。

唐貞觀 22 年（648 年）窟哥內附後又改稱松漠都督府，遼饒州是在松漠府故城基礎上「（遼）太祖完故壘……」因此，這個舊城應是唐代的饒樂都督府城址。

西拉沐倫河，為東
蒙古第一大河，古
稱潢水，是東蒙南
北天然的分野，北
為畜牧區，南為農
業區。

潢水石橋（資料照片）橫跨西拉沐倫河上，清代曾加整修，俗稱巴林石橋。在宋人的《行程記》中可屢次見到記載，這裡是宋代南北使者，時常經過的地方。石橋今已不存。

遼中期官窯遺址（猴頭溝缸瓦窯）

遼饒州城故址。全城呈長方形。保存較好。分東西兩城。東大西小。城的東西全長 1400 公尺，南北寬 700 公尺。城牆殘高平均為 2 公尺，全為夯築。

猴頭溝缸瓦窯遺址

　　松山區猴頭溝鄉缸瓦窯遼代官窯遺址，又稱松州窯址。窯址位於山谷丘陵地帶中，某條快乾涸的河畔，河的另一邊有小山岡，據說附近山中曾蘊藏著瓷土與無煙煤，所以遼代時被開發成一個包含官窯與民窯的大型窯區，後沿用到金代、元代。在河畔與山岡上有很多陶瓷碎片，窯址據測量東西長 2.5 公里、南北寬 0.5 公里，主要分佈在缸瓦窯村及其附近。現在窯址立有碑記，考察隊在僅剩一堵約 2、30 公尺的土牆附近看到許多可能是遼、金或近代陶瓷的碎片，有米白、墨綠、褐色等的釉色，依其釉色、陶胚或釉層厚薄不一，也可推測出可能年代。

　　遼瓷在技術上承襲了唐、宋的技術，造型上則反映了遊牧民族的生活特色，如仿皮囊皮繩製的雞冠壺。遼三彩瓷器與唐三彩不同在於遼三彩沒有藍

遼・三彩鴛鴦形水注。高19公分，長徑24公分。赤峰市王家店遼墓出土。（資料照片）。

遼・白地鐵彩劃花牡丹紋罐。高38.5公分，口徑21公分。赤峰市高州城出土。（資料照片）。

色釉，只有黃、白、綠。

〔重要參考資料〕

蘇赫等編：《赤峰史》，北京，文物出版社，1991年。

王惠德：〈關於夏家店下層文化古城的幾個問題〉，《昭烏達蒙族師專學報》13卷增刊。

孫守道、郭大順：〈牛河梁紅山文化女神頭像的發現與研究〉，載《文物》1986年8期。

《姚從吾先生全集》，台北，正中書局，1972年。

于寶麟：〈中世紀雄踞中國北方的契丹族〉，載《歷史月刊》72期。

趙振績：《契丹族系源流考》，台北，文史哲出版社，1992年。

王靖：〈遼上京遺址〉，載《文物》1979年5期。

遼中京發掘委員會：〈遼中京城址發掘的重要收穫〉，載《文物》1961年9期。

閔宣化著：《東蒙古遼代舊城探考記》，台灣商務印書館。1970年。

島田正郎：《契丹國》，東京，東方書店，1993年。

魏建猷：〈日本鳥居龍藏氏調查熱河省境契丹文化的經過〉，載《燕京學報》15期，1934年6月。

田廣林：《中國東北西遼河地區文明起源》，北京，中華書局，2005年。

田廣林：《契丹禮俗考論》，哈爾濱出版社，1995年。

田廣林：〈契丹祭祖禮俗研究〉，載《昭烏達蒙族師專學報》，1993年增刊。

田廣林：〈說契丹黑山〉，載《松州學刊》1987年第4-5期合刊。

田廣林、張建華：〈契丹葬俗研究〉，載《昭烏達蒙族師專學報》1992年增刊。

王興貴、雷惠田：〈巴林石橋及其碑文〉，載《巴林右旗文史資料》第1輯。

吳宗信：〈遼饒州城調查記〉，載《考古》1980年6期。

謝敏聰：《中國歷代帝王陵寢考略》，台北，正中書局，1976年。

本文原載《牛頓雜誌》136期，1994年9月號。2005年8月根據新資料增訂。

淮安
中國南北的界城

　　淮安（古名淮陰）主要是泛指現在的楚州區（舊市區）、清河區、清浦區、淮陰區（新市區），新、舊兩區相距 15 公里。

　　2001 年 2 月行政區劃重大調整，淮陰市更名為淮安市，原縣級淮安市改為淮安市楚州區，原淮陰縣改為淮安市淮陰區。

　　其地處黃淮、江淮平原的交接處，為中國的自然地理，也是人文地理、南方與北方的分界。

　　淮安水陸交會，地理位置優越，物產豐饒，經濟富庶。歷史上人才輩出，韓信、梁紅玉、吳承恩、周恩來均出生於此，自古有「壯麗東南第 1 州」的稱譽。

淮安市鎮淮樓。鎮淮樓是淮安地區的象徵。

南船北馬的轉換地

中國北方為黃淮大平原，在航空、鐵、公路興起以前，主要交通工具為馬。南方則多河流（長江、錢塘江、贛江……）、湖泊（洪澤湖、鄱陽湖、太湖……）、運河〔大運河的江南段（杭州到鎮江）、裡運河段（揚州到淮安清河區）水量很豐沛；蘇州、紹興城內多市區運河：紹興到杭州有地區性質的運河〕，主要交通工具為船。淮安是古代南船北馬的交會地點。

楚州區瀕新淮河（即蘇北灌溉總渠，1951 年至 1952 年，為整治淮河水患，人工新開鑿的淮河主幹道）清河區、淮陰區瀕舊淮河（即黃河故道，公元 1194 年，黃河在河南省原陽縣決口改道，淮陰以下奪淮水水道）。

氣候、農業─中國自然地理的南北分野

淮河流域地處中國南北氣候過渡地帶。楚州區南的蘇北灌溉總渠（楚州區城南 25 公里處，裡運河與蘇北灌溉總渠交會）以北屬黃淮平原的南緣，地面高程 5 至 8 公尺，主要屬沙土和鹼土，屬暖溫帶季風氣候區，農業以旱作

蕭家湖。相傳這個水塘就是韓信釣魚的地方，在這裡，漂母一連幾十天拿飯接濟韓信，並勉勵韓信要有偉大的事業。此湖面積 17 公頃，為古淮安 3 湖勝景之 1，具有蘇北水鄉田園風光特色的水景園林。

2 年 3 熟制為主，小麥、玉米、棉花為大宗產品。渠南屬裡下河低平原，地面高程多在 3 公尺左右，多潮土、水積土，屬北亞熱帶季風氣候區，河網稠密，有豐富的水量可供灌溉，盛行稻麥（或油菜）1 年 2 熟制。

淮河、秦嶺是中國年雨量 750 公釐等雨線經過的地方。以北，地理上稱為北部地方，以南為中部地方；歷史上，以北稱為北方、以南為南方。

中國人文地理的南北分界

秦代統一中國以後，中國政治、軍事有 2 次南北對峙的大分裂，大抵也均以淮水為雙方的界限。南北朝時代，南朝的劉宋、南齊與北魏、蕭梁與東魏均以淮水為國界。金與南宋對峙，東以淮水，西以秦嶺為界，東部的淮安、西部的大散關（在秦嶺西部山麓，今陝西省寶雞市境）是宋軍佈防的重地。歷史上的淮安是兵家眼中的「南必得而後進取有資，北必得而後餉運無阻」的軍事重鎮。

所以，淮河、秦嶺不但是中國自然地理南北的分界，在人文地理方面也同。

歷史沿革

淮安地區最早的古文明，可以追溯到 5360 年前的「青蓮崗文化」時期。它的代表遺址位於楚州區東北，黃河故道以南 1 公里的宋集鄉青蓮村，距楚州區 35 公里。它是新石器時代的一個分支，屬於母系氏族向父系氏族過渡的階段。已過著定居生活，居住的房屋主要為長方形或圓形的地面建築。普遍種植水稻，使用堅硬的花崗岩石和石英岩石製石犁（翻土用）、石鐮（收割用）等農業生產工具。製陶業已相當發達，大多用來作為日常生活用具，並已有用陶製紡輪來紡織的技術。陶珠、陶管的出土，證明當時人類已很喜愛裝飾，具備了一定的審美觀點。

楚州區現為文化區，古蹟很多，歷史上有很多名人出生於此，也有很多名人曾寓居於此；清河區、清浦區現為工商業發達及交通要道的城區。

歷史上的行政區劃，有時曾是淮安（楚州區）管淮陰（清河區），有時也是淮陰管淮安，兩城連繫實密不可分。最初的淮陰應指今楚州區，因為淮陰侯韓信釣台、胯下橋均在此地。今之清河區原名清江浦，是一個渡口，明清以來才逐漸發展成一個大都市。原漢代淮陰城區（楚州區）名稱被淮安府的名稱取代，清江浦便改名為清口市，曾改稱淮陰市，現為清河區。

淮陰，意為淮水南岸（水南、山北皆陰，水北、山南為陽）。

地名新舊更替

楚州區與清河區在秦代屬淮陰縣。漢武帝元狩 6 年（公元前 117 年）劃出東南境另置射陽縣，為淮安建縣的開始。

東漢獻帝建安 5 年（公元 200 年），廣陵太守陳登，遷郡的治所到此地，一直到清末，楚州區皆為郡、州、路、府的所在。

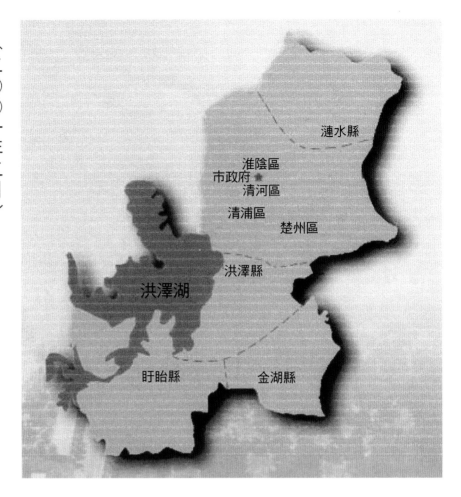

東晉安帝義熙 7 年（411 年），從廣陵郡（治揚州）分出另置山陽郡，於是改射陽縣為山陽縣。今楚州區為郡的所在地。南齊武帝永明 7 年（489年），始名淮安。

從唐代起楚州區就是南糧北運、東鹽西運的重要通道，而地處近海，又在海河之濱，唐代淮河是重要的國際交通孔道，朝鮮、日本與中國交往，多有從淮河進出，楚州區為重要的國際港口城市。唐宋兩代，楚州區為江淮轉運使的駐地。

楚州區在唐朝末年的藩鎮交兵及五代末年後周世宗柴榮對南唐的戰爭，均曾在楚州區大戰過。

南宋初年，金兵南侵，韓世忠與夫人梁紅玉屯兵於山陽，淮東得以安寢，今楚州區再次改名淮安。明、清兩代為淮安府專設漕運總督衙門於今楚州區。淮安轄區廣，與揚州、蘇州、杭州並列為大運河線上的 4 大都市。鹽業、造船業相當發達，商賈雲集。

隋唐以後淮安歷代行政區的名稱，隋唐時代為楚州，宋為淮安軍，元為淮安路，明清為淮安府，均駐山陽縣。辛亥革命後，山陽才改名淮安縣，屬淮揚道。

民國 23 至 26 年（1934 至 1937 年）屬淮陰行政督察區，1954 年歸淮陰專區，1970 年屬淮陰地區，1983 年屬淮陰市，1987 年 12 月設淮安市。

隨著 2001 年淮安市行政區劃的重大調整，帶來了新舊「淮安」「淮陰」

不同城的問題。地名新舊更替，茲附對照表。

新名	舊名	政府駐地或車站地址
淮安市（地級）	淮陰市（地級）	清河區健康西路
淮陰區	淮陰縣	王營鎮北京路
楚州區	淮安市（縣級）	淮城鎮西長街
淮安市汽車站	淮陰汽車站	清河區淮海北路（工農路口）
淮安汽車南站	淮陰汽車南站	清浦區淮海南路（延安西路口）
淮陰區汽車站	淮陰汽車北站	王營鎮淮北路（鹽河北路口）
楚州區汽車站	淮安汽車站	淮城鎮鼓樓東路（淮揚公路口）

楚州區概況

　　楚州區位於裡運河東岸，由舊城、新城和夾城（聯城）組成，號為「3 城並聯」，形狀如船，又名船城。

　　楚州區基本保存了古城的格局，以南門大街、鎮淮樓、漕運總督衙門為中軸線，兩側分布著 32 條街，76 條巷。城內房屋多數為清康熙 7 年（1668 年）郯城大地震後所建，這些建築物多為青磚小瓦，造型古樸，仍保留明清時代的風貌。

　　楚州區水系眾多，環城河、文渠以及散布在城內的水塘湖泊，有些已闢為城市園林，供人旅遊。

楚州區淮城鎮（原縣級淮安市區）一景

　　這些水系，加上陸路，水陸交通便捷，內通外聯，舟楫車行，十分便利，使楚州區成為東晉迄元朝的江淮咽喉，蘇北、淮河下游物資的集散中心，為中國中世紀東部地區南船北馬轉換之地。北達北京，南通江浙，西接安徽、河南，東抵大海，有「南北樞機」之稱。

　　明初以後，南船北馬轉換地的地點雖為現在的清河區所取代，但楚州區現仍有主河道 13 條，其中大運河、廢黃河、蘇北灌溉總渠在境內總長 147 公里：公路幹線有淮揚路（楚州區到揚州，以裡運河的東堤為路基）、淮鹽路（楚州區到鹽城）、淮漣路（楚州區到漣水），長 347 公里。交通線仍四通八達，十分順暢。近年新長鐵路（新沂－淮安－無錫－浙江長興）通車，為淮安市的交通開啟了新頁，車站設於經濟開發區。

名人輩出

　　歷史上淮安是名人薈萃之地，有漢初三傑之一的淮陰侯韓信，開創漢賦一代文風的辭賦家枚乘、枚皋父子，文學家陳琳；北宋曆算家衛樸，南宋抗金英雄梁紅玉，明代《西遊記》作者吳承恩；元末明初小說家施耐庵（著有

99

《水滸傳》），清末譴責小說家劉鶚（著有《老殘遊記》）、鴉片戰爭抗英的英雄關天培、甲午戰爭平壤戰役犧牲的抗日名將左寶貴、周恩來總理均在楚州區出生或曾寓居。而文化名人李白、白居易、蘇東坡、關漢卿也都曾遊歷至此。

文物勝蹟

楚州區自古文風鼎盛，人才輩出，區內古蹟多與名人故居有關。

「韓侯釣台」碑

韓侯釣台　在蕭家湖西側。相傳韓信（？～公元前196年）少時貧寒，流浪於淮水一帶，常以釣魚為生。

漂母祠　在韓侯釣台北邊。當年韓信垂釣蕭家湖，常得到一位漂紗的婦女飯食接濟和教育，後特建祠紀念。

胯下橋　在胯下街，原橋已無存，明萬曆年間（1573～1620年）重製木牌坊於此，後圮，1978年又修復。韓信少時途經這座橋，一位賣肉屠夫仗力逞強，欺侮韓信貧窮，要韓信從他胯下而過，韓信忍辱，俯出胯下。後韓信成名返故里，特將屠夫請來，感謝他從反面激勵自己奮發。為頌揚韓信在「忍」字有非常之志，樹立此坊，以表韓信能伸能屈的大丈夫氣概。

漂母祠中的韓信與漂母像

梁紅玉祠　位於楚州區新城北辰坊，梁紅玉（？～1153年）曾在鎮江金山擊鼓為夫韓世忠助戰，抗擊金兵，宋金兩軍在鎮江相持40多天，使渡江的金兵無法撤到江北，為有名的「黃天蕩之役」，從此金人不敢輕易渡江，南宋遂得以在江南立國。

梁紅玉後隨韓世忠率部進駐楚州區，在楚州區北1里多築新城，抵抗金兵。後人在此為之塑像建廟。

鎮淮樓　在楚州區舊城的中央。始建於宋代，原是南宋都統司的酒樓，在明代為譙樓（即鼓樓），曾置有銅壺刻漏報時。後因淮河經常泛濫，改稱鎮淮樓，歷代多次修建，現存建築是清光緒7年（1881年）重建，坐北朝南，底座為磚台。台正中為拱形門洞，宛似城門。磚台長26公尺多，寬約14公尺，高約8公尺，由底向上逐漸縮小。磚台中央是2層木結構高樓，面闊3間，屋頂重簷9脊式，是一座雄偉的古建築。

吳承恩故居　《西遊記》是一部家喻

胯下橋遺址。相傳韓信在此受胯下之辱。

戶曉的名著，作者吳承恩（約 1504～1582 年），科舉考場屢遭挫折，直到 40 多歲才補為歲貢生，60 多歲才做到浙江長興縣縣丞（副縣長），但因個性持正不阿，不善阿諛逢迎，以致得罪豪強勢力，被誣陷入獄，後案件平反，又補為「荊府紀善」（正八品的官職）。吳承恩拂袖而歸，閉門著述。他搜集大量文史資料和民間故事，並遊歷海州（今連雲港市，有花果山），於 71 歲時在他的寓所射陽簃，寫下了 80 萬字的不朽巨著《西遊記》。

梁紅玉祠。

故居坐落在楚州區下打銅巷內，第 1 室為客廳，第 2 室為吳承恩的書室射陽簃，《西遊記》就創作完稿在這裡。第 3 室為正廳，第 4 室為住房，第 5 室為東廂房。

關天培祠　在鎮淮樓東側，關天培（1781～1841 年）於 1834 年出任廣東水師提督，其後支持林則徐禁煙，多次擊退英軍進攻。1841 年 2 月，英軍進攻廣東虎門時，他在靖遠炮台率孤軍奮戰，英勇戰死。清道光年間建祠，後圮，今祠為 1954 年重建。

吳承恩故居的書室－射陽簃

劉鶚故居　在楚州區西長街北段，為一座古樸的民居宅院。劉鶚（1857～1909 年），字鐵雲，鎮江丹徒人，幼年隨父母遷居到淮安，著有《老殘遊記》，編有《鐵雲藏龜》（由所收藏的甲骨文拓印成冊）。

故居現有原屋 11 間，分東西 3 個天井，1987 年經整修分為 3 室，陳列劉鶚生前各種文稿手跡和當年使用過的實物。

關天培祠

周恩來故居　位於淮城鎮駙馬巷內。故居是青磚小瓦結構的平房，由東西相連的兩個普通的老式宅院組成。東宅院臨駙馬巷，西宅院臨局巷，均為曲折的三進院。

1898 年 3 月 5 日，周恩來（1898～1976 年）出生於東宅院向南的 3 間正房的東端一間屋子裡。

周恩來紀念館　位於城北桃花垠，分主館與附館，建築面積 3265 平方公尺，1988 年 3 月 5 日奠基，現已竣工開放，內陳列有展現周恩來一生的實物、圖片和影視資料。

劉鶚故居

周恩來故居大門　　　　　　　　　　　　周恩來故居院內

渡口的轉移——由末口（楚州區）到清江浦（清河區）

　　楚州區的地方志上記載末口，都說是在城北 5 里（約 2.5 公里）。末口是古運河與古淮河的連接處，是聯繫楚州區與淮河的良好位置，為天然的楚州良港，今楚州新城以北的環城公路即當年淮河遺址。

淮安附近的大運河

　　也就是說，明代以前，古淮河流經今楚州區北側。由揚州長江邊南來的古邗溝在城北末口隔北辰埝與淮河連接，長江與淮河間來往船隻只有這個通道。這條航道稱為邗溝東道。當時因邗溝底高、淮河底低，為防邗溝水盡洩入淮，影響航運，故於河、溝相接處設埝。邗溝東道迂遠，湖中行船，又多風浪險阻。後由今高郵市界首向北分段延伸，形成邗溝西道。宋代以後，通稱為運河。西道北端亦抵達末口。

　　古淮河由清江浦（今清河區）向東南轉個「凹」字形大灣（山陽灣），至今楚州區城北，過末口、劉伶台，從柳浦灣折向北至赤晏廟，迤東過漣水縣到雲梯關入海。

　　南宋光宗紹熙 5 年（1194 年），黃河在今河南省原陽縣決口，徐州以下奪泗水，淮陰以下奪淮水，楚州區境內的淮水遂成為黃河入海流道，但末口仍保持南北交通的樞紐作用。

　　明永樂年間（1403～1424 年），平江伯陳瑄主持開鑿清江浦，裁山陽灣，運河由楚州區西穿湖鑿渠直達清口（在今清河區中心西南 10 公里碼頭鎮奶奶廟村一帶，此處為古淮河、古運河、古黃河的交會處），改善了水運的

條件，也使楚州區北邊的清江浦逐漸發展起來，形成現在的清河區。

　　由清江浦（今清河區）過黃河，即達淮陰縣（今淮陰區）城王營鎮。明朝中葉以後，由於清江浦到徐州間黃河主流及其以北的山東境內運河水量均不足，為了保證漕運，淮河以北的船隻除了漕船以外，其餘船隻一律被禁止通行。加上河道變遷，南船北馬的水陸轉運樞紐遂由今楚州區北的末口改到清江浦和王營鎮。凡是沿運河北上京城的商旅都在清江浦捨舟登陸，渡黃河到王營鎮改乘車馬，計 18 站到京。

清河區——淮安市人民政府駐地

　　春秋時代此地屬吳國，戰國時代屬楚國。秦朝於公元前 209 年置淮陰縣，爾後名稱幾經變更。

　　南宋光宗紹熙 5 年（1194 年），黃河決口陽武（今河南省原陽縣），在淮陰以下奪淮河水道入海，公元 1273 年遷縣治於大清口（清口即上述大運河、黃河、淮河三河交叉地），改名清河縣。

　　永樂 7 年（1409 年），朝廷在此興建造船廠，因廠房瀕河水較清的淮河，故名「清江船廠」，而當時地名也稱為清江浦。清江船廠每年造船曾達 630 多艘（1524 年），直到清代，多數漕船仍出自清江船廠。

　　黃河奪淮入海，使淮河河床淤高，漕運不通，乃於清江浦建 2 壩，設水閘調節水量，北上漕運皆在此改用車輛盤駁入黃河。明清兩代漕運總指揮部設此。當時官商雲集，人口驟增，市面繁榮，有「九省通衢」之稱，「南船北馬」，盛極一時。

　　清乾隆 25 年（1760 年），移縣治於清江浦（即今清河區），屬淮安府。

　　隨著海運的發展，津浦鐵路通車，漕運和鹽運的減少，清江浦在 1990 年前的繁榮相對衰落。近年因新長鐵路（新沂市～長興市）的通車，淮安成為要站，恢復繁榮，指日可待。

頻繁改制——2001 年 2 月行政區劃重大調整

　　1914 年，清江浦改為淮陰縣，為淮陰道治所。1934 年為淮陰行政督察區專員公署駐地。1937 年底至 1939 年 3 月，省政府遷此，旋為日軍占領區。1945 年，中共軍第 1 次占領淮陰，設清江市，為蘇皖邊區政府駐地。1948 年，共軍第 2 次占領，成立兩淮市。旋廢，復稱淮陰縣，屬淮陰專區。1951 年建清江市，翌年為專區駐地。1958 年市、縣合併稱淮陰市。1964 年市、縣分置，復名清江市。

　　1983 年 3 月改制的淮陰市，為省轄市。轄 2 區（清河、清浦）、9 縣（淮陰、泗陽、泗洪、漣水、洪澤、灌南、金湖、盱眙、沭陽），總面積 19548 平方公里，市區 347 平方公里，建成區 23.1 平方公里，總人口 1000 萬，市區人口 50 萬。

　　1987 年撤淮安縣，建淮安市。2001 年淮安市轄清河區、清浦區、楚州區（原縣級淮安市）、淮陰區（原淮陰縣）、漣水縣、洪澤縣、金湖縣、盱眙

縣，全市總面積 1.01 萬平方公里，人口近 500 萬。其中市區面積 3218 平方公里，其中市區人口 246 萬。

　　城區沿交通線發展，由大運河南岸清江浦閘口一帶和廢黃河沿岸王營等地組成，前者昔日是船隻轉運地，後者為「南船北馬」的交通樞紐。商業街多沿交通線分布，如清江的東門大街、長街、王營的南北大街。中華人民共和國成立後，擴建了新城，改建、新建、拓寬了道路，形成十字骨架棋盤式道路網絡。

　　市區西南部為紡織和化工工業區，東部沿裡下河為輕工業和食品工業區，北部為機械工業區。以食品、輕紡、化工、機械、建材為主要工業的體系逐步形成。另造酒工業方面，為中國名酒的洋河大麴、雙溝大麴，使得淮安贏得中國名酒之鄉的美譽。

　　淮安是魚米之鄉，這裡是全國重要的商品糧生產地之一，而農、牧、魚產品也很豐盛，金針葉、蜂蜜、大閘蟹等土、特產品，中外馳名。

結語——蘇北交通網的中心

　　中國中世紀的淮安是京杭的通衢，漕運的咽喉，網鹽的樞紐；總督漕運部院，船政鹽司，戶部鈔關，駐節郡城內外；會館棋布，商旅輻輳，經濟文化，甲於東南，文人墨客，達官貴人，富商巨賈在此交遊活動。

　　今清河區興起於明清時代，時間雖較晚些，但現為蘇北的鹽、漁、米糧的生產中心，也是重要的工商業區。

淮安市清河區市中心

　　現淮安地區交通便利，京杭大運河仍縱貫南北，蘇北灌溉總渠、鹽河橫穿東西，以兩市區為中心的高密度公路網四通八達。目前已經形成南通北接、東出西進的陸路交通網，與運河航運，鐵路交通共同構成一個綜合運輸體系，基本確立蘇北交通節點地位。新長鐵路和京滬高速公路、寧連高速公路、寧宿徐高速公路等公路幹線，以及舉世聞名的京杭大運河，交匯貫穿市區。祿口機場、觀音機場、白塔埠機場距離市區均只有 2 小時左右路程。

市內已形成「三淮一體」，在市區外圍形成高速公路「環」，過境交通和市域交通可以通過高速公路「環」進入淮安市路網體系或進入江蘇省規劃的「四縱、四橫、四聯」高速公路網，通達全省各地。兩市區也有高級賓館，設施齊全，清河區的淮海大飯店經評定為 4 星級，為高級涉外飯店。而淮揚菜系，口味平和、鹹淡適中，以鮮美、香酥、細嫩著稱，以炒、燴、燉見長，風味

獨特，尤使訪客讚美。繁榮的市景，加上眾多的名勝古蹟，以及湖泊、田野、運河構成漂亮的圖案，真不愧為「壯麗東南第1州」。

〔重要參考資料〕

《史記・淮陰侯列傳》。《宋史・韓世忠傳》。《光緒淮安府志》。

《同治山陽縣志》。《淮安藝文志》1873年刊本。《山陽藝文志》1921年刊本。

江東流、邵振華等：《淮陰古代掌故》，北京，中國社會出版社，1990年。

王樹榮、宋立勤、王旭道：《淮安周恩來故居》，北京，文物出版社，1987年。

嚴重敏主編：《中國城市辭典・淮安、淮陰條》，成都，四川辭書出版社，1992年。

文化部文物局主編：《中國名勝詞典・淮陰縣條》，上海，辭書出版社，1986年，第2版。

鄒杰：《名城一瞥》，南京，河海大學出版社，1989年。

《中國大百科全書・中國地理・淮安、淮陰、蘇北灌溉總渠條》，北京，中國大百科全書出版社。

淮安市人民政府網站

淮安市政協文史資料委員會：《淮安文史》1-10輯，1984～1992年。

《中國古運河》，香港，讀者文摘遠東有限公司，1990年。

《淮安古今人物》，南京，江蘇文史資料編輯部。

彭卿雲：《中國歷史文化名城辭典・續編》，上海，辭書出版社，1997年。

劉懷玉：〈唐代淮安與日本、韓國的交往〉、朱方谷：〈淮安古末口及五壩考〉、毛鼎來：〈青蓮崗文化遺址〉，以上3文均載於《淮安文史》第10輯，1992年。

http://cdleaders.people.com.cn/BIG5/channe123/5456/index.html

清安市清河區一景

曲阜

天不生仲尼，萬古如長夜

　　曲阜是中國古代傑出的思想家、教育家、政治家孔子的出生地。2000 多年來，儒家學說一直是中國學術、政治、社會思想的主流。孔子故里成為歷代帝王和知識份子朝拜的聖地，曲阜是中國傳統禮教文化的淵藪與象徵。

　　曲阜，因其在中國歷史上的特殊地位，以及保存了大量珍貴的有關中國傳統文化的物質資料，而成為國際矚目的歷史文化名城。

曲阜孔廟大成殿全景。為孔廟的主體建築，今殿重建於清雍正 2 年（1724 年），殿高 31.89 米，東西長 54 米；進深 34 米，殿下方須彌座石台基高 2 米多，占地 1836 平方公尺。

曲阜魯國故城內的周公廟。在魯都曲阜故城的西南隅，在今城東北 1 公里，周、漢宮殿舊址上，傳為魯太廟遺址。廟為北宋大中祥符元年（公元 1008 年）重修。

曲阜沿革

中國原史時代（Protohistoric Age，或稱傳疑時期）的 5 帝，就有 4 位在曲阜留有事蹟：黃帝生於曲阜東部約 4 公里處的壽丘；炎帝曾以曲阜為國都；黃帝之子少昊登基於窮桑，後遷都曲阜；虞舜教人做什器於壽丘。

在商代，曲阜及其附近為奄國，是商王朝在東方的重要屬國。商代的第 18 個王南庚，曾把商都遷到此地，到了第 20 個王盤庚才把國都遷到殷（今河南省安陽市小屯村）。商朝滅亡後，奄曾配合商的後裔武庚作亂，在周公東征時被消滅。

周公東征後，重定封國，魯改封於奄故地。因周公需在鎬京（今西安市）輔佐朝政，乃以其子伯禽就國，建都曲阜。曲阜古城經考古勘測，周長 11.77 公里，不愧為一座大城。

孔子即出生在東周前期的春秋時代，正確日期是周靈王 21 年（魯襄公 22 年，公元前 551 年）夏曆 8 月 27 日，地點在魯國陬邑昌平鄉，即今山東省曲阜市東南尼山附近。

魯國於公元前 249 年被楚國滅亡，以其地設魯縣。秦代魯縣隸屬薛郡。

公元前 154 年，漢景帝封其子劉餘為魯王，即魯恭王，他在曲阜建起了宏大的王宮。兩漢曲阜為魯國的國都。

隋文帝於公元 596 年首定曲阜為縣名。

宋真宗時，因傳說黃帝出生於曲阜東門之北的壽丘，因此於公元 1012 年改曲阜縣為仙源縣，縣治由原魯城移往壽丘前（今曲阜城東舊縣村）。金代復改名曲阜縣。

明武宗正德6年（1511年）劉六（寵）、劉七（宸）領導的民變攻占曲阜城（今曲阜城東舊縣村），並移營闕里孔廟，「秣馬於庭，污書於池」。

　　正德8年（1513年），乃「移城衛廟」，工程至明世宗嘉靖元年（1522年）完工，新建磚城周長4.8公里，高6公尺，每側城牆城門各一座，上築重檐城樓，外環以護城河。縣治由壽丘前移往原魯縣治所，從此時起，曲阜的行政建制沒有大變化，一直到1987年才改為縣級市。

　　2005年的數據，曲阜市轄12個鄉鎮，總面積890多平方公里，人口63萬。曲阜數千年來均為中國重要都市，最壯觀的古蹟有三孔──孔廟、孔府、孔林。

巍巍聖廟

　　公元前478年，即孔子逝世後的第2年，魯國國君魯哀公將孔子生前居住的三間房屋改建為廟，歲時奉祀，裡面也陳設了孔子生前用過的衣、冠、琴、車、書、硯等物。

　　公元153年，東漢桓帝下詔修孔廟，並派孔和為守廟官，立碑於廟；公元221年，魏文帝也下詔修孔廟。公元539年，東魏孝靜帝在

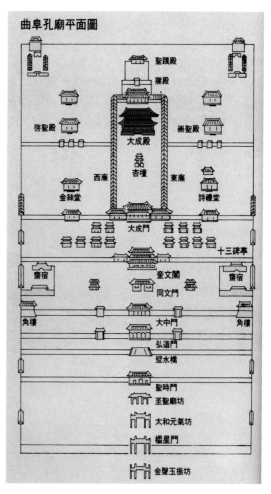

曲阜孔廟平面圖

曲阜南門仰聖門。明神宗萬曆22年（1594年）建，過去平時門緊閉，只有皇帝御祭或遣使祭祀時才開啟。「萬仞宮牆」4字為清乾隆帝御筆。門上原有城樓，1930年軍閥混戰中被毀。

曲阜鼓樓

重修孔廟時，為孔子建造了塑像，兩旁還立有 10 位重要弟子的塑像，這是孔廟有塑像的開始。

孔廟在唐代修了 5 次，宋代修了 7 次，金代修了 4 次，元代修了 6 次，明代 21 次，清代 14 次，經過歷代 15 次大修，31 次中修和數百次小修，孔廟終於形成現在的規模。

孔廟共分 9 進庭院，主要建築貫穿在一條長 1.3 公里多的南北中軸線上，左右附屬建築物基本上作對稱式的排列，整體建築包括 3 座大殿、一閣、一壇、三祠、兩廡、兩堂、兩齋宿，共 466 間，另有 54 座門坊，1172 通碑碣，古樹 1250 株，占地 9.6 公頃。廟的四周圍以紅牆，配以門坊和角樓，黃瓦紅垣，雕樑畫棟，碑碣如林，蔚為大觀。孔廟年代久遠，保存完整，歷來即被古建築學家稱為「世界唯一的孤例」。

櫺星門——孔廟第 1 道門

古代傳說櫺星為天上文星，以此名門，有人才輩出、為國家所用的意思。櫺星門內為孔廟第 1 進院落。

第 1 進院落內主要有太和元氣坊（前）與至聖廟坊（後），院內東西邊各有一座木構牌樓，東題「德侔天地」，西題「道冠古今」。這 2 坊 2 牌樓均為明代建築。

奎文閣——中國 10 大名閣之首

過聖時門、弘道門、大中門、同文門，進入孔廟第 4 進院落。內有奎文閣，為中國古代著名木結構樓閣之一。古以奎星為 28 宿之一，主文章。初建於宋天禧 2 年（1018 年），名藏書樓，金明昌 2 年（1191 年）重修，改今

名。明弘治 13 年（1500 年）擴建為
三層高 23.35 公尺，面闊 7 間，進深
5 間，飛檐 3 層，斗栱 4 重，綠瓦朱
甍，清雍正年間改覆黃琉璃瓦。

　　閣內原藏歷代皇帝御賜書籍、墨
蹟，經多次戰亂，藏書已大部分散
佚。

十三碑亭

　　十三碑亭在大成門前，為金、
元、清三代皇帝為保護唐宋以來祭
孔、修廟石碑而建。13 亭均為木構，
呈正方形，重檐 8 角，彩繪斗栱，黃
瓦朱甍，共有石碑 53 通。碑亭院內，
古柏蓊郁蔥蘢，多為金、元時代所

奎文閣。中國著名的木構建築之一，為孔廟的藏書樓。
今存建築為明弘治 13 年（1500 年）間所擴建，高 24.35
公尺，闊 30.10 公尺，深 17.62 公尺。

孔廟璧水橋（前）與弘道門（後）

孔廟太和元氣坊

植。

杏壇——紀念孔子講學處

　　過大成門的大成殿前甬道正中有杏壇，杏壇相傳是孔子講學的地方。宋天聖 2 年（1024 年），以正殿舊址為壇。金代於壇上建亭，明隆慶 3 年（1569 年）擴建。亭重檐 16 柱，十形結脊，覆以黃琉璃瓦，施以間金妝繪。

　　亭前石香爐，高 1 公尺多，再前有檜樹一株，傳為孔子手植，樹側立明代楊光訓題書「先師手植檜」石碑，現存檜樹為雍正 10 年（1732 年）所萌新條。

大成殿——孔廟主體建築

　　唐代原稱文宣王殿，宋天禧 2 年（1018 年）在現址始建今殿。宋徽宗尊崇孔子「集古聖先賢之大成」，更名大成殿，並御書匾額。明成化 16 年（1480 年）重修，弘治 13 年（1500 年）火後重建。清雍正 2 年（1724 年）遭雷擊，又重修。

　　大成殿為中國 3 大宮殿建築之一（其 2 為北京故宮太和殿、泰安東嶽廟宋天貺殿），殿高 31.89 公尺，東西長 54 公尺，進深 34 公尺。殿下築有巨型須彌座石臺基高 2 公尺多，占地 1836 平方公尺。重檐 9 脊，黃瓦飛甍，斗栱交錯，藻井樑枋的金色雲龍圖案都用金箔貼製，更使大殿金碧輝煌，氣勢雄偉。

　　大成殿四周廊下環立 28 根雲龍石柱，都是用整根石料雕成，每柱高 5.98 公尺，直徑 0.81 公尺，為明弘治 13 年由徽州工匠雕成的。

　　前檐下的 10 根深浮雕的雲龍石柱，每根雕刻雙龍戲珠，四周刻雲朵，柱身下襯托山海波濤，為石刻藝術的瑰寶。

　　殿前露臺寬敞，舊時祭孔「八佾舞於庭」即在此。

　　殿內正中懸「至聖先師」橫匾，神龕內

十三碑亭。現存碑亭（南8、北5）分別建於金、元、清代，亭內有碑53通，分別立於唐、宋、金、元、明、清、民國。碑文有漢文、八思巴文（老蒙古文）、滿文，內容多是歷代皇帝追諡、加封、祭祀與修建孔廟的記錄。

杏壇。為紀念孔子講學的地方。

先師手植檜

大成殿殿額及斗栱與彩繪。

大成殿雕龍石柱。

供奉按雍正 7 年（1729 年）複製的孔子夾紵漆像。兩旁為 4 配（顏淵、曾參、孔伋、孟軻），再外 2 龕供奉 12 哲（閔損、冉耕、冉雍、宰予、端木賜、冉求、仲由、言偃、卜商，顓孫師、有若、朱熹）的彩色泥塑像。

大成殿前東、西兩廡原供孔門弟子及儒家歷代先賢，現已闢為漢魏 6 朝碑刻、《玉虹樓法帖》石刻與漢畫像石陳列室。

大成殿內孔子塑像。依天子的禮制：冕 12 旒，服 12 章，執鎮圭。今像為 1983 年按雍正時漆像複製。

其他殿宇

大成殿後為寢殿，主祀孔子夫人丌官氏。丌官氏，宋國人，孔子 19 歲與其結婚，在孔子 66 歲時去世。宋天禧年間始於此處建專祠，清雍正 2 年（1724 年）重建。

孔廟最後 1 殿為聖蹟殿，明萬曆 20 年（1592 年），巡按御史何出光為保存同時雕刻的《聖跡圖》120 幅石刻始建此殿。圖原為宋人畫本，增補後由畫工楊維揚作畫，刻工章草刻石，記述孔子生平主要活動，為中國最早有完整故事的連環畫石刻。

13 碑亭以北，孔廟分 3 路，除了前述的中路（即中軸線上）的建築外，尚有東路及西路。東路由承聖門進入，此路為孔子生前故宅，有詩禮堂，相傳孔子曾在這裡教兒子孔鯉學習詩禮。詩禮堂後有「魯壁」，相傳秦始皇焚書時，孔子的 9 代孫孔鮒曾把《尚書》、《孝經》、《論語》等竹簡藏在孔子故宅的牆壁內。而漢武帝末年，魯恭王拆孔子故居以建宮室，從牆壁裡發現了這批竹簡，稱為《古文經書》，後人另砌一壁，並勒石以誌。魯壁以北為崇聖祠，祀孔子以上 5 世祖先，再後為孔宅家廟。

西路由啟聖門入，有金絲堂，始建於金代，為演習《大成樂》的地方。

堂後有啟聖殿，始建於宋代，祀孔子的父親叔梁紇，寢殿祀孔母顏徵在。

孔府——天下第一家

在孔廟的左邊有闕里街，街上有一大座古代的府第，即孔府，古稱「衍聖公府」，簡稱「公府」，民國以後曾改稱「大成至聖先師奉祀官府」。

孔府座北朝南，大門為三啟六扇銀紅邊的門座，上懸「聖府」金字豎匾。

孔府始建於宋仁宗景祐 5 年（1038 年）。宋仁宗至和 2 年（1055 年）封孔子嫡裔直系孫為世襲衍聖公，並封地 36 萬畝。孔府經明、清兩代大規模的修建，始成現在的規模。

孔府占地 240 多畝，分中、東、西三路，9 進院落，有樓、軒、廳、堂 463 間。

中路是孔府的主體部分。前為官衙，設有三堂六廳，三堂即大堂，為衍聖公開讀詔旨、接見政府官員、舉行重要儀式之地；二堂是衍聖公宣布典章、禮儀的地方；三堂為衍聖公處理內務之所；六廳在大堂東、西兩廂，是孔府的行政機關。後為內宅，有前上房、前堂樓、後堂樓等。

東路為家祠所在，有報本堂、祧堂、一貫堂、慕恩堂，還有接待朝廷欽差大臣的蘭堂、九如堂、御書樓等。

西路原為衍聖公讀書、學詩、學禮、燕居吟詠和會客之所，有紅萼軒、忠恕堂、安懷堂。南北花廳為招待一般來賓的客室。

孔府北部為後花園，有假山、花廳、花房等。

孔府典藏有大批歷史文物，最有名的是「商周 10 供」，即亞弓觚（商）、犧尊（周）、木工鼎（商）、父乙卣（商）、伯彝（周）、饕餮甗（周）、夔鳳豆（周）、蟠夔敦（周）、寶簋（周）、四足鬲（周）。10 供原為內府收藏，清乾隆 36 年（1771 年）賞賜孔府。

孔府還收藏有金石、陶瓷、竹木、牙雕、玉雕、珍珠、瑪瑙、珊瑚，以及元、明、清各代的各式衣冠劍履、袍笏、器皿、字畫。

孔府典藏有其私家的檔案，稱為「孔府檔案」，是研究孔府的重要資料，記錄了孔府從明嘉靖 13 年（1534 年）到民國 37 年（1948 年）400 餘年的政治、經濟、思想、宗教等方面的情況。分襲封、宗族、屬員、訴訟、租稅、林廟管理、祀典、政事、文書、財務、庶務等類。

孔府大門聖府匾。

至聖林坊。為孔林大門，初建於明永樂 22 年（1424 年），清康熙時重修。

孔林

孔林在曲阜城北 1.5 公里，為孔子及其後裔的墓地。家族墓地上下延用了 2000 多年，為中國僅有的一例。孔林最初墓地不過一頃，經歷代帝王不斷地賜給祭田、墓田，面積逐漸擴大，到了清代已達 3000 畝，四周圍牆長達 7 公里，

孔府前上房內景。這裡是衍聖公會見至親和近支族人、舉行婚喪壽儀的地方。此為壽辰時的陳設，中懸「壽」字為慈禧太后所賜。

喬枝巨木，樹種繁多，總計有20000多株，其中以楷樹最多，另有柏、檜、柞榆、雛離、女貞、五味等數十種。北魏‧酈道元《水經‧泗水注》引《皇覽》記載：孔林為孔子「弟子各以4方奇木來植，故多異樹。」

由曲阜縣北門到孔林大門——至聖林門——的林道約為1200多公尺，道上有明代修建的文津橋、雙碑樓和萬古長春坊（石坊）。

林內墓塚累累，碑碣林立，石儀成群。洙水東西流，水上有洙水橋，前有石坊，橋後享殿5間，殿後為孔子墓地，另繞以紅牆，內有孔子、孔鯉、孔伋（子思）祖孫三代墳墓，有

孔子墓甬道及翁仲

攜子抱孫之說。此區的圍牆內，另有楷亭、駐蹕亭、子貢廬墓處等建築。

結語

　　曲阜三孔（孔廟、孔府、孔林）因其學術價值，已被聯合國教科文組織

孔子墓。墓碑為明正統8年（1443年）黃養正篆書。

　孔林1景

陌巷故址

顏子廟

列為人文類的「世界遺產」，其地位的珍貴自不待言。曲阜城內、城外還有眾多的文物古蹟，如魯國故城、少昊陵、周公廟、復聖廟、尼山孔廟、孟母林……，在此 890 平方公里的土地上，就有 100 多處，可供旅遊、研究。曲阜不愧是「東方文化的瑰寶」。

〔重要參考資料〕

《史記‧孔子世家》。《山東省志‧孔子故里志》，北京，中華書局，1994
　　年。
孔祥林：《曲阜勝覽》，山東友誼書社。
柴清科：《中國曲阜旅遊》，青島海洋大學出版社，1989 年。
曲阜縣文物管理委員會編：《孔廟、孔府、孔林》，北京，文物出版社，1982
　　年。
徐志祥：《孔子和他故鄉的名勝古蹟》，紅旗出版社，1992 年。
《中國名勝辭典》，上海辭書出版社，1986 年，第 2 版。
謝敏聰：〈記曲阜聖地〉，載台北，《時報雜誌》99 期，1981.10.25。

　　本文原載《牛頓雜誌》184 期，1998 年 9 月號。2005 年 8 月根據新資料修訂。

龍亭。原為宋故宮御苑的一部分，高台為
明代周王府花園的土山，亭建於清代。

開封

《清明上河圖》故址巡禮

開封是中國 6 大古都之 1，在北宋時代，它是國都，人口約 140 至 170 萬，是當時全世界最大的城市。

故宮珍藏的名畫《清明上河圖》即以北宋的開封城為背景。

2005 年 10 月，北京故宮為紀念故宮博物院建院 80 週年，在剛修繕後開放的紫禁城延禧宮展出，北宋‧張擇端原作真跡《清明上河圖》，為了讓這幅畫受到完善的保護，給它作了個左右 16 公尺寬、上下 0.6 公尺長的恒溫、恒濕、充氮氣又密封的展覽箱。

1998 年秋季，占地 30 多公頃的「清明上河圖」景區已在開封完工開放，配合現存古蹟，遊客到此將可進入歷史場景的意境。

開封地下，還有 6 座城池，因黃河的吞噬和泥沙的保護，而長埋地下，構成了「城摞城」奇特景觀。

開封城，城摞城，地下埋有幾座城？

據北京晨報報導，考古學家歷經 20 年發掘，發現在 7 朝古都開封地下 3 公尺至 12 公尺處，上下疊著 6 座城池，其中包括 3 座國都、2 座省城、1 座中原重鎮，因黃河的吞噬和泥沙的保護，而長埋地下，構成了「城摞城」奇特景觀，考古專家稱為世界文明史上的奇蹟。

開封市文物管理處處長、研究員丘剛說，除最下層的魏大梁城因埋藏太深和探勘技術限制，未能發掘外，其餘 5 座城池均已相繼發現和初步探明。「開封城，城摞城，地下埋有幾座城？」這個一直流傳在開封民間的神秘傳說，終於被考古證實。

考古學家發現，位於「城摞城」最底部的唐汴州城，其東西牆疊壓在北宋東京內牆的東西牆下；南北牆由於金代後期的毀壞，殘牆淤埋於地表下 10 到 12 公尺處，城牆殘高 1 至 3 公尺、殘寬 10 公尺左右。除了「城摞城」、「牆摞牆」外，還發現很多「路摞路」、「門摞門」、「馬道摞馬道」的奇特現象。在開封城牆西門大梁門北側，考古人員在發掘出一條晚清時期的古馬道遺跡後，在其下深約 1 公尺處，又發現一段保存完好的古馬道遺跡。更令人驚奇的是在第 2 層古馬道下約 50 公分深處，又發掘出 1 條磚層腐損嚴重、曾長時間使用、年代更為久遠的第 3 層古馬道，形成古馬道上下層層相疊的奇景。

開封「城摞城」生動、具體地反映出在中華民族的繁衍、文化的發展過程，黃河巨大的影響力。

北宋以前，黃河流經河南省北部，由天津附近入海，距離開封數百公里。黃河雖然不斷決溢氾濫，但對開封並無直接影響。黃河真正開始威脅開封的安全，是在金代黃河向南大改道以後。此後的 1000 多年間，黃河決口 300 多次，其中大水進開封城就有 7 次。

開封街道　　　　　　　　　　　　　　開封郊外

地理情況

開封是河南省的地級市，地處黃河中下游的沖積平原。市區離黃河 9 公里，黃河河床高出城內地面約 9 公尺，成為著名的「懸河床」，目前河床仍在增高。歷史上，黃河入侵開封有 6 次，2 次侵入外城，4 次侵入內城，還有其他 40 餘次泛濫於開封附近。除黃河外，還有渦河、惠濟河、賈魯河等河流流經域內。開封市區有隴海鐵路通過，水陸交通四通八達。北隔黃河與新鄉市相望，南與許昌、周口 2 市為鄰，東界商丘地區與山東荷澤地區，西連鄭州市。

根據 2005 年 6 月的數據，開封的行政區轄 5 區（鼓樓、南關、順河回族區、郊區、龍亭）、5 縣（蘭考、通許、尉氏、杞縣、開封），總面積 6444 平方公里，總人口 480 萬，其中市區面積 359 平方公里，市區人口 80 萬。

開封是一座承東啟西、聯南貫北、區位優勢獨特的城市。開封自古戰略地位十分重要，是中原逐鹿的重要戰場。今天，作為重要的交通要道，開封的區位優勢進一步顯現。開封西距鄭州國際機場 50 公里，隴海鐵路橫貫全境，京廣、京九鐵路左右為鄰，黃河公路大橋橫跨南北，310、106 國道縱橫交匯。京珠高速公路、連霍高速公路，正在建設中的日南、阿深高速公路，加上即將開工的開封至鄭州國際機場高速公路，使開封成為國內城市少有的高速公路密集交織的城市。目前，全市已形成幹支結合、四通八達的公路交通新格局，公路密度高於全國、全省平均水平。

由史前到南北朝

據傳 3000 多年前，周文王的兒子畢公高就在此處築城。春秋時代屬鄭國的東北邊疆，鄭莊公在此造了一座「倉城」，定名為「啟封」，意為「啟拓封疆」，到了漢代，為避漢景帝劉啟的名諱，便將啟封改為「開封」。由於黃河的侵襲，這座故城早已無存，遺址就在現在朱仙鎮東南的古城村，世稱「南開封」。

梁惠王 6 年（公元前 364 年），魏國由安邑（今山西省夏縣）東遷到大梁，即今開封，從此開封作為魏國首都有 140 年之久（公元前 364 到前 225 年）。

魏國為了爭霸中原，就在大梁附近修渠開河，提高農業生產，促進交通，大梁迅速發展成為列國著名的大都市。《史記·貨殖列傳》：「魏之大梁，秦之咸陽，楚之郢，皆出入大賈小商之地。」

當時大梁城在今開封城的西北部，北城牆和西城牆分別在今開封的北城牆和西城牆之外。有 12 個城門，人口約 30 萬。

秦王政 22 年（前 225 年），秦大將王賁攻魏，王賁從黃河經鴻溝引水灌大梁，城陷，魏王向秦國投降，魏滅。秦在此設浚儀縣。

漢代浚儀屬陳留郡，陳留是「天下之要衝，四通五達之郊。」為兵家必爭之地。

東魏時代，在此地設置梁州。北周時期因開封瀕臨汴水，為黃河與淮河之間的水運要地，故改名汴州。

隋唐時代的開封

隋煬帝時廢州為縣，屬滎陽郡。到了唐代復改回汴州。唐代往來長安、洛陽和東南的達官、富商、巨賈等，多在此水陸都會盤旋。當時一些文人，

如李白、杜甫，還在這裡留下不朽的詩篇。

在唐德宗建中 2 年（781 年），汴州又成為宣武軍節度使的治所。管轄汴、宋、穎、亳等州，軍事地位日漸重要。首任宣武軍節度使李勉修築了汴州城，從汴河運往洛陽、長安所需的江南米糧均在汴州轉運。為了保護汴河的暢通，在汴州駐有重兵。由於經濟和軍事條件的優越，使宣武軍節度使成為唐朝末年勢力最大的藩鎮之 1。

朱溫（全忠）任宣武軍節度使，憑藉汴州雄厚的財力、物力，篡唐，建立後梁。

五代有 53 年，5 個政權，後梁為第 1 個政權，以後有後唐、後晉、後漢、後周等朝代，除後唐建都洛陽外，其他 4 個朝代均建都開封。

北宋的東京開封府

宋太祖趙匡胤「陳橋兵變」，黃袍加身，取代後周，建立宋朝，仍都開封。

北宋的汴京稱為東京開封府，從公元 960 年到 1126 年，歷 9 帝 167 年，北宋末年達到繁榮的最高峰。

北宋的東京城設有外城、內城和宮城的三重城套城格局，外城周長 25 公里，外城之內有內城，內城（即唐代的汴州城）周長 10 公里，內城之內再有宮城，宮城周長 2.5 公里。

東京的街道規劃整齊，以四條幹道為主，「縱橫交錯」，遍布全城。其中最主要的街道，是從皇宮的宣德門往南，通過內城的朱雀門，直達外城的南薰門的南北中軸線，稱為御街。現在復原的宋都御街，只是宋代御街北段的一小部分，不足其原來的 10 分之 1。

坊牆倒塌　市場變商業街

宋都一條街。座落於北宋東京開封的御街舊道北段，即今中山路，全長 400 公尺，南起新街口，北迄午朝門。建築全為仿宋式，柱子下粗上小，斗栱比例為柱的一半，屋頂的樑兩端往上彎度較為寬廣。仿宋御街長度為宋代的 15 分之 1。

125

宋代御街寬 200 多步，兩邊為御廊，市民可以在御廊做生意。

中國中古時代都城中的「坊」（居住區域）、「市」（市場）是分離的，唐代長安居民坊有 108 個，但只設東市與西市兩個市場，要走好遠的地方去購物，但從唐末經五代到北宋初年，由於商品經濟的發展，將這種不便利的城坊制度打破了，商店可以面向大街開設，全城各個角落均有商業區，由古時的方形城坊、市場改成長條形的商業街道，市民活動範圍由封閉型態變成開放型態。

東京的大街小巷，店鋪林立；酒樓飯館，比比皆是。「彩樓相對，繡旆相招，掩翳天日」，一派繁榮景象。夜市直至三更收市，但五更又復開張。定期廟會也盛極一時，最典型的是相國寺廟會，每月 5 次，「伎巧百工列肆，罔有不集；四方珍異之物，悉萃其間」。交鈔（紙幣）、飛錢（匯票）也被廣泛使用。其商業之盛，由此可知。

宋太宗太平興國年間（976 年～988 年）時，東京有 18 萬戶，人口號稱 100 萬；宋神宗元豐年間（1078 年～1085 年）有 23 萬 5 千戶；北宋末期的崇寧年間有 26 萬戶，平均每戶以 4 至 5 人計算（宋人因避差役，析戶分居的人

汴河上的虹橋。宋・張擇端繪：《清明上河圖》（部分）。《石渠寶笈三編本》，原畫現藏北京故宮博物院。開封汴繡廠著色復原刺繡。此圖描繪北宋晚期的都城東京（今開封）清明時節的繁

很多），人口為 100 至 130 萬，再加上常駐的軍隊，東京人口最多時約有 140 至 170 萬左右。

《清明上河圖》

　　《清明上河圖》描繪近 900 年前，北宋時代的開封的整個縱斷面。當時的歐洲最大的城市人口不過 7 萬左右，開封此時卻有 140 至 170 萬人，可謂世界最繁華的大都市。

　　《清明上河圖》中的「清明」是指 24 個節氣之 1 的清明時節，即由冬至算起的第 105 日就是清明節。「上河」原是宋代民間在清明祭掃祖墳之謂。

　　原跡畫的是宋徽宗宣和年間（1111 年～1125 年）開封在清明時節的繁榮狀況。宋室南遷以後，南渡臣民常有故國之思，因此這一幅代表北宋首都市民生活景象的畫軸，就開始被珍視起來。南宋以迄明清的仿畫很多，現藏於世界各大博物館及民間的約有 50 幅左右。

　　原跡畫作者張擇端，東武人（今山東省諸城縣），官至翰林畫史，擅長舟車、市橋、郭徑之繪畫，自成一家。生卒年無從詳考。《清明上河圖》繪

華景象以及社會生活的各個場面。為中國藝術史上不朽之作。同時，它也具有不容忽視的史料價值。

127

城門及城內街道。《清明上河圖》（部分）。《石渠寶笈三編本》，原畫現藏北京故宮博物院。
開封汴繡廠著色復原刺繡。《清明上河圖》上面畫了 843 個各式人物，和城樓、橋樑、和很多民

於北宋末年。

　　《石渠寶笈三編本》的《清明上河圖》是最多學者認為原跡的版本。公元 1127 年，金兵圍陷開封，北宋覆亡，皇族 3000 人被俘北上，宋廷府庫為之一空，史稱「靖康之難」。本圖也於此時北上，後來蒙古人又從金人手中得到，明、清兩代的收藏家又輾轉多次易手。自金朝歷元、明、清三代幾達 20 人在此畫上題跋，原作橫寬 5.28 公尺，但題跋卻有 10 公尺左右。清嘉慶 4 年（1799 年）才歸清宮內府收藏，民國 13 年（1924 年），本圖由溥儀帶出故宮，後入偽「滿洲國」宮廷，1949 年以後歸北京故宮博物院收藏。

　　台北故宮博物院也收藏有 10 種版本的《清明上河圖》，其中以乾隆年間，陳枚等合繪的《清院本》是最為工緻完美的作品。

　　《寶笈三編本》的《清明上河圖》，描繪宋代開封的無數市民正在做每日慣常的活動，各行各業的店鋪都忙著做生意，牛、羊、驢、馬、車輛都增添了熱鬧氣氛，垂柳舟船都不為詩意的點綴，而為現實的需要在畫中出現。在有限的畫面上，市廛民居皆有題匾，人與物多至不可勝數，字畫纖細幾至不可辨識（用放大鏡看始知其畫的精細）。這樣繁重的素材，經過張擇端的詳細設計，畫得意態生態，毫無懈筆，誠為第一流的大畫家寫實的傑出作品。

金代以後的開封

　　開封被金攻陷以後，城市遭到破壞，居民流離失所，農村經濟也破敗不堪。

　　金宣宗貞佑 2 年（1214 年），金為了迴避蒙古的進攻，把國都遷到開封，

宅及店舖。

在此建都 21 年。

　蒙古滅金以後，於開封設汴梁路。

　明太祖攻下開封後，升開封為北京，又封其第 5 子朱橚於此為周王。以宋故宮址為周王府。

　明崇禎 15 年（1642 年），李自成的農民軍圍攻開封，明朝守軍為抵抗農民軍，決黃河將城淹沒，37 萬居民中倖存者僅 3 萬餘人，十分凄慘。

　1949 年以後，開封以發展輕工業為主，重要項目有紡織、醫藥、化工、電子、食品。1979 年改革開放，更修復古蹟，發展旅遊業。

繁塔，為開封市內現存最早的建築物。

古蹟

　開封最能引人入勝的為眾多的古蹟，這些古蹟歷經滄桑，仍能存在，為城市發展的證物。

　開封現存最古的建築是北宋太平興國 2 年（997 年）的繁（音博）塔，平面呈 6 角形，為樓閣式磚塔。因黃河泛濫，塔基沒入地下，現高 31.67 公尺。原為 9 層，在明成祖時代，為了破壞「王氣」（宗室周王朱橚的根據地），將繁塔攔腰截斷，僅餘最下面的三

鐵塔。為中國現存最高大的琉璃塔。它是開封的象徵。設計科學，式樣美觀，結構嚴謹，裝飾華美。

鐵塔細部。有飛天、降龍、麒麟、菩薩、力士、獅子、寶相花等圖紋裝飾等 50 餘種,雕工精細,神態生動,為宋代琉璃磚雕藝術的佳作。

層,到了清初在上面補修了一座 6 角 7 級小磚塔。

鐵塔 在開寶寺內。沈括的科學名著《夢溪筆談》載開寶寺塔,原為木造,由傑出的建築理論及實踐家喻皓建造的。木塔始建於宋太宗端拱 2 年(989 年),歷時 8 年竣工。木塔完工後,看起來向西北邊傾斜,喻皓說:「汴京地平無山,多西北風,不到 100

相國寺大雄寶殿。相國寺初建於北齊天保 6 年(555 年),北宋寺臻於鼎盛,皇帝常至祈報、巡幸、恭謝,現存為清代建築群。

年，塔就可以扶正了。」喻皓設計的木塔，原預估至少700年內不會倒塌，但實際只存在了56年，於宋仁宗慶曆4年（1044年）遭雷火焚毀，喻皓所著《木經》3卷也沒有留傳下來。

宋仁宗於皇佑元年（1049年）下詔重建開寶寺塔，針對木塔不易防火和不耐風雨侵蝕的缺點，設計出仿木結構的琉璃磚瓦構件，近似鐵色，故名鐵塔。平面呈8角形，13層，高55.08公尺。

鐵塔建成至今已近960年，經歷地震43次，冰雹10次，暴風19次，水患6次均安然無恙。

1938年5月，中日戰爭，日軍攻擊開封，鐵塔中彈數百發，飛機俯射塔頂，寶瓶中彈62發，鐵塔仍巍然屹立。

宋神宗熙寧5年（1072年），日本天台宗高僧成尋以62歲高齡到宋國，在開封期間，參拜了太平興國寺、大相國寺、開寶寺等寺院後，轉而赴山西五台山。返回開封後，神宗賜他為太平興國寺譯場監事，敕住開寶寺。元豐4年（1081年）歿於寺內，終年71歲。

相國寺　戰國時代此地為魏公子信陵君的故宅。北齊天保6年（555年）在此建佛寺。唐延和元年（712年），睿宗為紀念他以相王即位，乃賜名大相國寺，並御書題額。寺廣545畝。明末黃河泛濫，開封被淹，建築全毀。清乾隆31年（1766年）大規模重修，現在寺中的主要建築均係此次重修的。

現相國寺自南而北的中軸線上主要建築有山門、天王殿、大雄寶殿、八角殿、藏經樓，兩廊與各主要建築相互組合，將寺院分成3進院落。

龍亭　龍亭這一帶是五代及北宋皇宮的所在，唐代此處是宣武軍節度使的衙署。朱溫篡唐，建立後梁，當了皇帝，把衙署整修、擴充，改稱建昌宮。後晉、後漢、後周也以開封為首都，宮殿均沿用前朝。宋太祖趙

宋故宮石欄杆

山陝甘會館

延慶觀玉皇閣

古吹台

　　匡胤建立了宋朝，擴建前朝留下的皇宮，他以唐朝的洛陽宮殿圖樣作為藍本，修建汴京皇宮，宮城在汴京城中部偏北的地方，周長 2.5 公里，靖康之難時被金人焚毀。後來金的海陵王完顏亮又在北宋的皇宮的舊址上，重新築了一座皇宮。

　　現龍亭內的高台是明代周王府花園中的土山。清康熙 31 年（1692 年）在土山上建萬壽亭，遇皇帝生日，文武官吏來此朝拜皇帝牌位。

　　山陝甘會館　為山西、陝西、甘肅 3 省同鄉集會會址。牌樓飛簷參錯，斗栱交互。內部各殿用琉璃瓦覆蓋，脊飾精湛，金碧輝煌。館內的石雕、木雕和琉璃製品，為清代雕刻藝術的珍品。

　　延慶觀玉皇閣　原為元初建造的朝元萬壽宮的齋堂。明洪武 6 年（1373 年），改名延慶觀，觀內現僅存玉皇閣，高約 13 公尺，閣分 3 層。為精美的

開封城牆㈠。經考古發掘證實：開封「城摞城」最下面的城池──魏大梁城在今地面下
10餘米深，唐汴州城埋於地下10公尺左右，北宋東京城距地面約8公尺深，金汴京城
約6公尺深，元汴梁城約6公尺深，明開封城約5公尺深，清開封城約3公尺深。除
戰國時期的大梁城位居今開封城略偏西北外，其餘幾座城池，其城牆、中軸線幾乎都
沒有變化，形成開封獨有的「城摞城」奇觀。

開封城牆㈡。城牆在歷次的黃河泛濫，發揮過保護開封城市的作用。

包公祠正殿

磚雕建築。

古吹台 又稱禹王台。相傳大禹治曾居此,又傳為春秋時代晉國樂師師曠奏樂的地方,台內有蓮池,池南有水榭,環境幽靜,為開封名園之1。

開封城牆 宋金時期,開封有內城與外城。明朝在金代內城的夯土的基礎上,外表加磚修砌而成。城牆在歷次的黃河泛濫,曾擋住洪水,發揮過保護開封城的作用。

包公祠 在今開封城的西南隅包府坑的西岸,歷代建有包公祠。現在的建築是1980年代建造的,此處是開封府的舊址。祠為仿宋代建築。包拯為人剛毅,鐵面無私,廉潔奉公。他在58歲任開封府尹,雖在任上只有1年3個月,但不畏權貴,嚴懲貪污,從不利用職權枉得一物。關心百姓生活疾苦,遇水旱災,即請求朝廷減免租稅,斷案大中至正,為歷代賢臣、清官的代表人物。

結語

1979年改革開放以來,由於經濟的提昇,帶動旅遊業的興起,開封位居內陸,旅遊業起步雖較晚,而且沒有飛機場,但到省會鄭州辦事的人士多有

到開封或洛陽旅遊的。近年開（封）洛（陽）高速公路已完工通車，將中原3大古都——開封、洛陽、鄭州（商代第10王仲丁的都城）——銜接，更促進了開封旅遊業的發展。

　　而開封也在大力整修旅遊點，如鐵塔附近重建佛殿；鄰近的中牟縣的官渡古戰場，新建有官渡之戰的前因、後果之故事人物、事件電子導覽的立體模型。而復興宋代汴繡的手工藝品，尤為到開封旅遊人士所讚賞的。另開封也以美食著稱於世，以糖醋熘鯉魚焙麵、小籠灌湯包子、桶子雞、套4寶（北京填鴨、雞子、鴿子及鵪鶉，並以海參、香菇、魷魚當配料）名菜佳餚最有特色。

〔重要參考資料〕
《宋史・地理志》。宋・張擇端：《清明上河圖》，開封汴繡廠刺繡。
宋・孟元老：《東京夢華錄》。明・李濂：《汴京遺蹟志》。
清・周城：《宋東京考》。《宋會要》。鄧之誠：《東京夢華錄注》。
李程遠：《開封的傳說》，甘肅人民出版社，1994年。
李良學主編：《宋都御街春秋》，中州古籍出版社，1991年。
陳顯泗：《中州勝跡概覽》，中州書畫社，1983年。
杜本禮、高宏照、暴拯群：《東京夢華・開封卷》，中國人民大學出版社，1993年。
徐伯勇：《七朝古都汴梁城》，收入閻崇年主編《中國歷代都城宮苑》，紫禁城出版社，1987年。
那志良：《清明上河圖》，台北故宮博物院，1977年。
李潤田：〈開封〉收入《中國歷史名城》，木鐸出版社，1987年。
沙旭升、曹景憲：〈開封〉收入《10大古都商業史略》，中國財政經濟出版社，1990年。
開封市人民政府網站
聯合報大陸新聞中心引北京晨報報導，2002年2月10日
李雪梅：〈黃河去復來，開封「城摞城」〉，載《中國國家地理》，17期，2002年10月號。故鄉公司出版，牛頓公司代理發行。
《綿繡中華》，香港華夏出版社，1972年。
〈開封旅遊新貼士〉，載《中國旅遊畫報117期副刊——旅遊綠燈85》。
《中國名勝辭典》，上海辭書出版社，1986年第2版。
謝敏聰：〈去看800年前的中國——「清明上河圖特展」〉，載台北，《時報雜誌》218、219合期，1984年2月。

　　本文原載《牛頓雜誌》186期，1998年11月號。2005年8月修改，增加新出土資料。

揚州

綠楊城郭，景物冠天下

「腰纏 10 萬貫，騎鶴上揚州」是一句古諺，可見歷史上的揚州是多麼繁華迷人。在唐宋元明清時代，揚州是中國有數的大都會，不但有旖旎的自然風光，也有秀麗的人工園林，為當時經濟、文化、交通的中心。揚州至今仍如畫卷般保存著文化古城的風貌，吸引著中外遊人。

瘦西湖。為中國著名的風景區。運用了中國造園藝術的特點，因地制宜建造了很多風景建築。湖長5、6公里，猶如一幅山水畫卷，既有天然景色，又有揚州園林的獨特風格兼有北方建築的雄偉及南方建築的秀麗。

至揚州之路

　　揚州沒有飛機場，最近的國際機場為南京祿口機場。由南京祿口機場下飛機，沿高速公路走 35 公里的路程，進入南京市區，換乘大巴士，由京滬高速、寧通高速公路 1 個多小時，可到揚州，也可從揚州由高速公路 2 個多小時東至上海，8 個多小時抵達北京。另外也能由上海浦東國際機場、虹橋機場下飛機，坐鐵路旅遊車，約 2 小時可到鎮江；或由上海走滬寧高速公路也約 2 小時抵鎮江，再由鎮江搭中巴輪渡長江到瓜洲古渡，再沿一段陸路，大約一小時可進入揚州市區。也可由潤揚長江大橋直接由鎮江到揚州。而隨著 2004 年 4 月完工的寧啟鐵路（由南京市到啟東市），現在可從揚州搭火車通往國內各主要城市。

地理情況

　　揚州位於江蘇省中部，在大運河與長江交叉的北口。西與安徽省的天長毗鄰，南界鎮江、江陰、張家港 3 市，東鄰泰州，東北和西北分別與鹽城市、淮安市接壤。根據 2005 年的資料，轄 3 區（廣陵、淮揚、邗江）3 市（高郵、江都、儀徵）和寶應縣。全市共有 97 個鄉鎮，9 個街道辦事處。總面積

由鎮江輪渡長江到揚州。「孤帆遠影碧空盡，惟見長江天際流」（李白：〈黃鶴樓送孟浩然之廣陵〉詩句）。

大運河與文峰塔。相傳唐朝高僧鑑真由這裡啟航東渡日本，講律學傳佛教。

6653.81 平方公里，總人口 457.19 萬，其中市區面積 988.81 平方公里，人口 115.13 萬。

　　宋代的科學家沈括在其〈揚州重修平山堂記〉一文中，認為揚州所控制的地區，自淮南以西、大江以東，南至五嶺、西抵蜀漢。揚州當南北水陸交通樞紐，舟車經過這裡入京師的占全國 7/10。

　　古以「淮海雄三楚，維揚冠九州」概括了揚州的地位。

歷史沿革
史前迄隋——大運河上的第 1 座城市

　　5000 年前，揚州市郊的蜀岡一帶是古揚州人聚居的地方。大約 3000 年前，西周滅商之後，生活在揚州地域的淮夷人在蜀岡及其北部地區建立了邗國，成為西周分封的一諸侯小國。古邗國都邑及其周圍地區是揚州最早開發建設的城鄉。

　　春秋時代後期，吳王夫差為北上中原爭霸，先併吞古邗國，又於公元前 486 年在蜀岡建邗城，又從邗城城下開邗溝到山陽（今淮安市楚州區），以運糧草供應其軍隊。今揚州螺絲灣橋至黃金壩一段就是古邗溝故道。這是大運河最古的河段，揚州是與大運河關係最早的城市。揚州是中國古代商業最發

石塔。唐代木蘭院之遺物，造型、圖案顯現出唐代的風格。

139

文昌閣。在城北，原是明代揚州府儒學前面的兩座建築之一，現存建築為清末遺物。

達的少數著名城市之一，其商業興旺繁榮的因素很多，其中大運河的開鑿與發展則是相當重要的原因。

其後，越滅吳，楚又滅越，邗城歸於楚國。楚懷王 10 年（公元前 319 年），就邗城故址築廣陵城，這是揚州又稱廣陵之始。

秦漢之際，廣陵縣城臨江為一都之會，因此更名江都。

西漢初年，劉邦封其侄子劉濞為吳王，以廣陵為吳國國都，這是揚州歷史上第 1 次成為郡國的治所，以後還做過江都國知廣陵國的都城。

東吳孫權大力開發長江下游，到了東晉及南朝時期，中原南來移民又將中原文化帶到揚州。當時的國都在建康（即今南京市），揚州是建康的外圍，扼邗溝出入長江之口，戰略地位重要，商業繁榮。

隋文帝結束東晉五胡十六國、南北朝以來南北對立的大分裂，中國復歸統一，取《禹貢》：「淮海惟揚州」，改廣陵為揚州，這是稱揚州的開始。

揚州的繁華使隋煬帝楊廣十分迷戀，於是徵調了數以百萬計的民伕開鑿大運河，南起餘杭（今浙江省杭州市），中經東都洛陽，北至涿郡（今北京市附近）。並在揚州蜀岡、雷塘一帶大建宮殿、園囿，3 次由洛陽乘龍舟南遊揚州，終無意北返，後部下造反，為部將宇文化及所弒，客死於揚州。

煬帝的遊玩是隋王朝迅速崩潰的一個重要原因，但由於運河的開通，使揚州從此成為漕運、鹽運的樞紐和內河通海的咽喉，推動了揚州的繁華，對此後 1000 多年的揚州城市史產生了巨大的影響。這種繁華在 1、2 百多年後

漢廣陵王墓博物館。為第 1 代廣陵王，漢武帝之子劉胥之墓改建，該墓採用「黃腸題湊」的葬法。

隋煬帝陵。在市北的雷塘。煬帝楊廣曾於大業元年（605 年）、6 年、12 年 3 次下揚州。由於橫徵暴斂，殘民以逞，各地農民紛紛起義，大業 14 年，被部將宇文化及縊死於揚州，初葬吳公台下，後改葬今址。

的中、晚唐時期達到了鼎盛。

唐代「揚一益二」

　　唐代揚州因為大運河的全線暢通，揚州出現了空前的繁華，為東南的一大都會，揚州居南北交通的樞紐，為國內商業及對外貿易、中外文化交流的中心，也是唐王朝財稅主要來源地區。

　　唐代揚州市區人口有 47 萬，商業興盛，街市繁華，店鋪眾多，鱗次櫛比。不僅有國內各地商人開的店鋪，也有外國人開設的商店。商業繁盛的喧鬧聲中，達官富賈競趨奢華，揚州成為繁榮的大千世界，有「揚一益二」之譽（按益州即今四川成都一帶）。杜牧說：「揚州勝地也，每重城向西，倡樓之上，常有絳紗燈籠萬數，輝羅煌列空中，九百三十步街中，珠翠填咽，邈若仙境。」（《太平廣記》卷 273〈杜牧〉）。權德輿在其《廣陵詩》說：「廣陵實佳麗，隋季此為京。八方稱輻輳，五達如砥平。大旗映空日，笳簫連營鳴；層台出雲霄，金粉摩頹清，交馳流水轂，迴接浮雲軿。」

大明寺鑑真紀念堂。鑑真為唐朝律學高僧，他曾 6 次東渡日本，歷時 10 年。雖雙目失明，但其志不渝。把唐代繪畫、書法、雕塑、醫藥、工藝、印刷、建築等文化傳進日本。堂於 1974 年竣工，仿奈良唐招提寺主體建築金堂樣式。

大明寺山門

　　揚州的大街上車水馬龍，商客摩肩接踵；市容華麗，文化娛樂應有盡有，而使很多人流連忘返。

　　街道之外，造園盛況也是唐代揚州的另一特點。那時揚州大小園林有200多處，是揚州歷史上園林最多的時代，宮廷苑囿、官衙院圃、私家園林爭相輝映。很多著名詩人慕名而來，留下了很多名篇佳作。如張若虛的《春江花夜月》、李白的《煙花三月下揚州》、徐凝的「天下三分明月夜，二分無賴是揚州」、杜牧的「二十四橋明月夜，玉人何處教吹簫」等100多首詩作。這些膾炙人口的詩句，淋漓盡致地表達了對揚州園林盛況的讚頌和眷戀。

　　唐代揚州距長江出海口不遠（今之海岸線為後來不斷沖積向東延伸，距海320公里），也是對外交通的大港，以經營珠寶、藥材為大宗的來自波斯（今伊朗）、大食（今阿拉伯）等國的外國人在揚州十分活躍。大明寺高僧鑒真6次東渡大海，終達日本，為中日兩國佛教、醫學、文學、工藝的交流作出了巨大的貢獻。

五代十國時期——楊吳首都

　　唐昭宗天復2年（902年），淮南節度使楊行密在揚州拜為吳王，改揚州為江都府。天祐2年（905年）楊行密死，長子楊渥繼位。天祐15年，行密次子楊隆演正式建吳國，以江都為國都。江淮間幾十年無戰事。

吳天祚 3 年（973 年），徐知誥篡楊吳政權，改國號為唐，史稱「南唐」。南唐遷都金陵（今南京市）。

宋代——平山堂為千古勝蹟

北宋時期，因為遷就汴河水運便利而建都開封，汴河為大運河的系統之一。揚州經濟再度繁榮。此地有官設的茶場，專門種植、加工貢茶。揚州芍藥與洛陽牡丹齊名。商市不亞於國都開封，城市規模也較唐代更大，風景依舊漂亮。曾任揚州太守的韓琦有詞贊曰：「二十四橋千步柳，春風十里上珠窗」（《望江南・維揚好》）。詞人虁菌又有詞云：「淮左名都，竹西佳處。」北宋有 3 位文學家王禹偁、歐陽修、蘇軾在揚州任太守。歐陽修還在蜀岡上築平山堂，留下千古勝蹟。

瘦西湖一景

慶曆 8 年（1048年），歐陽修因受政敵的打擊和排擠，被貶官到揚州，在此儘可能做出一點政績之外，便是以閒適的態度寄情山水，以排遣愁懷。

平山堂為淮東第 1 勝境，是游目騁懷的好地方，從堂前望去，惟見江南諸山，拱揖欄前，若可攀蹄，故取名「平山堂」。歐陽修以此為宴遊之所。

憑欄於平山堂前，放眼縱觀，真叫人心曠神怡，特別是雲消雨霽的日子或秋高氣爽的季節，藍天碧山，分外清晰，也分外親切。那「相看兩不厭」的情味，非身臨其境者是不能體會的。

歷史上，平山堂屢有興廢，留下了很多重修平山堂的碑文。其中《夢溪筆談》和《容齋隨筆》的作者沈括和洪邁所作的記錄是值得倍加重視的。

南宋初年，揚州曾落入金人之手，金兵縱橫城內，肆意殺掠，揚州頓時成為廢墟，宋、金時常在揚州交戰，岳飛、韓世忠、劉錡都曾在此指揮過戰鬥。此時的揚州，繁華景象不復存在。淳熙 3 年（1176 年），詞人姜虁路過此地，撫今追昔，作《揚州慢》，筆下揚州乃是一片荒涼的景象。

南宋末年，伊斯蘭教創始人穆罕默德第 16 世裔孫阿拉伯人普哈丁來揚州傳教，建仙鶴寺，與廣州光塔寺、泉州麒麟寺、杭州鳳凰寺同為東南沿海地

平山堂。為北宋時代歐陽修所建，他常在這裡宴客、賞景、作詩。坐在堂內，南望江南遠山正與堂欄相平。現在的堂屋是清同治年間重建。

區伊斯蘭教的 4 大名寺。仙鶴寺於 1962 年被定為揚州市文物保護單位。

　　普哈丁於公元 1275 年病逝，按他生前囑託，安葬於現今揚州的墓園，此地也成為伊斯蘭教活動的場所。

元代——馬可·波羅做官之地

　　元代揚州為「12 行省治所之一」，即江浙行省的首府，商業繁榮也較為恢復，行業眾多。有不少外國人來到揚州，有的傳教，有的做官，有的經商，

義大利的旅行家馬可・波羅就曾在揚州做過 3 年官。《馬可・波羅遊記》記載：「揚州城頗強盛，大汗 12 男爵之一駐此。……居民使用紙幣，恃工商為活。製造騎尉戰士之武器甚多。蓋此城及其附近屬地之中，駐有君主之戍兵故也。」

明代——漕運樞紐

明代揚州猶漢代的邯鄲，為大賈走集、笙歌粉黛繁麗之地。揚州商業的興盛主要由於鹽業、漕運的關係。

明代，全國設都轉鹽運使的有 6 個鹽區，其中以揚州運司所屬鹽區產銷額最大。鹽商們財力雄厚，市場不斷地繁榮。

明代的揚州還是漕運的樞紐，元代多行海運。明永樂 13 年（公元 1415 年），罷海運糧，完全由大運河漕運，此後的明代揚州為「江淮要衝，民俗喜商……四方客旅，雜寓其間。人物富盛，為諸邑最。」（《淮揚志》）。

明末統治腐敗，賦稅苛重，沿海地區也屢遭倭寇侵犯，揚州的繁榮受到阻礙。清兵南下，史可法堅守揚州孤城，與全城居民抵抗強敵。城破後，清兵曾大肆燒殺虜掠 10 天，史稱

史可法祠墓。在城北梅花嶺，史可法為明末抗清的英雄，守揚州殉難，此為衣冠塚。

「揚州 10 日」。揚州更加元氣大傷。

清代——皇帝 12 次南巡必到之地

清代「揚州繁華以鹽盛」（《清朝野史大觀》），很多行業受到鹽業的興盛刺激而發展起來，商業繁榮，勢壓全國。巨宦仕子南來北往，皆經揚州。有些鹽商為提高其政治地位，還捐資辦學，拉攏官僚，附庸風雅。眾多的學者仕子、畫家騷人，也匯聚於此。

城內店鋪林立，行業眾多，並出現了很多集中經營某一行業的街市，服裝行業多在多子街、新盛街、彩衣街；首飾業多在翠花街；漆器多在漆貨巷；燈彩多在新勝街。由於外地商人麇集沿河一帶，安徽、湖南、江西、湖北、山西等地會館紛紛建起。

清代揚州繁華的另一個方面是文化盛極一時。當時揚州是全國的戲曲中心之一。畫壇上出現以「八怪」為代表的揚州畫派。樸學領域焦循、汪中等人為代表的揚州學派成就巨大。雕版印刷、圖書收藏的規模與品質都是前所未有的。

清代李斗在《揚州畫舫錄》中引劉大觀的話評價揚州風貌：「杭州以湖山勝，蘇州以市肆勝，揚州以園亭勝，三者鼎峙，不可軒輊。」從明代到清代，使大批徽商雲集揚州，徽州建築師也跟著到來，徽州建築手法的引進，北京、承德、蘇州園林的借鑒，北雄南秀巧妙配合，成為揚州園林建築的重要特點。

瘦西湖沿岸園林相連，形成「兩堤花柳全依水，一路樓台直到山」的景觀。个園、何園、九峰園、倚紅園、筱園、西園曲水、石壁流淙皆為名園佳構。

從1684～1784年，這整整100年間，清朝盛世的兩位皇帝康熙與乾隆，各6次「翠華南幸」，揚州商旅輻輳，經濟繁榮，文化昌盛，士大夫雲集；園林密布，風景秀麗，為清帝南巡的主要城市之一。清帝在揚州行

四望亭。建於明代，磚木結構，4 個拱門與街道相通。太平天國占領揚州，曾以此為瞭望台。

天下第 5 泉

何園 1 景

天寧寺大殿。天寧寺有「江淮寺冠」之稱，初為東晉太傅謝安別墅，後捨宅為寺。清乾隆南巡時，在這裡建行宮。曹寅奉欽命於此刻《全唐詩》，纂修《佩文韻府》。大畫家石濤、大戲劇家孔尚任，以及「揚州八怪」均多次客居於此寺。寺內文匯閣原藏部《四庫全書》，燼於洪揚之役。

個園。為石濤壽芝園故址。嘉慶、道光年間為鹽商黃應泰修建。園內種竹千杆,因竹葉形如「个」字,故名。全園以抱山樓為主體。環以春、夏、秋、冬四季假山,構思精巧,天然成趣。

宮有 2 處,一為高旻寺行宮,於康熙 42 年(1703 年)由淮商捐資興建,供康熙南巡使用。天寧寺行宮亦為淮商籌建,於乾隆 21 年(1756 年)建成,為乾隆駐蹕之所。

　　康熙黜浮崇儉,官吏不敢鋪張;乾隆則好大喜功,注重排場。乾隆的南巡大大地刺激了揚州經濟的發展,這一時期,揚州商業急劇繁榮,園林的建造極一時之盛,自北門直抵平山堂,兩岸數十里樓台相接,無一處重複。

民國時期——交通地位被取代。2004 年恢復。

　　自晚清以來半個多世紀,揚州城鄉歷經較大的變化,一方面由於津浦、滬寧鐵路的興建,上海及其他港口海運的興起,大運河水運交通日趨衰落,加以揚州附近水旱災害頻仍,又歷經辛亥革命、軍閥混戰、抗戰期間日本的 8 年占領,揚州逐步失去它原有江淮交通和運河水運樞紐的地位,城鄉建設發展遲緩。

　　隨著 2004 年 4 月完工的寧啟鐵路(南京到啟東),現在可由揚州搭火車到全國各主要城市。

1949 年以後——核定爲歷史文化名城

　　1949 年以後，揚州發生了巨大的變化，1950 年代初期，拆除舊城牆，隨著社會安定，工商業和城市人口有了增長，城區規模迅速擴大，現已達 25 平方公里。2004 年揚州市的國民生產總值達 788 億人民幣，在大陸各城市中居第 18 位。200 年實現工業總產值 1599 億人民幣。揚州市區名勝古蹟眾多，可供旅遊，有邗溝、唐城、瓜洲古渡等古遺址；普哈丁墓園、史可法衣冠塚、石濤墓等古墓葬；有阮元、熊成基、朱自清等名人故居；仙鶴寺、大明寺、天寧寺等宗教古寺；木蘭院石塔、四望亭、文昌閣、文峰塔等亭、台、樓、閣；有瘦西湖風景區、蜀岡名勝區、二十四橋景區、个園、何園等風景名勝。

邗溝（前）及唐代城牆（後）。邗溝爲大運河最早的 1 段。唐代揚州，人潮擁擠，車水馬龍，相當熱鬧。

　　揚州人至今生仍講究調調，「揚州三把刀」更能活靈活現地反映揚州生活，三把刀即廚刀、理髮刀、扞腳刀。廚刀指揚州廚師獨具刀工，做得一手好菜（即維揚菜）；理髮刀是指在揚州理髮，做工精細，手藝高強的理髮師會根據顧客的性別、年齡、臉型，理出客人滿意的髮型。

　　揚州人的生活習慣是上午「皮包水」、下午「水包皮」。「皮包水」是指喝早茶。揚州的小巷子裡盡是古色古香的茶館，這些茶館每天清早便座無虛席，客人與同桌高談闊論，往往可以坐上數小時。

　　「水包皮」則是指泡澡堂子。揚州男士多喜歡下班後到澡堂洗澡，順便給修腳師用扞刀修去腳上的趼子、灰趾甲、雞眼等。

結語

　　揚州是中國最著名的古城之一，大運河沿岸的第 1 座城市。始建於春秋時代，自東吳孫權開發中國東南部的長江流域後，揚州因位居長江與邗溝交叉的要津，地位日益重要，迨隋唐以後，大運河全線暢通，經宋、元、明以迄清代。揚州是中國歷史上相當重要的經濟城市、旅遊城市、交通城市、文化城市。

　　晚近因戰亂及鐵路、海運的興起，揚州曾一時衰落，自 1979 年改革開放 20 多年來，平均所得大幅提高，長江三角洲各城市如上海、南京、無錫、蘇州、常州、鎮江，到揚州交通方便，隨著 2004 年 4 月完工的寧啟鐵路（南京到啟東），現在可由大陸各地主要城市搭火車到揚州。加上揚州天然風景秀麗，文物古蹟眾多，閒雅、文采、漂亮。在現代緊張的都市工商業社會，不失為一個可以放輕鬆的地方。而高級賓館、飯店、外匯銀行，出租車均一應齊全，市內隨處可見。

揚州貴為中國最值得一遊的名城，還有以下的特點：

歷代揚州素以出產精美工藝品而名揚海內外，今則再予發揚光大。揚州是中國漆器、玉器重要的發祥地之一。金屬工藝也製作精良，隋唐時揚州的銅鏡集鑄造與鑲嵌工藝於一體，列為貢品。另剪紙、刺繡、燈彩、絨花、玩具等民間藝術品也十分豐富。

揚州也保存有古代雕版印刷術。印刷術是中國四大發明之一，早在唐代中期，刻書在揚州已較普遍。到了宋代，雕版事業更加發達。南宋孝宗乾道2年（1166年），揚州州學教授湯修年主持刊刻沈括撰的《夢溪筆談》，是這部科學名著的最早刊本。揚州府學本成為《夢溪筆談》以後多種刊本的祖本，也是揚州雕刻宋版書的代表作。

清代揚州刻書業達到鼎盛時期，曹寅（曹雪芹的祖父）監刻的《全唐詩》，全書900卷，共匯集詩人2200多家，收錄詩48900多首，校補確當，雕鏤精良，印刷裝幀完美，為出版史上的盛事。

1960年，廣陵古籍刻印社在揚州成立，將雕版印刷的工藝流程保存下來。

維揚菜系為與魯、川、粵菜並稱中國四大菜系。揚州也是美食天堂，選料考究，製作精緻，並注重火工，擅長燉悶，不但造型優美，色澤鮮艷，而且清淡入味，鹹甜適中。

在漫長的歷史長河中，揚州曾幾度左右了全國的政治、經濟和文化，形成了自己獨特的「淮左名都」風采，具有特色的國際性旅遊城市。

〔重要參考資料〕

《夢溪筆談》。胡道靜校注：《新校夢溪筆談》，香港中華書局，1975年。

《嘉慶揚州府志》。趙明主編：《揚州大觀》，黃山書社，1993年。

王瑜主編：《歷代名人與揚州》，黃山書社，1993年。

潘寶明：《揚州名勝》，內蒙古人民出版社，1994年。

鞠繼武、潘鳳英：《京杭運河巡禮》，上海教育出版社，1985年。

鄒杰：《名城一瞥》，河海大學出版社，1989年。

梁筠、何揚：《中國歷史名城巡禮》，福建教育出版社，1984年。

李廷先：《唐代揚州史考》，江蘇古籍出版社，2002年。

薛長順：〈揚州〉收入劉志寬、繆克澧、胡俞越主編：《中國10大古都商業史略》，中國財政經濟出版社，1990年。

嚴重敏主編：《中國城市辭典》，四川辭書出版社，1992年。

《中國古運河》，讀者文摘遠東有限公司，1990年。

《中國名勝辭典》，上海辭書出版社，1986年第2版。

錦驪、澤英：〈園林古趣話揚州〉，載《中國旅遊》1986年6月號。

本文原載《牛頓雜誌》192期，1999年5月號。2005年8月根據最新資料增訂。

南京

鍾山龍蟠・石城虎踞

　　南京是中國 6 大古都之一，全世界現存最大的城郭都市。孫中山先生在《建國方略》中評價南京地理環境說：「其地有高山、有深水、有平原，此 3 種天工鍾毓一處，在世界中之大都市，誠難覓此佳境也。」

　　1979 年大陸實行改革開放政策，南京是對外開放的特大城市之一，各方面建設突飛猛進，活力十足，正朝向具有古都特色與工商業港口的現代化都市邁進。它也是大陸旅遊資源最豐富的城市之一。

南京煦園不繫舟。煦園是金陵名勝之一，它具有
江南園林的獨特風格。煦園在明朝為漢王府和黔
寧王府的第一部份。清朝為兩江總督衙署花園。
清乾隆年間，這裡是乾隆行宮的一角。清道光年
間又在原基礎上修建，改為煦園。太平天國建都
南京後，煦園是太平天國天朝宮殿的一部份。因
位於「宮殿」西側，故又名西花園。孫中山先生
領導的辛亥革命，推翻清王朝，創建民國，這裡
是中華民國臨時政府所在地。

南京是中國歷史的名都。公元 229 年，吳大帝孫權將國都自武昌遷到建業，即今南京市，以後陸續有東晉、南朝（宋、齊、梁、陳）、南唐、明、太平天國、中華民國等時期在此建都。

　　它地處長江下游，江蘇省的西南部，位於北緯 32 度、東經 119 度，總面積 6598 平方公里，轄 2 縣、11 區。2 縣：溧水、高淳；11 區：玄武、白下、秦淮、建鄴、鼓樓、下關、雨花台、棲霞、六合、浦口、江寧。據 2005 年第 5 次人口普查統計有 623.8 萬人。南京是長江中、下游有名的火爐城市，夏季氣溫有時高達 40℃，一般也在 35℃～37℃左右，但是近幾年來火爐降溫了。

　　據有關部門測定，有綠化的街道夏季最高氣溫比無綠化的低 3℃多，空氣相對濕度卻高出 10～20 %，汽車噪音穿過綠帶一般要降低 6 分貝以上，街道上空飄塵量明顯減少。遊人走在綠蔭下感到涼爽宜人，尤其是枝葉茂盛的法國梧桐路，猶如綠色隧道，行人可免烈陽灼曬，路旁住家也多幾分涼意。

史前——戰國時代——東吳

　　南京地區最早發現的人類為「和縣猿人」（發現於安徽和縣，古代曾屬南京管轄，和縣距南京近郊 10 公里），距今 20 多萬年，其形態與晚期類型的「北京人」相近。

　　南京地區最早原始村落出現於 6000 多年前，即位於南京城內鼓樓岡西北的「北陰陽營氏族村落遺址」，有圓形和方形的茅草屋，他們以原始農業為主，漁獵生活為輔，並製作精美的彩陶與玉器。

　　公元前 472 年，越王句踐滅吳，命大臣范蠡在今城南的雨花路長干橋畔，築了 1 座土城，叫做「越城」。

　　公元前 333 年，楚威王滅越，又在石頭山建立山城，相傳楚威王看到南京地勢險要，怕日後有人在此稱王，便在獅子山北的江邊埋下黃金，以鎮壓王氣，因此南京又稱為金陵。東吳孫權所築的石頭城就在金陵邑的舊址。

玄武湖與南京城牆及九華山塔

六朝古都

公元 311 年，永嘉之亂，匈奴攻陷洛陽，俘晉懷帝；316 年匈奴陷長安，晉愍帝被俘，西晉滅亡，晉朝遷都建康，即今南京市，是為東晉（317～420 年），凡 104 年。420 年劉裕篡晉，改國號為宋，此後南朝四個朝代宋、齊、梁、陳均建都今南京市，凡 170 年（420～589 年）。

莫愁湖

東吳、東晉、宋、齊、梁、陳合稱六朝。自孫吳立國南京，經東晉、南朝，中國北部人口大量南遷，帶來先進技術知識，在廣大江南土地上僑郡林立。在今南京的範圍內，東晉時，先後置有懷德、廣川、高陽、堂邑四個僑郡；在城內，京城人口中客屬的人數超過了土著。

人口的激增，到梁代時，南京城中有 28 萬戶，按 1 家 5 口計，當時南京是近 150 萬人的大都會。

六朝時期的南京，不但是南方的政治中心，而且也是全國工商業中心城

157

石頭城

市之一。紡織業、冶鐵、造船業都很發達。

　但南朝政治史上改朝換代的時間很快。南朝劉宋享國 60 年，被權臣蕭道成所篡，改國號為齊，後因骨肉相殘，被蕭衍所篡，享國僅 24 年。蕭衍即梁武帝，在位 48 年，是南朝在位最久、最好的皇帝，勤政愛民，提倡學術，虔誠信佛，4 次到同泰寺（今雞鳴寺）出家。然而晚年政務廢弛，招致內亂（侯景之亂），梁武帝被困，餓死於台城（今雞鳴寺附近）。後亂事雖被敉平，國力卻大傷，終被陳霸先所篡，梁享國 56 年。

　陳霸先即陳武帝，漢族在南方的政權，仰賴他的奮戰，才得以延續，陳最後被隋文帝所滅，享國 33 年。陳朝被滅，南北朝結束。

南唐──金陵

　南唐於公元 937～976 年立國於江淮地

秦淮河是長江的 1 條支流，長 110 公里，流貫南京城內外。城區之秦淮河自六朝以迄清代，繁華昌明，兩岸遊客如織，商業興盛，金粉樓臺，鱗次櫛比。晚間酒肆茶樓，燈火通明。

158

區，以今南京市為國都。

徐知誥（888～943 年）在五代十國之一的吳國執政 19 年（918～936 年），後晉天福 2 年（937 年），受禪於吳主楊溥，即皇帝位，並自揚州遷都金陵（今南京市），改姓名為李昇，國號唐，是為南唐烈祖。

李昇躬行節儉，對鄰國和睦，他在位 6 年，連同南唐的前身楊吳，4、50 年的休養生息，江淮地區漸成樂土，它的版圖包括鄂州（今武漢）以東的長江南北廣大地區，為十國之中最富強的國家。

李昇死後，兒子李璟即位，是為元宗（或稱中主），他在位 19 年（943～961 年），是南唐由盛而衰的時期。958 年，李璟在中原王朝後周的壓力下，放棄長江以北的土地，廢除帝號，改稱「國主」。李璟死後由李煜繼位，即李後主，以詞揚名於史。他統治時期（961～975 年），南唐只是宋朝的附庸，開寶 9 年（976 年）他奉命入朝到汴京。不久宋太祖去世，太平興國 3 年（978 年），李後主被宋太宗毒殺，葬於洛陽。

南唐二陵是南唐先主李昇及中主李璟的陵墓。位於南京市江寧區的祖堂山南麓，距南京中華門 23 公里，兩陵相距 50 公尺。1950 年發掘，地上已無建築物，現保存的只是地下墓室。

雞鳴寺。雞鳴寺是梁武帝多次出家的地方。梁武帝是佛教十八羅漢的第 1 尊。

南唐烈祖（李昇）欽陵墓室外景。

二陵的墓室建築規模大致相同。在佈局方面，自外而內分前、中、後 3 主室，每室都附有陳設隨葬品的側室。在結構上，李昇陵的前、中室用磚造，後室用石造，李璟陵全部磚造；二陵內四壁均傚木建式樣，做出柱、枋、斗栱等。室內均有彩畫裝飾，李昇陵並有石刻浮雕。李昇陵主、側室共計 13 室，全長 21.48 公尺，寬 10.45 公尺。李璟陵共計 11 室，全長 21.9 公尺，寬 10.12 公尺。

明朝——南京

朱明是第 1 個，也是唯一建都在南京的統一王朝。明朝南京城以南唐的

明故宮午朝門遺址。南京明故宮布局大致與北京明故宮相仿。南京明故宮均燬於洪楊之役。

明故宮五龍橋

金陵城為基礎擴建而成。據 1954 年實測，城垣全長 33.676 公里，外廓長 60 多公里，始築於 1366 年，完成於 1386 年，前後歷時 21 年。牆基以巨石作基礎，上面以特製的大磚或條石砌成，每層犬牙狀接榫相咬，砌牆所用夾漿，以石灰、糯米汁或高粱汁，再加桐油摻和而成，凝固力很強。今城牆大部分仍保存完整。它是全世界現存最大的城廓。

明故宮在南京市中山門內。明太祖朱元璋於洪武 2 年（1369 年）9 月命劉基等於南京建宮殿，8 年（1375 年）8 月建成。分為皇城與宮城二重，平面上略呈方形。皇城南為洪武門，往北有外五龍橋、承天門、端門，東西置長安左、右門。御街兩側皆官署所在，又置太廟於東，社

160

櫻壇於西。皇城東門稱東華門，西稱西華門，北則為玄武門。

宮城在皇城中央稍偏東，南牆設午門，門內為內五龍橋及奉天、華蓋、謹身三殿（相當於北京故宮太和、中和、保和三殿），其兩側則為文華、武英殿。內廷後宮以乾清宮、坤寧宮為主。宮城的東、西、北門稱作東安門、西安門、北安門。大內佈局規制與後來的北京紫禁城相似。

明孝陵石獸。明孝陵為明太祖的陵寢，在鍾山南麓。

明成祖遷都北京後，南京宮殿依然保存。清代時為八旗軍駐防處。明故宮建築大多毀於太平天國之役。

朝天宮是明初朝廷舉行大典前和官僚子弟襲封朝見天子前演禮習儀的場所。到清朝中期，朝天宮中為文廟，東為江寧府學，西有卜公祠，現存建築為清同治5～9年（1866～1870年）重新修建，總面積70000餘平方公尺，是江南最大而且獨具風格的宮殿式古建築群。

南京貢院，始建於南宋孝宗乾道4年（1168年），永樂年間恢復舊制，這是科舉時代鄉試取士的地方。歷史上的貢院建築範圍很廣，僅號舍就有20644間，可惜多毀於清咸豐年間（1851～1861年）。明遠樓是主考官住宿和辦公的地方，清末科舉的最後一位探花——商衍鎏曾描寫「明遠樓飛檐三層，氣象雄偉，登之全闈內外形勢皆在目中，所以備瞭望稽查，而整肅場規者。」

鼓樓位於南京城中心的鼓樓岡上，建於明洪武15年（1382年），明代除了報時之外，還作迎王、選妃、接詔書用。

明孝陵是明太祖朱元璋及其皇后馬氏的陵墓，位於南京東郊紫金山的西峰下。

由大金門進入，抵達四方城（碑亭），內有高達8.87公尺的「太祖高皇帝神功聖德碑」，立於明永樂11年（1413年）。碑後有條御河東流，河上有御橋，橋北神道折西而行。神道上有石雕巨獅、獬豸、駱駝、象、麒麟及馬各4隻，分別列於御道之旁。另有石柱2支，色如白玉；8個石翁仲，高達2丈，分文武各4，莊嚴肅立。石像終點有「欞星門」。享殿門額上題「孝陵殿」。從殿後過隧道，上有明樓，樓後有寶城，明太祖梓宮即葬於此。

南京鍾山北麓現尚有3座明初功臣墓，即徐達墓、李文忠墓和常遇春墓。徐達是朱元璋的大將，滅張士誠、北伐蒙元，他均有大功勞，後任右丞相，

南京鼓樓。明初，皇帝曾於此選妃。

封魏國公。

鄭和（1371～1435年），是中國傑出的航海事業領航者。15世紀初曾下西洋7次，歷時28年，到過30多國。墓在南京南郊牛首山南麓一座小山坡上。新墓是在原墓葬的位置上，按伊斯蘭教的風俗改建而成。

可以說南京今天的城區內外，是明朝建都時期所留下來的基礎。

太平天國——天京

19世紀上半葉，清朝政治社會黑暗腐敗。廣東花縣的洪秀全，由於科舉屢試不第，激起對清廷的不滿，創立了「拜上帝會」，組織群眾，於1851年1月在廣西桂平縣金田村起義，建號「太平天國」。

太平軍北上伐清，攻長沙，奪武昌，1853年攻陷南京，改稱「天

貢院明遠樓。位於貢院的中心。清末廢除科舉，貢院失去作用。民國8年拆除貢院，明遠樓是僅存的少數建築之一。

162

京」。

天京的天朝宮殿是洪秀全居住的地方，在原兩江總督署的基礎上進行改建，有城兩重，外城太陽城，內城金龍城。現僅存有大殿（或稱金龍殿、榮光殿）及其前東西兩邊的一些附屬建築；暖閣、穿堂、西花園。

今南京市瞻園路的太平天國歷史博物館，原是東王楊秀清的王府。

1856 年，太平天國內訌，北王韋昌輝奉天王洪秀全詔，殺東王楊秀清，韋昌輝再緊閉天京城門大殺 10 天，洪秀全以韋昌輝過於殘忍殺韋昌輝，即所謂的「天京事變」。天國元氣大傷。

南京瞻園。曾為乾隆皇帝行宮，有金陵第 1 園之稱，後為太平天國的東王府。

靜海寺。在下關獅子山西側。1842 年清政府在英軍船堅砲利的威脅下，中英雙方在靜海寺簽訂，中國近代史上第一個不平等條約《南京條約》。

太平天國東王府（今瞻園）
陳設之太平天國歷史博物館1
景。

中華民國臨時大總統辦公室

靈谷寺無樑殿，殿內結構用磚券代替木樑。

　　1861 年天京上游的安慶失守，天京失去屏障，曾國藩的湘軍順江而下圍
攻天京。至 1864 年 5 月天京以東的蘇州、無錫、常州等地相繼陷落，天京危
殆。6 月天王洪秀全病逝，7 月湘軍攻陷天京，十餘萬太平軍全部壯烈犧牲，
無一投降。

民國時期——南京市

　　1911 年 10 月 10 日武昌起義後，全國形勢發展很快。12 月 2 日，江浙革
命聯軍光復南京；12 月 10 日，起義的 17 省代表齊集南京開會；12 月 29 日，
孫中山先生獲選為臨時大總統。

　　1912 年 1 月 1 日晚 11 時，中山先生在舊兩江總督衙門（今長江路 292
號）西花園大會議室，就任中華民國臨時大總統。亞洲第 1 個民主共和國成
立。

　　中山先生任臨時大總統的時間只有 3 個月。2 月 12 日，清帝溥儀宣告退

新街口－南京市區最熱鬧的地方。

位，2000 多年的君主專制政體結束，中山先生旋即讓位袁世凱。民國的國都
又遷到北京。

　　孫中山臨時大總統辦公原址是 1 座坐北朝南的西式平房，原係清末張人
駿任兩江總督時所建的花廳，共 7 間，廳前正中有一向外凸出的方亭，入內
是東西走廊。廊前 1 排柱子，柱頂之間均砌成拱形。東邊 3 間是辦公室、會
議室與休息室，中間是穿堂，西邊 3 間是大會議室。

　　民國 16 年 4 月，北伐期間，國民政府定都於南京，到 26 年因抗日戰爭
遷都重慶。民國 35 年 5 月國民政府還都南京，1949 年 4 月因國共戰爭，國軍
失利，國民黨政府遷往廣州。

　　中山陵在東郊鍾山南麓，是中山先生的陵墓。民國 15 年 1 月興建，民國
18 年 6 月 1 日奉安。陵墓由南往北逐級升高，依次為牌坊、墓道、陵門、碑
亭、平臺、祭堂和墓室。氣勢雄偉恢宏。

　　墓室海拔 158 公尺，從牌坊入口至墓室距離 700 公尺，有石階 392 級，

祭堂中為中山先生石雕全身坐像，祭堂後為墓室。陵墓面積 80000 平方公尺。

中山陵除以陵墓為主題的建築外，還有幾十座其他紀念性建築，如音樂臺、流徽榭、中山書院、永慕廬……等。

中山陵東邊的靈谷寺無樑殿建於明洪武年間（1368～1398 年），殿內結構以磚砌代替木樑，為中國具有代表性的磚石建築，民國 17 年（1928 年）改為國民革命陣亡將士紀念堂，以紀念北伐陣亡將士。

民國 20 年（1931 年），又在無樑殿後建高 60 公尺的國民革命陣亡將士紀念塔。

靈谷寺，國民革命陣亡將士紀念塔

現代南京

南京以物產豐富，地理形勢險要迭被選為歷代國都，至今仍不失為東南重鎮。近世由於交通的發達使她更發揮水、陸、空交通的地利。如長江航運之便，東達上海及海外，西抵武漢，可通海輪；若江輪可抵重慶。鐵路方面為京滬、皖贛、滬寧 3 線的交會地。航空業也很發達，可到全國各大城市，國際航班更可達香港。近年竣工的祿口國際機場，距市區約 35.8 公里，車程約 40 分鐘。

近年在經濟方面也有很好的表現，2003 年統計全市實現國內生產總值 1576 億元人民幣。而她正以古都風采與現代化兼容的氣質，展現其特有的風貌。如明故宮前要恢復「御道街」，臨近御道街前的建築高度要受限制。而新街口的繁華與上海南京路、淮海路並無二致。現代的南京可說是 1 座繽紛的城市。

〔主要參考資料〕

〔洪武〕《京城圖志》。

蔣永才：《石城南京》，上海教育出版社，1985 年。

蔡永才、狄樹之主編：《南京之最》，南京出版社，1991 年。

沈嘉榮：《太平天國史略》，南京出版社，1992 年。

季士家：〈南京城成因探源〉，收入《江蘇史論考》，上海，古籍出版社。

謝敏聰：《中國歷代帝王陵寢考略》，台北，正中書局，1976 年。

本文原載《牛頓雜誌》152 期，1996 年 1 月號。2005 年 8 月根據最新資料增訂。

景德鎮

享譽世界的瓷都

中國素有「瓷器之國」的稱譽。英文「China」一字，為中國、瓷器的同音同字。景德鎮自漢代以來即為重要的製瓷工業城市，歷代在瓷藝技術均有創新與特色，集各地名窯之大成。以典雅素淨的「青花」、色彩豔麗的「粉彩」、晶瑩剔透的「玲瓏」、萬紫千紅的「顏色釉」4大名瓷為瓷中瑰寶。景德鎮名瓷須經 1320°以上高溫燒成，瓷化程度高、釉面硬度強，以「白如玉，明如鏡，薄如紙，聲如磬」的美譽揚名中外。

昌江，流經景德鎮，是瓷器原料、成品運輸的大動脈。

景德鎮傳統型的瓷器成形作坊。俗稱坯房。係由正間、廠間、泥房 3 座單體建築組合而成庭院式建築。正間為成形操作之處，廠間為原料倉庫，泥房為泥料陳腐和精製之處。中部為長方型內院，是作坊自然乾燥的場地。各間均向內院敞開，四周砌圍護牆。

地理情況

     景德鎮地當江西、浙江、安徽 3 省交界處，位於江西省東北部的昌江河畔是「贛東北門戶」，古有「昌江通衢」之稱。其地處黃山餘脈與鄱陽湖平原的過渡地帶，屬丘陵山區，海拔 200～500 公尺。素有「八山半水一分田，半分道路和莊園」之稱。山谷中，河流縱橫，主要有昌江、東河、西河、南河 4 條河道。昌江是全市的航道幹道，自北向南流貫城市中部，與其他 3 河

匯流後，折向西南，蜿蜒流經鄱陽縣（今名波陽縣）境與樂安江匯成鄱江，再注入鄱陽湖。

歷史上，景德鎮瓷器的出口90％以上依賴昌江水運。景瓷由昌江經鄱陽湖至九江，再由長江、京九鐵路轉運各省；或由寧贛鐵路到南京、上海出口；也可由浙贛鐵路到杭州：鷹（潭）廈鐵路到廈門。公路更是四通八達。明代以後，隨著祁門瓷土的開發和燃料採伐擴展到景德鎮北部，昌江上游的運輸也格外忙碌。東、西、南河是昌江的支流，這些河流雖然只有幾十公里，但水量充沛，常可以通行木船和竹筏，而且都流經瓷器原料、燃料產地，對景德鎮瓷業的發展，很有貢獻。

特殊的瓷土層

景德鎮得天獨厚，製作瓷器必須的瓷土、釉漿、匣鉢土等原料，以及松柴等燃料遍布全市各地，蘊藏量十分豐富。其瓷土的地層，大致可分為5層，自上而下依次為上層頁岩、瓷土礦、砂岩、瓷土礦、下層頁岩，所含瓷土不僅數量品種很多，品質也很好。因此單靠本地原料就能製出各種粗細、適應各種火候的瓷器。

離市區45公里鵝湖灘鄉東河流域的高嶺山，所產的由花崗岩風化而成的純質粗土，土質瑩潔，可塑性極強，耐火度極高，是製作瓷器的最佳原料。現在，世界上把這種最優質的瓷土——「高嶺」(Kaoling)，作為陶瓷原料的通用術語。據統計，景德鎮的高嶺土儲量可以再用1300年以上。

除高嶺外，市郊的大洲、三寶蓬、柳家灣、銀坑、瑤里等許多地方，也盛產瓷土白墩石（Petuntse，是一種製造玻璃性熔質的瓷土，也是和高嶺土性質相同的長石，當兩者相和時，白墩石便發生熔劑的作用，由於此作用，窯器才獲得它的半透明性，成為瓷器）、釉漿和耐火材料等。

近郊區的瑤里、波陽等地盛產的上等瓷釉礦石，用於裝飾瓷面。瑤里所

松柴。古代燒製陶瓷的燃料，主要用松柴和槎柴。松柴是將大松木鋸成小段，再劈成2片或4片。

練泥。指泥料的配合、淘洗、練製過程。

產釉果為堅硬的淡綠色石塊，可塑性強，耐火度約 1410℃。在遠郊臘痢山、大嶺則盛產製造裝瓷器坯的匣鉢和耐火磚用的耐火礦石。

瓷業生產的發展，使原料供應也相應擴展到鄱陽、樂平、餘干（餘干坯，是用瓷石樁製而成，原礦帶淡褐色，可塑性很強，用高溫燒成，呈凝固狀，無吸水性，耐火度為 1510℃。）、撫洲、貴溪和祁門等縣。這些地方大都緊鄰景德鎮。燒瓷所需的燃料，1000 多年來主要以松柴為主，景德鎮四郊和鄰縣，山巒疊翠，松樹茂密，松柴可源源不斷地載運入市，以滿足燒煉之需。

製陶業始於漢代

《浮梁縣志》卷 12，雜記下：「新平冶陶，始於漢世」。新平是景德鎮最早的名稱。它從漢代開始燒製陶器至今已有 2000 年的歷史。

漢代製造的陶器，大抵屬於原始或早期的瓷器。據藍浦所撰：《景德鎮陶錄》（清乾隆年間完成，嘉慶 20 年〔公元 1815 年〕付梓）記載，以明清時期湖南醴陵瓷器狀況引申漢代景德鎮陶瓷應是「器質甚粗，體甚厚，釉色淡黃而糙，或微黑。碗中心及底足皆無釉，蓋其入窯時，必數碗疊裝一匣燒故也。」

東晉咸和年間（公元 326〜334 年）於昌南設新平鎮。南朝陳後主至德元年（583 年），陳後主要新平瓷窯燒製宮苑中的柱礎（承受木柱的礎石或礎瓷），但當時原料強度及火候溫度都達不到要求，幾度試製，均功敗垂成。隋代始於景德鎮置縣。

唐代的成就——假玉

到唐高祖武德年間（618〜626 年），併新平縣、廣晉縣於鄱陽縣，此時新平瓷有了長足的進步，兩位工藝精湛的師傅燒製出優質的白瓷和青釉瓷。《浮梁縣志》記載：「唐武德中鎮民陶玉者，載瓷入關中，稱為假玉，且貢於朝，於是昌南鎮瓷名天下」。《縣志》裡又說「武德 4 年（621 年）詔新平民霍仲初等製器進御……佳者瑩縝如玉，當時名為霍器。」

1958 年景德鎮楊梅亭古窯遺址出土唐代白碗，接近現代高級細瓷的水準。

玄宗開元 4 年（716 年），復設新昌縣，設治於新昌江口。天寶元年（742 年）改置浮梁縣，治所在今景德鎮市北 10 公里的新平鄉。

宋代以影青（青白瓷）著稱

宋真宗景德年間（1004〜1007 年）命將燒製的瓷器進獻給朝廷，這些瓷器底部書有「景德年製」，由於質地白

做坯。用木棍轉動轆轤，以手工拉成圓型器皿，即手拉坯。轆轤已有 1000 多年的歷史。

膩，顏色滋潤，光致茂美，為各地瓷窯所仿效。此時於此地置監鎮，鎮名遂由昌南改為景德鎮，沿用到現在。

宋代景德鎮以燒造青白瓷（即「影青瓷」或稱「映青瓷」）聞名於世，它的特色是「青中泛白，白中顯青」。其裝飾有刻或畫、剔、印花，顯現出造型美觀、紋飾秀麗、釉水晶瑩。影青溫酒壺設計巧妙，把酒壺放在鉢中，四周注入熱水即可保溫。

宋室南渡後，北方瓷工紛紛南遷，聚集在景德鎮，使景瓷生產大幅進展。景德鎮的瓷業由過去與各地名窯相競的地位，逐漸脫穎而出，壓倒各窯。詩人曾描寫當時的盛況：「陶舍重重倚岸開，舟帆日日蔽江來。」歐洲等地的外國商人絡繹不絕前來中國做景瓷貿易，景德鎮能成為全國製瓷業的中心，實際上是在南宋時代奠定基礎的。

元代以青花白瓷取勝

元代景德鎮已成為中國最大窯業地，這時景瓷發展最突出的是能普遍生產青花瓷器。青花瓷的出現，結束了中國瓷器以單色釉為主的局面，將瓷器推進到白瓷藍彩的時代，形成了濃厚的中國瓷器的特色。從此景德鎮的瓷器生產就不再單純追求所謂「玉」的效果。

青花是釉下彩的一種，它用含氧化鈷的鈷土礦作原料，在瓷器胎體上直

湖田窯遺址。是景德鎮最大的古窯廢址，在市東南 4 公里的竟成鄉湖田村，遺址面積約 40 萬平方公尺。它興燒於五代，經宋、元至明中葉結束，延續燒造 600 餘年。五代以白瓷最精，兩宋以刻花、印花影青為主，明代產青花和純白兩類。

接描繪圖案後再罩上一層透明釉，經高溫還原焰燒成，燒成的花紋呈藍色，又稱「白地青花瓷」。相傳青花開始於宋代，元代成熟，明代極盛，至今天還在燒製，是中國瓷器沿襲時間久、產量大的品種。

這種技法的起源至今尚未有定論。不過鈷原料在西亞很早就被用作陶器的顏料，元代的青花瓷所用的鈷可能是從西方引進，所以有人認為青花是西方的技術，但也有人堅持是磁州窯鐵繪陶器的手法，是經過吉州窯再傳到景德鎮，而後才產生青花瓷的。總之，在白瓷器上用筆畫出紋樣是史無前例的。

青花充分發揮了瓷器的特色，既有自由的紋飾，又有潔淨的外觀。青花的技術在 14 世紀中期發展至最高峰，後來流傳到各國，直到現在仍然是瓷器中最受歡迎的一種裝飾。

釉裡紅常與青花並稱，它的造法與青花相同，但不用藍釉。它是在素地上用辰砂（含銅的原料）繪出紋樣，然後以還原焰燒製，成品是在白地上呈現淡紅色或紫色的紋樣。釉裡紅的製作過程要比青花困難，所以不如青花普遍，留下來的作品很少。

元朝皇帝御用的器物，一概由景德鎮燒造，朝廷在景德鎮設置「浮梁瓷局」，並派有「提領」專官監督，所燒造的器物，多印有「樞府」二字，因此被人稱為「樞府窯」。「樞府窯」瓷常經由大運河運到大都（即今之北京）。

明代葫蘆窯考古情況。在湖田窯遺址內。

景德鎮的產品不但普遍銷到國內，同時也大量輸出海外，如伊朗、土耳其都有大批明初青花遺品。印度也發現大批元代的青花白瓷。

明代青花與彩繪並重

自明代初到清乾隆末年，這 400 餘年間是景德鎮瓷業在歷史上的鼎盛時期，此時景德鎮是中國瓷業的中心。鄭和（1371～1435 年）7 次下西洋，就帶大量的青花瓷器，遍及 30 多個國家。明朝以前景德鎮的工商業尚未集中，窯場散布於周圍數十公里的鄉村。明代以後，生產規模擴大，在技術上需要互相配合，各鄉民窯逐漸向市區集中。當時景瓷燒造形式有支釘達燒、匣鉢仰燒和支圈覆燒等多種。

明清以後景德鎮成為繁榮的工商業城鎮。從洪武 2 年（1369 年，另《江西大志》作 35 年，即公元 1402 年）在該鎮珠山設立御窯廠，置官監督，燒造瓷器，送往南京，於是窯業大興。到了宣德年間（1426～1435 年），鎮上專燒宮廷用瓷的官窯就有 58 座，到萬曆朝據說達 300 多座，民窯更是星羅棋布，達數百座。清代瓷業據《景德鎮陶錄》稱「器則美備，工則良巧，色則精全；仿古清先，花樣品式，咸月異歲不同矣。而御窯監造，尤為超越先古。」

古窯外部

174

製瓷業也帶動售瓷業的發達，明清時期景德鎮市區前街與後街（今中山路、中華路）長達 8 公里，有所謂「絕妙花瓷動四方，廿里長街半窯戶」之說。瓷器街上瓷店羅列，無器不有，可見其情況之昌盛。

在技術方面，明永樂「半脫胎」、宣德「寶石紅」、正德「回青」、成化「鬥彩」、「孔雀綠」、「嬌黃釉瓷」、嘉靖及萬曆「釉上五彩」，與清代琺瑯彩都是瓷器史上劃時代的傑作。其工藝進步有 2：1 是胎質由厚而薄並漸進為脫胎；2 是彩繪瓷器的興盛。明宣德時青花瓷製作已成熟，至成化鬥彩試驗成功，終於開清代美麗粉彩瓷的先河。

五彩瓷器主要的著色劑是銅鐵鈷錳等金屬鹽類。銅鹽溶於瓷釉中，它呈色的作用是依熔化時的火焰性質而定。在氧化火焰燒成時，則呈現綠青藍等色，在還原火焰燒成時，則呈現紫紅黝等色。明代青花瓷即以鈷鹽的色料繪成。

中國的造瓷技術很早就傳到朝鮮，13 世紀傳到日本，1540 年左右（明嘉靖時）意大利人開始在威尼斯仿造青花瓷器，但上等瓷器仍來自中國。萬曆年間的青花瓷也大量外銷到南洋一帶。1602 年荷蘭東印度公司成立，才壟斷了運輸中國瓷器到歐洲南洋的權利。

清代創新——粉彩、琺瑯彩

滿清入關，清順治 11～17 年（1654～1660 年）在景德鎮建廠造窯，燒造朝廷御用的龍紋圖飾瓷缸，因件大未能製成。康熙 10 年（1671 年）奉詔造祭

工廠外部

彩繪

古窯入口

器，陶成，解往京師。康熙 19 年（1680 年），恢復明代以來的御窯廠。從康熙 22 年（1683 年）以後，經雍正到乾隆年間是清代景德鎮最隆盛的時期。此時御窯工人數百，民窯 3000 個，通宵達旦不停地燒製，人口達 50 萬，「千窯生火，萬匠製瓷，商賈盈市，舟艫蔽江」是當時的寫照。景德鎮在康熙時期以臧窯、郎窯最草名，當時較有名御窯督造官是臧應選；雍正乾隆時期則以唐英較為聞名。

　　此時製作出許多令人歎為觀止的瓷器，例如紅釉瓷器、康熙五彩、素三彩、鬥彩、琺瑯彩和粉彩。琺瑯彩以琺瑯料製瓷，仿銅胎琺瑯器皿，清宮稱之為瓷胎畫琺瑯器，俗稱古月軒。粉彩有中國水粉畫的效果，不僅能自由地著色，同時能細膩地表達一切意象，因此被譽為清朝官窯中的典型作品。這種方法後來非常流行，粉彩也就成景德鎮的主要產品，另以瓷器仿古銅器、漆器、竹、石的傑作也極為精妙。

　　由於製瓷業的興盛，明清以後景德鎮與河南朱仙鎮、湖北省的漢口鎮、廣東省的佛山鎮齊名，為中國 4 大名鎮。

　　嘉慶以後，景德鎮由於管理乏人，社會動盪不安，道光以後外國侵略日亟；太平天國之役時期，雖有短暫的太平窯，但之後景德鎮被燬，官窯停歇。到了民國初年，景德鎮窯址據調查還存有 100 多座，窯工好幾萬人。民國 5 年袁世凱稱帝，景德鎮復工，因而有以後傳世的 4 萬件鐫「洪憲年製」的瓷器。

　　民國 5 年（1916 年）浮梁縣治一度遷到景德鎮。民國 15 年（1926 年），

三閭古街。明清時期，這裡商賈雲集，街市繁榮，成為集鎮，以建有紀念三閭大夫屈原的「三閭廟」而得名。街區古風猶存，仍保持 1 條長 231 公尺的清代街道和 1 條長 84 公尺的明代街道。

景德鎮曾一度從浮梁縣析出置市，民國18年（1929年）仍併入浮梁。國民黨統治時期全鎮窯戶約120家。1949年，從浮梁縣析出置市，先後曾屬樂平專區、浮梁專區、上饒專區管轄。1953年晉升為省轄市。1960年，始將梁浮縣併入景德鎮市。1989年，又恢復浮梁縣，使縣轄於市。

多元化的工業城市

1979年，改革開放以來，除了舊有的陶瓷工業以外，也向新型工業開拓，如電子、冰箱、汽車、高壓電瓷、印刷機械、建材、輕化、醫藥、採礦、服裝、食品，都有可觀的發展，景德鎮已成為1座多元化的工業城市。

景德鎮市為省轄市，現轄1市1縣2區（樂平市、浮梁縣、珠山區、昌江區），依據2005年5月數據，面積5428平方公里，人口140萬。市區含昌江、珠山兩區面積124平方公里，人口38萬。

景德鎮瓷器實施原產地域保護

根據新華社2005年5月28日報導，國家質檢總局近日批准對景德鎮瓷器實施原產地域保護，包括最具特色的青花瓷、玲瓏瓷、粉彩瓷、高溫顏色釉瓷和新彩瓷5個品種。

江西省質量技術監督局法規處處長李江生表示，原產地域保護產品是指利用產自特定地域的原材料，按照獨特傳統工藝生產，並按法定程序批准以原產地域名稱命名的產品。

結語

景德鎮獨得天厚，交通便利及盛產製瓷原料，加上歷史因素：如帝王的重視、瓷工因時局動盪而匯集。1700年來生產出巧奪天工、精緻華美、五彩繽紛的瓷器。景德鎮工商繁榮，不但以「江南雄鎮」聞名國內，也以瓷都享譽世界。

市區的瓷器街

元‧釉裡紅蓮葉盤。高 9 公分，直徑 45 公分。南川三治郎攝影。（資料照片）。

順治青花松竹梅圖花觚。高 45.4 公分，口徑 19.8 公分，底徑 15.2 公分。北京故宮博物院藏。（資料照片）。

〔重要參考資料〕

清‧藍浦：《景德鎮陶錄》。傅振倫：《景德鎮陶錄詳注》書目文獻出版社，
　　1993 年。

盧家明、左行培：《景德鎮陶錄校注》江西人民出版社，1996 年。

傅振倫：《中國古陶瓷論叢》中國廣播電視出版社，1994 年。

周鑾書：《景德鎮史話》上海人民出版社，1989 年。

林景梧、孫昌：《陶瓷習俗》歷史文化名城叢書《景德鎮》編委會。

景德鎮地名委員會：《景德鎮地名畫集》江西畫報社。

景德鎮市地名研究學會：《瓷都地名研究文集》。《中國科學文明史》木鐸
　　出版社，1988 年。

吳玉璋：〈故宮博物院珍藏的瓷器〉收入蔣復璁等著：《故宮文物》臺灣商
　　務印書館，1970 年。

http://travel.china5959.com/jxtravel/cityresume.asp? cityname=景德鎮

南川三治郎：《景德鎮窯の燒きもの》，東京，美術出版社，1982 年。

謝敏聰：〈瓷都景德鎮〉，載台北，《故宮文物月刊》，33 期，1985 年 12
　　月號。

　　本文原載《牛頓雜誌》177 期，1998 年 2 月號。2005 年 8 月修正人口及行政區資料。

康熙、乾隆

　　從康熙 23 年（1684 年）到乾隆 49 年（1784 年），這整整 100 年裡，兩位清朝皇帝，各 6 次的「翠華南幸」，聲勢浩壯，所動員的人力、物力，其盛況是中國歷史上曠古未有的。

　　一般人認為清帝下江南是為遊山玩水，實則更重要的目的是視察黃河、淮河、洪澤湖、大運河及浙江海塘的水利工程。另也省觀各地民情風俗，小民生計；並諮訪吏治，禮敬漢族古聖先賢，籠絡士商，安撫東南人民，使大清帝國的統治更加穩固。

　　康、乾二帝所視察的黃河，原河道與今河道，已相距二、三百公里左右，透過本文可了解其變遷。

下江南

黃河、淮河、浙江海塘
整治工程的巡視

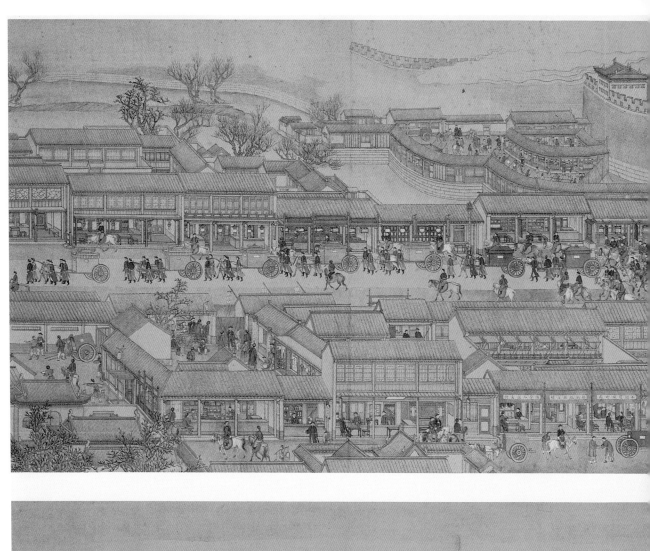

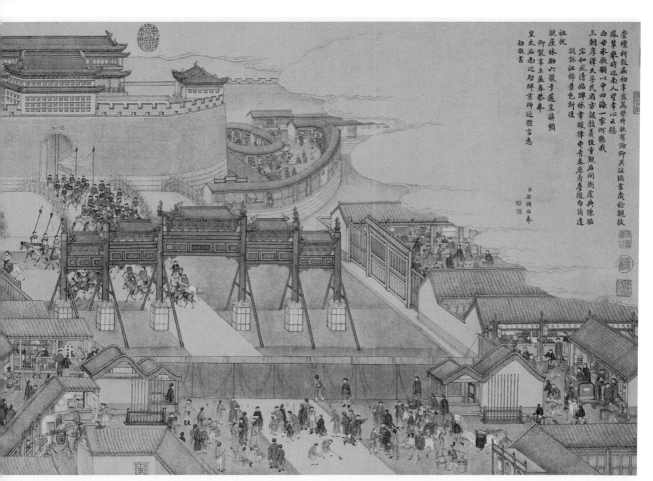

康熙帝像。繪者不詳。《乾隆年製歷代帝王像真跡》。

乾隆帝像。繪者不詳。《乾隆年製歷代帝王像真跡》。

康熙朝前期的河患

　　清初的黃河水患十分嚴重，在順治帝統治的 18 年（1644～1661 年）裡頭，由於戰亂不息，河道年久失修，黃河決口達 20 次之多，到康熙朝前期，水患更加禍害，僅康熙元年到 15 年（1662～1676 年）黃河就決口 45 次。黃河的水患既影響了大運河的漕運，也給廣大人民的生命財產帶來極大的威脅。如康熙 6 年（1667 年），黃河決口桃源（江蘇省泗陽縣），沿黃河州縣悉受水災，尤以「高郵（縣）水蓄幾二丈，城門堵塞，鄉民溺斃數萬」。

　　早在康熙帝親政之初，他「以三藩及、河務、漕運為三大事，夙夜厪念」，「書而懸之宮中」，並反覆詳考，從古治河之法，並常派人深入災區詳加調查，提供治河資料。

黃河決口的原因

　　黃河全長 5464 公里，發源於青海省，中游流經內蒙、陝西、山西和河南西部，不僅容納陝西、山西之間數十條支流的水，而且夾帶大量黃土高原的泥沙。平均每立方公尺含沙量達 37 公斤，暴雨時（農曆 5～8 月間）最多超過 600 公斤。有「一碗水，半碗泥」之說。到了河南孟津，進入下游，地勢驟然平坦，河道寬闊，水流緩慢。中游帶來 16 億噸泥沙，有 4 分之 1 左右沈在河床中，每年河床平均升高約 10 公分，這樣年復一年，越沈越厚，把河床墊高了，於是拼命築堤防堵水，以致下游河道成為高出兩岸平地的「懸河床」，一般高出地面數公尺，乃至 10 多公尺。堤防如果年久失修，遇雨季、汛期，極易沖決改道。

黃河下游河道淤積的粗泥沙集中來源地

長期以來，黃河泥沙尤其是粗泥沙的不斷淤積是黃河最為複雜難治的根源，使得黃河下游成為舉世聞名的「地上懸河」。這些粗泥沙粒徑大於零點一公釐，粗泥沙輸沙模數為每平方公里 1400 噸以上，對黃河下游河床不斷淤積抬高影響最大。

大運河的起點—杭州拱宸橋

據 2005 年 3 月 31 日中新社報導，1 年多來，黃河水利委員會多個部門協同攻關，從地質鑽探取樣、泥沙粒徑分析、粗泥沙輸沙模數等方法入手，並藉助遙感和 GIS 技術，綜合確定出了粗泥沙集中來源區，該區域位於黃土高原地區的窟野河、皇甫川等 9 條黃河重點支流流域內，面積為 1.88 萬平方公里。

元、明、清三朝定都北京，京杭大運河由杭州的拱宸橋到北京東便門外的大通橋，全長 1794 公里左右。黃河、淮河、大運河於淮安市清河區中心西南 10 公里的清口交會，水大流急，更增加了氾濫的可能性。因此整治黃河不單純是疏導通流，防止氾濫，還要使黃河保持相當的水位，以便儲蓄黃河之水，接濟大運河。

宋代迄今黃河變遷——康熙、乾隆所巡黃河已成廢道

宋太宗時（976～997 年），黃河在滎澤決口，東南流到彭城（今徐州）與泗水、淮水相會，這是黃河注入淮河的開始。

南宋紹熙 5 年（金明昌 5 年，公元 1194 年），黃河在金朝統治區內的陽武（今河南省原陽縣）決口。一支北流由山東省利津入海；另一支奪汴水、泗水、淮水等河道南流。從此南支形成了長期流經徐州的局面。路線是由滎陽以北向東南流，經浚儀（今開封）、商丘到徐州，然後會合泗水入淮河。

明弘治 8 年（1495 年），在黃河北岸，從河南省汲縣到江蘇省的銅山縣 200 多公里間，修築太行堤，堵絕了 1194 年向北分流的一支後，黃河南流的正流，從河南省蘭考縣北銅瓦廂東南流，在商丘北入江蘇省境，經碭山北，

淮安市清河區的黃河故道，此即康熙、乾隆所巡閱的黃河。今河道已由山東省利津入海。

過徐州、宿遷、泗陽抵淮安市清河區，折向東北經漣水，在雲梯關注入黃海。

清帝 12 度的南巡，基本上即巡閱由徐州到淮安市清河區這一帶的黃河。由於在咸豐 5 年（1855 年）黃河在蘭考附近的銅瓦廂決口，北徙到利津入海。康、乾二帝所巡視的黃河今已成為廢河道。廢黃河在徐州以上乾涸無水，呈槽形窪地；徐州以下，有些河段河床有水，可以行船。

靳輔第一階段治河

康熙 16 年（1676 年），以靳輔為河道總督，到 23 年（1684 年），是為靳輔治河第一階段。重要工程有：

一、疏黃河下游河道，在清江浦（今淮安市清河區）以東的黃河兩岸各疏濬引河一道，以所挑的土，築兩岸的大堤，一直造到距離海岸 50 公里。

二、治上流淤墊：高家堰西至清口小河兩旁各挑引河一道，以引淮河沖刷黃河淤沙。

康熙第一次南巡（註：本文所有年、月、日，沿用史書記載，以農曆為準）

山東省濟南市趵突泉。為濟南 72 泉之首，康熙第 1 次南巡曾臨視趵突泉。

康熙為了視察靳輔治理黃河情況，於是有了「南巡」。康熙 23 年（1864 年）9 月 28 日由北京啟行。沿永定河經順天府永清、霸州、河間府任邱、河間府城、獻縣、阜城，到山東省德州，經濟南府平原、禹城，抵濟南府城，臨趵突泉覽視，再經長清至泰安，登泰山玉皇頂，並祀泰安城內東嶽廟。

後走新泰，從沂州府蒙陰、沂州、郯城入江南徐州府宿遷境，往淮安府桃源臨視黃河北岸諸險工 90 公里。御舟過黃河，臨視清河縣（即清江浦，今淮安市清河區）的天妃閘（南方往北的漕船由此入黃河），過寶應縣高郵湖一帶見兩岸民居田畝被水淹沒。過揚州府城、

儀真，泊鎮江府城，遊金山、焦山，經丹陽、常州府城、無錫、駐蘇州府城，遊虎丘等名勝，回折途中遊無錫惠山，至丹陽，由陸路經句容到江寧府城（今南京市），登雨花台，親祭明孝陵，泊燕子磯，回程長江泊儀真，經江都、高郵、淮安府城，到清河縣天妃閘，臨閱高家堰堤工，到清口閱黃河南岸險工，經桃源、宿遷入山東郯城紅花鋪，經費縣、泗水，取道曲阜，謁孔廟，遊覽聖地，經兗州城、汶上、東阿、東昌府高唐州、德州，從直隸阜城、河間經保定府雄縣、永清、南苑，11 月 29 日回到北京城。共 60 天。

這次南巡途中的重要經歷有：

登東嶽題「雲峰」二字

10月初10日中午，登泰山，傍晚登上岱頂，於碧霞元君祠行禮，並到極頂玉皇宮行禮，晚上駐蹕泰頂行宮。11 日再到碧霞元君祠行禮，辰時下山設鹵簿（儀仗）於泰安城北，御輦詣東嶽廟。書寫「雲峰」二字，命於泰山頂上磨崖勒石。

體恤伕役勞苦 乘輿自宿遷至清河，所過之處，見河工伕役運土，捲埽下樁，夯築甚力，康熙皆駐蹕久之，親加慰勞。再指示河臣靳輔說：「堤上伕役，風雨晝夜，露宿草棲，勞苦倍常，康熙恐有不肖官吏，從中侵蝕，中飽私囊，一定要使役伕沾實惠，不可不加意軫恤也。」

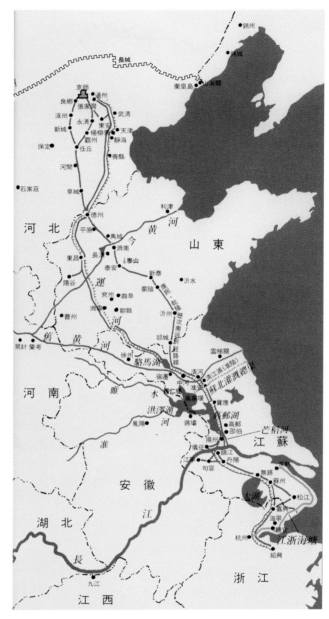

康熙、乾隆治河與南巡示意圖

舟過寶應、高郵見水災 康熙歷視直隸（今河北省）、山東、江南諸處，惟高郵等地方，甚為可憐。水雖乾涸，但居民擇高地棲息，而廬舍田疇仍被水淹，惻隱之心，油然而生，責總督王新命要多方籌劃，濬水通流，拯救居民。康熙也登岸親自走在堤岸 6、7 公里，察看地勢，召集讀書人、老人詳細詢問水災原因，以作為抗洪的參考。

親祭明孝陵 清廷入關之初，江南人民曾激烈反抗，清政府也進行了

高郵附近的大運河。由揚州到淮安市清河區的大運河稱為裡運河，是大運河最壯闊的一段，運河水由高郵湖、寶應湖接濟。今運河底及各湖底平面均比運河東堤外的裡下河地區要高。此乃在運河東堤上拍攝的。

泰山頂上大觀峰摩崖刻石。「雲峰」二字為康熙御筆,筆力雄健,結撰精整,神彩炳煥,褚墨間備乾坤之廣大,並雲漢之光華。當日天色晴霽,與本文作者登泰山時天氣一致。最右刻石為唐玄宗御製「泰山銘」。

殘酷的鎮壓,致使滿漢族群對立,為緩和族群矛盾,康熙首次南巡,即拜謁明孝陵,並親作祝文,向明太祖神位行三跪九叩禮;又到寶城前行三獻禮,據說當時「父老從者數萬人,皆感泣」。以後康、乾二帝每下江南路過江寧,多次祭明太祖陵。

臨閱高家堰大堤

高家堰工程是洪澤湖與高郵、寶應諸湖之間的堤堰。它的最大功能是挽湖束水、捍淮敵黃,使淮河經洪澤湖沛然而出清口;同時也是大運河的屏障。高家堰即今洪

康熙南巡,題「治隆唐宋」碑於明孝陵。

澤湖大堤，康、乾二帝每次下江南均到高家堰巡視。

淮安市清河區至揚州段的大運河水量主要由洪澤湖補給。明永樂年間
（1403～1424年），實行「蓄清刷黃濟運」的政策，把高家堰土堤向南延長
40公里到蔣壩，以攔蓄含沙量較少的淮河來水（清水），提高洪澤湖水位，
一方面沖刷黃河來水的泥沙，使之東流入海，一方面補充運河水量。

到了明萬曆8年（1580年），高家堰一帶的土堤改築石工牆（長10餘公
里）。所用每塊條石重達3、400公斤，構築時先在地下打一層梅花形杉木
樁，樁上鋪築大城磚。令人驚歎的是，這些石工牆的水平高度經現代儀器測
量均為海拔17公尺，在400多年前如何精確至此？據說負責此項工程的傑出
水利專家潘季馴（1521～1595年）把穀糠撒在湖中，讓它漂浮到岸邊，凡黏
附浮糠的地方就是等高線。此後石工牆不斷延伸，直到乾隆16年（1751年）
大堤才最後完工，總長60公里，歷時170多年。

到清口閱黃河南岸險工　　古黃河、淮河、大運河三水交匯處，史稱
「清口」，就在今淮安市清河區中心西南約10公里的碼頭鎮奶奶廟村一帶。
清口水大流急，淮安市清河區（清代名清江浦）就成為裡運河（由淮安市清
河區到揚州的大運河）全線險情最多的一段。為此，清雍正年間在今淮安市
清河區設立「江南河道總督衙門」，專司治河、導淮、濟運。清廷每年從財
政收入的5分之1提撥給南河衙門作為防治經費。清代乾隆年間，清江浦是
一個與揚州、蘇州、杭州齊名的都市，人口有50萬。

聖地祀孔　　康、乾二帝經常在南巡回程，到孔子出生地曲阜祀孔廟、謁
孔林，以表示對中國傳統文化的尊重。

曲阜為少昊故墟，周朝初年到春秋時代，為周公子孫的封國──魯國的
首都。

曲阜孔廟是中國規模最大的孔廟，前後共9進院落，面積10萬平方公
尺。主體建築大成殿，清雍正2年（1724年）重建，重檐九脊，斗栱交錯，
黃瓦朱甍，巍峨宏麗，氣象莊嚴。

孔林是孔子及其後裔的墓地，林牆周長7公里，家族墓地延用2000多
年，是中國僅有的一例。

靳輔治河第二階段

從康熙24年（1685年）到27年（1688年）靳輔被革職，為靳輔治河第
2階段。

在下游治河取得成效以後，靳輔認識到「河南地在上游，河南有失，則
江南河道淤澱不旋踵」，而把河工逐漸移到黃河中游。第2階段的主要工程
為：開闢中河。原先，漕船出清口入黃河，行100公里始抵張莊運口。此時
在清河縣西仲家莊建閘，上自宿遷、桃源、清河3縣黃河北岸，由仲家莊閘，
進入中河，歷皂河、泇河北上。如此運河避開了黃河90公里的險溜，舟楫可
以來往，漕運暢通。

康熙於第1次南巡後，不忍高郵、寶應一帶民房、田地盡被淹沒水中，

以于成龍管理下河事務，負責疏浚海口，排出高、寶一帶積水。但實際上是行不通的。因為下河最窪處低於海平面 2.5 公尺，若疏浚海口，不僅陸地積水排不出去，而且會引來海水倒灌。對於康熙的錯誤主張，靳輔大加反對，提出「築堤束水以注海」，終於被革職。隨後康熙命王新命為河道總督。透過康熙 28 年（1689 年）的第 2 次南巡，實地勘察後，康熙進一步認識到靳輔方略的正確。

康熙 31 年（1692 年）靳輔復為河道總督。靳輔復職不久即積勞成疾，死於任上。康熙命于成龍繼任，于循靳輔的路子作興修。康熙 34 年（1695 年）于成龍因父喪回旗守制，漕運總督由董安國繼任，董安國凡事俱委下人，荒唐地在近黃河海口的馬家港修築攔黃大壩，致使下流不暢，河工日壞。康熙 37 年（1698 年），康熙撤換董安國，重新命于成龍為河道總督。此後治理黃河工程基本上都由康熙設計、指揮。

康熙親理河工

經過幾十年的治河經驗，康熙明瞭「上流既理，則下流自治」，即只有解決黃河水倒灌洪澤湖、淮河問題，黃河下游的沖決氾濫才能避免。於是康熙 38 年（1699 年）開始第 3 次南巡，對治河作了具體布署：

一、深浚河底，即將清口以西的河道浚直，用急流之水沖刷淤沙，以浚深河底，以便使河水低於洪澤湖水面，以免倒灌。

二、改修清口，將黃河、淮河之堤各迤東彎曲拓築，使之斜行旁流，避免黃河倒灌。

三、拆毀董安國修築的攔黃壩，保持黃河下流的暢通。

四、在蔣壩開河建閘，將高郵一帶的湖、河水由芒稻河、人字河引出，注入長江，減輕下河壓力，迅速排出高、寶一帶積水。

在這次南巡中，康熙甚至提出使黃河河道北移的構想，以保淮水通流。康熙這些治法和思想比靳輔更先進，除了浚直河道，並且千方百計治理下河積水，更提出使河道北移以解決清口一帶的水患，既要治河、濟運、通漕，也要保護民生。想不到黃河在 1855 年決口蘭考，自動的北移了。

康熙 42 年（1703 年）的第 4 次南巡，就是為了檢驗河臣張鵬翮 3 年來所做的河工項目，此時的黃淮整治告成，應該是康熙在 50 壽辰最足堪慰的事。

兩年以後，即康熙 44 年（1705 年），皇帝第 5 次南巡，目的是親閱中河南口改建工程。康熙閱視楊家莊新開中河閘口及附近堤岸民居安全之後，非常得意。並在清口閱高家堰，至惠濟祠（奶奶廟）觀水勢，坐於堤上，見河工大成，甚為快然。

康熙 46 年（1707 年），又進行第 6 次南巡，這次南巡的目的不是擔心黃河倒灌，而是清水敵黃有餘，而使淮河稍洩其流，使水未漲時多出黃河一分，少入運河一分，以保護運河東堤安全。

康熙於南巡中，不只勤於政事，且躬行節儉，不講排場。每次南巡均簡約儀衛，扈從者僅 300 餘人，一路上不設營幄，不御屋廬，一切供應，皆令

山東省曲阜市孔廟大成殿側景

浙江省紹興市大禹廟。康、乾二帝南巡主要目的之一為巡視河工，康熙十分欽崇大禹治水事蹟，親詣禹陵，並書「地平天成」於禹廟。康、乾二帝於第2、1次南巡時，謁大禹陵廟。

浙江省紹興市蘭亭曲水流觴

在京官府儲備，不濫取之民間。多次告誡臣下，南巡是為百姓閱視河道，咨訪閭閻風俗，非為游觀，因而嚴禁地方官吏布置供帳，科派擾民。由於康熙崇儉黜浮，官吏不敢鋪張。另蠲免百姓積欠的稅、對廣大士大夫普遍加恩，赦宥圄圄。因此康熙所到之處，萬民瞻仰，莫不歡忻。官吏更用心河工，此後到1855年淮安市清河區到揚州一帶未有大水患。康熙仁民愛物，憂國憂民，時時為天下百姓設想，人溺己溺的精神，嚴以律己的態度令人感佩，不愧是「聖祖仁皇帝」、「大禹第二」。本文作者讚譽康熙是中國歷史上最好的君主，儒家所期待的聖天子，2000多年來，僅出現過康熙1人。

乾隆下江南

乾隆14年（1749年）10月降諭，定於16年（1751年）正月巡幸江南。自清初入關到此時已有106年，長期的休養生息，出現了天下太平、經濟繁榮、版圖廣大、統治穩固的局面，與康熙朝正在奠定根基、勤儉樸實、開疆拓土有很大不同，社會上層階級也瀰漫奢靡之風。

乾隆心慕聖祖康熙南巡受百姓扶老攜幼、夾道歡迎的場面，「盛典昭垂，衢謠在耳」，也於乾隆16年（1751年）、22年（1757年）、27年（1762年）、30年（1765年）、45年（1780年）、49年（1784年）6次南巡，以「眺覽山川之佳秀，民物之豐美」。

在南巡前的1年即發布諭旨，著手準備。皇帝欽簡的總理行營大臣是負責安排巡幸事務的最高指揮官，由其籌畫。自北京至杭州，往返路程近6000里（1華里約等於450公尺），南巡日數最長有125天的，途中建行宮30處。每隔2、30里設1座尖營，以供皇帝暫時休息。乾隆南巡，從北京出發後，陸路經直隸、山東到江蘇的清口渡黃河，乘船沿運河南下，經揚州、鎮江、

丹陽、常州、蘇州抵達浙江境內。

　　陸路的御道非常講究，幫寬 3
尺，中心正路寬 1 丈 6 尺，兩旁馬路
各 7 尺。路面要求堅實、平整，御道
要筆直。凡是石橋石板，都要用黃土
鋪墊，經過的地方一律用清水潑街。
水路坐船，南巡船隊大小船隻達
1000 多艘，舳艫相接，旌旗蔽空，
乾隆皇帝的御舟稱安福艫和翔鳳艇。
乾清門侍衛和御前侍衛的船行進在船
隊的最前面，內閣官員的船隻隨後。
御舟在船隊中間，隨行的有后妃、王
公親貴、文武官員和擔任警衛扈從的
大批士兵。皇帝和后妃乘坐的御舟用
縴伕 3600 名，分 6 班輪流拉縴。搬
運帳篷、衣物、器具，動用了馬約
6000 匹、騾馬車 400 輛，駱駝 800
隻，征調伕役近萬人，不僅沿途地方
官要進獻山珍海味，還要從全國各地
運來許多食品，連飲水都是從北京玉
泉山、濟南珍珠泉、鎮江金山泉等地
運去的。

　　乾隆南巡主要也是為了閱視河工
與浙江海塘。河工在康熙朝整治的基
礎加以鞏固，海塘則是在乾隆朝修築
到達最高峰，乾隆在後 4 次的南巡均
到海寧視察海塘。

騎鶴上揚州

　　從「腰纏 10 萬貫，騎鶴上揚
州」這句古諺，可見揚州是多麼繁華
迷人，至今仍然人文薈萃，經濟富
庶。揚州地處長江北岸的大運河畔，
而風俗民情，建築與文化系統均屬秀
麗的江南風格，素有「綠楊城郭」之
稱。清代的揚州是東南的一大都會，
全國有數的繁榮城市，康、乾 12 次
的下江南，揚州是必到之地。

　　為了迎駕，揚州官商做了充分準

蘇州虎丘劍池。康熙南巡，曾攜宮眷遊此「吳中第 1 名
勝」。

杭州西湖清代行宮大門

杭州西湖文瀾閣。在西湖清帝行宮內，為《四庫全書》江南三閣僅存的一閣，閣仿寧波天一閣形式，建於乾隆47年（1782年）。此閣《四庫全書》現移藏至浙江省圖書館。

備。天寧寺行宮建於乾隆 21 年（1756 年），由財力雄厚的兩淮鹽商捐建做為皇上駐蹕之用，當時有「一廟五門天下少，兩廊十殿世間稀」的讚譽，寺內原有珍藏《四庫全書》的文匯閣，燬於太平天國之役。

乾隆年間，揚州自北門起，便有長堤直到蜀岡平山堂，沿途景色是「兩堤花柳全依水，一路樓台直到山」。亭閣畫舫，十里不斷，展現24景之多，如一幅舒展不盡的絢麗畫卷。時人有「杭州以湖山勝，蘇州以市肆勝，揚州以園林勝，三者鼎峙，不可軒

天下第二泉。在無錫惠山下，經唐代陸羽，評為「天下第二泉」，歷代文人學士、騷人墨客留下惠山二泉的詩作、佳作很多。1940年代無錫民間音樂家阿炳創作二胡獨奏曲《二泉映月》，如怨如慕，如泣如訴，曲調清麗高雅成為世界名曲。
康熙第 1 次南巡，10 月過無錫，遊惠山，留有「朝遊惠山寺，閒飲惠山泉」等詩作。乾隆南巡亦曾酌二泉。

輕」之說，現仍留存的園林大小仍有 196 處，為他處所莫及。

清代的揚州繁華的另一個方面是文化。當時的蘇州、揚州均為全國的戲曲中心之一。乾隆酷愛看戲，揚州梨園演戲，以乾隆南巡時最盛；大戲的演出後期則在天寧寺行宮。

乾隆在揚州時，御膳房曾以「金鑲白玉版，紅嘴綠鸚哥」或稱「珍珠翡翠白玉膏」（油煎豆腐菠菜）進呈，皇上嘗之非常鮮美，讚美說「沒有比這個再可口」，還京後復索之不得，他感嘆：「誠如此，吾每飯不忘揚州矣！」

踏勘海塘

江浙沿海為了抵禦海潮的侵襲，有了捍海塘的建設。北起江蘇省常熟縣界涇口，南到浙江省杭州市獅子口。經江蘇的常熟、太倉、上海市的寶山、川沙、南匯、奉賢、金山，浙江的平湖、海鹽、海寧到杭州，全長 400 公里。海塘多採用上等硬質條石砌成，塘身橫面成梯形，條石間又用鐵鋦和鐵錠固定，塘身背水面再用土壅固加厚，工程非常浩大。從常熟到金山的一段，長約 250 公里，稱為江蘇海塘；從平湖到杭州的一段，長約 150 公里，即乾隆視察的浙江海塘。

當時對修築海寧一帶海塘有柴塘（即用柴土築塘）和石塘（以石塊築塘）的爭議。有人提出以石塘代原來的柴塘，可以一勞永逸；反對的人認為海寧一帶百里柴塘下皆為浮土活砂，不能更換石塊。乾隆便到塘上親試排樁 200 多斤的碪打下去，因砂散不能穩固，因此乾隆決定用柴塘。又命在柴塘內修築魚鱗石塘，將柴、石兩塘連為一體。經過數 10 年的修整，水勢漸緩。乾隆 49 年（1784 年），第 6 次南巡時塘外已擴出數 10 里的沙田沃壤。

徐州閱河

康熙南巡並未到過徐州，乾隆則於第 2、3、4、6 次南巡回程時，繞道徐州視察黃河河工。

金明昌 5 年（1194 年）黃河在陽武決口，其南支在碭山以下奪汴河。明代黃河全部入汴故道。宋代所以建都開封所遷就的汴水從此消失。今天徐州以西的廢黃河就是古汴水。

明代將黃河北流的一支河道和徐州以西黃河南侵入淮的河道全部堵塞，所有黃河之水在徐州城東北角會合北來的泗水，水量劇增，折而南下，漩猛流急，明以後徐州城的東南部最易決口。史載徐州黃河汎濫過 200 餘次。

乾隆到徐州面對數月不退的洪水，非常憂愁，因而十分重視徐州附近黃河的築堤防汛工程，徐州石堤上下共用石 17 層，長 40 公里，工程浩大壯觀，從乾隆閱河後到黃河改道前的近百年間，徐州附近黃河沒有出現大的決口，小的潰決也只有幾次。可以說，乾隆的閱河起了很大的作用。

元、明兩代京杭大運河經過徐州，是沿用從今淮安市清河區到徐州的黃河河道，到徐州運河再溯泗水北上。明萬曆年間開鑿洳河運河，即從夏鎮李家口引水會洳河和沂河，南下到邳州（今運河鎮）直河口入黃河，這就是中

無錫寄暢園。康、乾二帝南巡，每次均臨寄暢園。全園巧妙佈局，體現山林野趣、清幽古樸的園
林藝術，並以惠山、錫山及龍光塔為借景，將遠方的自然風景收入園中，北京頤和園的諧趣園即
仿建自寄暢園。

運河的前身，也就是後來清代漕運經過的河道。大運河遂不經徐州，徐州因而衰落，近世京滬、隴海鐵路交會於徐州，徐州重新成為中國東部的交通樞紐。

乾隆到徐州時駐蹕於雲龍山行宮。行宮的範圍頗大，殿閣幾十間，房屋依地形的起伏而建，鱗次櫛比，氣勢雄偉，如今只剩下徐州市博物館的大殿了。

蘇北灌溉總渠——
人工開鑿淮河新水道

在黃河南下奪淮期間（1194～1855 年，凡 661 年），淮河出路不明，經常氾濫成災。

淮河河水每有上漲，先鬱於洪澤湖，再憤而脹滿高寶湖，又再直湧入大運河。明代以前河湖相通。為了確保漕運安全，運河的東堤就越築越高，形成壘卵之勢。即使這樣，東堤仍然經不住洪水沖擊，常常決口，運河以東到黃海之濱的廣大地區，地勢低窪，史稱「裡下河地區」則氾濫成災。康熙 19 年（1680 年）清廷在高郵城以南抵擋高寶湖湖水的運河東堤上，先後修築了「歸海五壩」，即南關壩、新壩、五里壩、車羅壩與邵伯湖的昭關壩（此 5 壩與高家堰仁、義、禮、智、信 5 壩在運河西岸有別）。

每當洪水暴漲，威脅運河堤防時，就開壩洩洪，讓洪水流入裡下河地區東流的河道，注入黃海。但因入海河道迂迴曲折、狹窄淺澀，加上河口被泥沙壅積，所以名曰「放水歸海」，實際上是「歸田」，任其漫流，淹沒了裡下河地區的大片土地和莊稼，當地百姓不是溺斃，就是流離

嘉興煙雨樓。在南湖湖心島上，乾隆 6 下江南，8 到煙雨樓。承德避暑山莊煙雨樓即仿
建自嘉興。

鎮江金山寺塔。金山寺以《白蛇傳》故事有名。清代
在此建南巡行宮，寺內原有珍藏《四庫全書》的文宗
閣。承德避暑山莊湖區即仿金山寺建主景。

失所。

　　從明代起利用洪澤湖蓄淮河來水，以沖刷
河床泥沙，康熙、乾隆時代尚能有效執行此一
政策，嘉慶以後，吏治腐敗，河臣貪污，河工
廢弛，經常黃強淮弱，黃水倒灌入湖，湖底和
淮河東流故道逐漸為黃河淤高。1851 年（咸豐
元年）淮河被迫南下改經裡運河入長江。

　　中華人民共和國成立後，開挖蘇北灌溉總
渠，淮河水流才回到故道附近，經洪澤湖斜貫
淮安市楚州區南，向東北方向行走，流入黃
海，從此解除了淮河氾濫，危害裡運河及裡下
河區之水患。

無錫市區的大運河。清康熙、乾隆 2 帝南巡，最常由陸路到淮陰清口渡黃河，再由今淮安市清河區由大運河南下揚州、蘇州、杭州等地。

〔**主要參考資料**〕

明・潘季馴：《河防一覽》。清・高晉：《南巡盛典》。

《康熙起居注》第一歷史檔案館。

萬依、王樹卿、陸燕貞《清代宮廷生活》香港商務印書館，1985 年。

鄧毓崑、李銀德主編《徐州史話》江蘇古籍出版社，1990 年。

鞠繼武、潘鳳英：《京杭運河巡禮》上海教育出版社，1985 年。

《中國古運河》讀者文摘遠東有限公司，1990 年。

白新良主編：《康熙皇帝全傳》學苑出版社，1994 年。

趙雲田等《乾隆皇帝全傳》學苑出版社，1994 年。

孟昭信：《康熙大帝全傳》，吉林文史出版社，1987 年。

趙明：《揚州大觀》黃山書社，1993 年。

陳捷先老師：《明清史》台北，三民書局，1990 年。

蔡泰彬：《明代漕河之整理與管理》臺灣商務印書館，1992 年。

吳建華：〈南巡紀程〉《清史研究通訊》1990 年 1 期。

徐凱等：〈乾隆南巡與治河〉《北京大學學報》1990 年 6 期。

張華等：〈乾隆南巡與浙西海塘〉《南京大學學報》1989 年 4 期。

朱宗廟：〈乾隆南巡與揚州〉《揚州師院學報》1989 年 4 期。

王俊義等：〈康熙和乾隆為何皆六下江南〉《文史知識》1985 年 8 期。

中國旅遊指南編委會：《無錫》，北京，中華書局，2000 年。

王恢：《中國歷史地理》，台灣學生書局，1976 年。

本文原載《牛頓雜誌》162 期，1996 年 11 月號。2005 年 8 月增新資料。

「北京人」之家
——周口店遺址

——古人類史最動人的發現

由山頂洞人遺址向下望去的「北京人」的洞穴。（第1地點）

「北京人」居住在周口店的山洞中，約 30 萬年，那裡遺留著他們的骸骨化石，使用過的工具，用火的遺跡和大批哺乳動物化石，這是一座揭開人類起源之謎的歷史寶庫。北京市房山區人民政府和周口店北京人遺址管理處已於 2005 年 7 月 2 日正式成立專門尋找「北京人」頭蓋骨的組織機構。

周口店第 1 地點。

周口店遺址的意義

北京人是中國首次發現的遠古人類化石，出土於北京市西南的周口店，在北京人遺址周圍大約 2 平方公里的範圍內，共發現了 24 個地點。所發現的脊椎動物化石代表的時間十分長遠，從大約 1000 多萬年前開始的上新世(Pliocene)早期一直到距今 1 萬多年前的更新世(Pleistocene)晚期止，幾乎都有了代表（除了未見更新世晚期的早一階段的材料外）。在考古學上，地點如此集中、代表時間如此長久，出土物如此豐富，是世界罕有的。

而北京人化石資料是目前世界上發現的原始人類化石中最豐富，也比較完整的資料。它對研究猿人向現代人演進和發展過程中體質的變化，具有十分重要的意義。這一發現把最早的人類化石歷史從距今不到 10 萬年推至距今50 萬年。

這是達爾文（Charles Darwin, 1809～1882 年）發表《物種原始》論(The Origin of Species)以來第一次得到的最完整可靠的支持，並能證實其學說的證據。使猿與人之間的遺環(missing link)得以顯現，為人類演化史的研究提供了寶貴的科學依據。

北京人化石代表著 40 多個男女老幼個體。材料雖尚嫌破碎、不足，但就同一階段的人類化石而言，目前在世界上還是僅有的許多相同部位遺骨的重複發現，更是其它舊石器時代人類化石不能比擬的。發掘時由專家參與，而且出土的材料自始就放在幾位專家手中研究，因此研究報告極為客觀，出土時紀錄精確，地層紀錄也十分完整。

周口店遺址更有代表人類發展 3 階段（北京人──新洞人──山頂洞人）的人類化石及其文化和居住地，這在全世界考古史上亦屬獨一無二。

周口店附近的景觀

周口店在北京市西南，距廣安門 48 公里的房山區，位置於蒙古高原邊緣的一個峽口上，從這峽口有一道河流向北京大平原。周口店附近有一座充滿新生代化石的奧陶紀石灰岩(ordovian limestone)山，燒石灰是這一帶的工業。1000 年來遼、金、元、明、清歷代營造北京宮殿、壇廟、城牆、民房及一切建築所用的石料及石灰，都取材於此。

石灰岩內所含化石俗稱龍骨，向為中醫所珍視，認為治病有奇效，故中藥商人常前往此地採集，成為周口店的一大附屬工業。

周口店火車站西邊有兩座東西並列的圓形小山，東邊的一座叫龍骨山，山上有 4 個地點曾住過遠古人類，即北京人遺址（第 1 地點）、第 15 地點、第 4 地點和山頂洞人遺址，其中以北京人和山頂洞人遺址最具代表性。

北京人生活時期的山川大勢，與今日差別不大，只是山體高差略小些。現在西自拒馬河一帶，東抵房山區所在地，在北京人時期不是平原，而是一片低丘寬谷。氣候要比現在略溫暖些或大致相當。

北京人的發現與失蹤

公元 1899 年（清光緒 25 年），在北京德國公使館的自然科學家哈伯勒(K. A. Haberer)對「龍骨」發生了興趣，便在北京、上海、寧波、宜昌等地搜集一大批龍骨，送回德國，並請孟興大學的舒羅塞教授(Prof. Max Schlosser)研究。1903 年研究報告出版，舒羅塞證明：來自中國的龍骨就是古生物學中的動物化石。其中屬於靈長目(Primate)的，只有一個牙齒，似乎屬於猿類，也可能是人類的，使科學界

由龍骨山看周口店附近的景觀。

相信：中國境內可能有原始人類的跡象。

瑞典地質學家安特生（Johan Gunnar Andersson, 1874～1960 年）自 1918 年（民國 7 年）開始注意周口店的「龍骨」起，周口店的古生物化石就成為全世界古生物學家及化石人類學家注意的焦點。

最初使古生物學家與人類學家注意周口店化石堆積的是奧地利古生物學

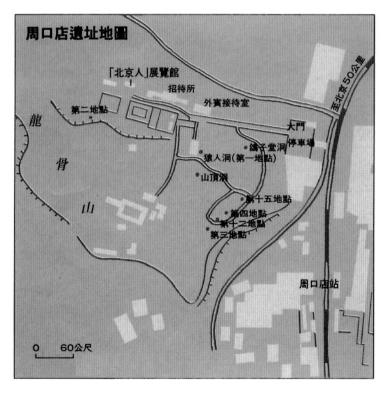

周口店遺址地圖

205

家師丹斯基(Otto Zdansky)。1921年8月，瑞典地質學家安特生到周口店看望在雞骨山（即第6地點）發掘的師丹斯基與美國的葛蘭階(Walter Granger)，在當地一名老鄉的指引下，發現了北京人遺址。1923年，師丹斯基就在周口店堆積中發現了兩個似人類牙齒，揭開發現北京人的序幕。

1926年10月，北京學術界舉行了歡迎瑞典皇太子的學術演講會。安特生用幻燈片發表了師丹斯基在周口店發掘出來的兩顆人形牙齒。此一報告震驚了全場聽眾，葛利普(Dr. Grabau)立刻命名為北京人(Peking Man)。

1927年4月，一組包含中、美、英、德、法、奧、瑞典和加拿大人的國際合作學術研究隊伍，在丁文江的組織與領導之下，在周口店展開發掘工作。這個工作一直到抗日戰爭爆發之後才告中止。

第1期發掘工作至10月18日止，由中國地質學家李捷教授和瑞典古生物學家步林(B. Bohlin)先生兩人共同主持開掘並檢查了3000立方公尺的洞穴堆積。在這次發掘中，步林博士找到了1顆完整的人屬牙齒。加拿大解剖學家步達生（Davidson Black, 1884～1934年）研究之後，判斷是1個年約9歲左右兒童的下頜骨第1左臼齒。1927年，步達生並根據周口店發現的3枚人齒，正式給北京人化石在分類學上定了1個拉丁文學名：*Sinanthropus pekinensis*，曾譯為「北京中國猿人」，原意應為「北京中國人」，現在則已改稱為「北京直立人」(*Homo erectus pekinensis*)。

1928年，地質學家李捷離職，楊鍾健與裴文中（1904年～1982年）加入工作。這1年發掘出發育狀況不同的人類牙齒20幾顆，青年與成人的破碎頭骨若干塊，另有下頜骨2片，1片屬於幼年，1片屬於成人。

1929年，步林辭職，周口店發掘工作由裴文中負責，到了12月2日下午4時，發現了北京人第1個完整的頭蓋骨，在國內外學術界引起震動。這個頭蓋骨，據中國科學家地層測定，距今為57萬多年。

1930年，在洞底的東部又發現1個牙齒完整的人類下頜骨。1931年，卞美年和賈蘭坡參加發掘工作，這1年共發現了人類下頜骨、鎖骨各1件，許多石製物、燒過的獸骨、碳塊和灰燼。由於這些器物的發現，顯然北京人不但製造和使用石器，還知道用火。法國著名考古學家布日耶(Henri Breuil)於這年秋天也來中國幫助研究北京人的文化。1936年11月15日，賈蘭坡在主持周口店遺址發掘中又發現2個北京人頭骨化石。11月26日又發現1個北京人頭骨，較11月所發掘的，尤為完整。自1932年到1937年盧溝橋事變為止，以「探溝」方式（而不是「探井」方式）在周口店發現了豐富的人類化石和大量的北京人遺物。北京人的研究資料大部分是在這個時期發現的。

自北京人發現後，協和醫學院解剖學教授布達生就日以繼夜地研究北京人的體質，得到不少研究成果。1934年3月15日天尚未亮時，布達生逝世於北平他的研究室內。早在逝世數月以前，醫生就警告他說他的心臟已擴大到很危險的程度，若不及時休息，將有性命之憂。但是布達生仍然專心研究，他死的那一夜，正在研究北京人的下頜骨。

布達生以身殉科學後，德國的人類學家魏敦瑞（Franz Weidenreich,

第 1 頭蓋骨出土處，1929 年中國古人類學家裴文中在此發現 1 顆完整的北京人頭蓋骨。

1873～1948 年）繼承布達生的工作，完成了他的志願。魏敦瑞的研究十分重要，因為自 1941 年 12 月 8 日珍珠港事變之後，所有北京人化石都神祕失蹤了，到現在還沒有它們的下落。周口店發掘工作因日本侵華戰爭爆發而被迫中斷。在此之前已發現北京人頭蓋骨 5 個，頭骨碎片、面骨、下頜骨、股骨、肱骨、鎖骨、月骨等，以及牙齒 147 顆。由於周口店人類化石研究工作是在美國洛克菲勒基金會資助下，與協和醫學院合作進行的，標本由該院負責人保管，因此在 1941 年太平洋戰爭爆發前後，全部資料下落不明。

我們現在認識和研究北京人只能依據魏敦瑞的研究報告和北京人化石標本的複製品了。

新發現的北京人

1948 年 9 月 27 日，中斷 12 年後，考古工作者在周口店的發掘工作重新開始，由賈蘭坡、劉憲亭負責，裴文中指導。1949 年，找到北京人的牙齒 3 顆，1950 年找到牙齒 2 顆、肱骨 1 段、脛骨 1 段；1959 年發現了 1 個比較完整的北京人下頜骨，屬於老年女性個體；1966 年又發現了北京人的頭蓋骨斷片 1 件，枕骨 1 塊，此頭蓋骨斷片與 1934 年發現的第 5 號北京人頭蓋骨斷片同屬 1 個個體。

北京人遺址——周口店第 1 地點

北京人遺址位於周口店村西，是在龍骨山的一個大山洞，它是北京人居

猿人洞內部。

北京人復原像（顧綬康
攝）

北京人的頭蓋骨，
1929 年發掘。
（資料照片）

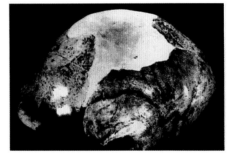

北京人的頭蓋骨，1966 年發掘（張誼
攝）

山頂洞人復原像（顧綬
康攝）

山頂洞人的頭蓋骨（張誼
攝）

住的地方，俗稱「猿人洞」，1929 年以後稱為周口店第 1 地點，它東西約 140 公尺，中部最寬處約 20 公尺，向西漸漸變窄，只剩 2 公尺寬。

第 1 地點自 1921 年發現和發掘起斷斷續續了 60 多年，把原來堆積的幾乎與山頂平的洞穴角礫岩下挖了 40 多公尺，共挖出約 3 萬立方公尺的土石（約為全部堆積的一半），已發現十分豐富的遺物和遺跡。所以發現的猿人化石、用火遺跡、石器數量之多（有 10 萬件），哺乳類化石門類和種屬之眾是同時代遺址無法相比的。

猿人洞的堆積記錄著自然界的變遷和古人類的發展史。在距今 100 萬年前後，這處山洞經歷陰河相通、開口和地面乾涸等階段。約在距今 60 多萬年前（即更新世的中期），鬣狗(hyaena)等來此棲身，接著猿人也到達這裏，發生人獸爭穴事件，在文化層中常夾有若干層鬣狗糞化石就是證據。到了距今約 40 萬年時，北京人才成為這個洞穴的絕對主人。

北京人化石從第 11 至第 3 層均有發現，共出土骨頭 6 具、頭骨碎片 12 件，下頷骨 15 件，牙齒 157 枚、股骨 7 件、脛骨 1 件、肱骨 3 件、鎖骨和月骨各 1 件。這些北京人遺骨分屬 40 多個男女老幼個體。遺憾的是絕大部分化石都失蹤了。

現存第 1 地點的人類化石保存在中國的有 7 枚牙齒，1 段肱骨、脛骨、頂骨和枕骨各 1 件，以及 1 具保存完好的下頷骨；1927 年以前發現的 3 枚牙齒則在瑞典，由步林先生保管著。

北京人遺址的地層堆積和年代

第 1 地點遺址上部的 34 公尺為含化石和文化遺物的堆積，依岩性變化自上而下可分為 13 層。在堆積物中還有北京人用火留下的灰燼，較大的灰燼層有 4 個，特別是第 4 層灰燼厚處超過 6 公尺，內有燒骨、燒石，因含有數量極多的石器和用火遺跡，又叫上文化層。第 8、9 層埋藏的石器和北京人化石最為豐富，又稱下文化層。

1976 年以後，採用鈾系測年法(uraniumseries dating)、裂變徑跡法(fission-track dating)、古地磁法(archaeomagnetic dating)等多種方法測定了北京人遺址的年代，得知第 13 層以上為距今 70 萬至 20 萬年左右，第 14 層以下早於距今 70 萬年。

根據動物化石的性質，第 11～13 層的時代與其以南 1.5 公里的周口店第 13 地點相當，後者也發現有石製品、灰燼、燒骨和哺乳動物化石，是周口店一帶最早的遺跡。與第 1 地點第 1～3 層時代相當的有周口店第 3、4、15 地點。其中第 15 地點出土的材料最豐富。這 3 個地點的時代，根據存在赤鹿等時代較晚的化石而言，可能已到更新世的初期。

周口店第 4 地點──新洞人填補北京人與山頂洞人之間遺環

周口店第 4 地點位於第 1 地點南約 100 公尺處，是 1927 年李捷教授和步林先生發現的。1967 年在第 4 地點北端又發現 1 個洞口，故又有新洞之稱。

周口店第 1 地點地層。

北京猿人遺址地層剖面簡介

1973 年正式發掘，收穫豐富，發現了很多的哺乳動物化石、1 枚人齒、較豐富的用火遺跡和數十件石器。這證明了新洞的堆積與第 4 地點的堆積是相聯繫的，新洞是第 4 地點的組成部分。

　　第 4 地點其前部是南北走向的裂隙，東西兩壁幾乎平行，最寬處約 5 公尺，堆積厚度約 6.5 公尺，後部為洞穴（即新洞）。人齒化石發現於第 5 水平層（約深 5 公尺處），是 1 枚左上第 1 前臼齒，可能是男性個體所有。這枚牙齒與北京人同一位置牙齒比較，有明顯不同，但其齒冠和齒根比現代人要粗壯。因此，可以把它看作是北京人和山頂洞人之間的代表，從而填補了這兩種人之間的遺環。

　　第 4 地點發現的哺乳動物化石相當豐富，化石程度中等，約有 33 個屬 40 個種，其中現生種占 82.5 ％，絕滅種占 17.5 ％。由此推測其時代介於北京人與山頂洞人之間。依鈾系法測定其距今約 6.5 萬年左右，依放射性碳素法(radiocarbon dating)測定，其年齡大於距今 4 萬年，但依熱發光法(thermoluminesent dating)測定，則距今約 10～20 萬年，與前 2 者差距較大。

　　所發現之石器與北京人晚期的基本上是一致的，顯示出文化上的連貫性。

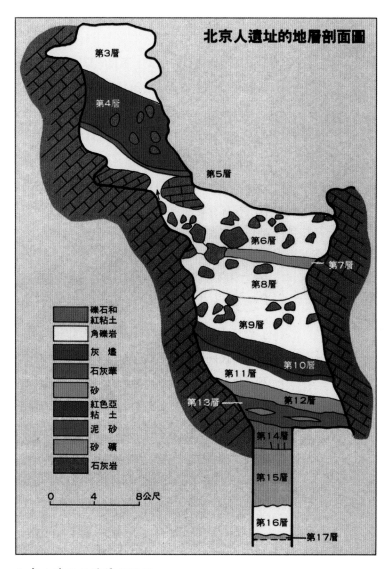

北京人遺址的地層剖面圖

所以,第 4 地點的人可看作是北京人的後裔,它的文化淵源應來自周口店第
1 地點。

北京人的體質與生活

　　北京人與現代人相比,顯然還保留不少原始性質,例如眉脊隆起、前額
低平、牙齒粗壯、牙面紋理複雜等。其腦容器平均為 1043 立方公分,只及現
代的 3 分之 2,卻比大猿發達得多。現代大猿的平均腦容量只有北京人腦容
量的 40 %,由下表可見比較(據魏敦瑞研究):

類別	最小至最大腦容量	平均腦容量
1 人形猿	300～580 立方公分	415 立方公分
2 爪哇人(Java Man)	775～900 立方公分	860 立方公分
3 北京人	914～1225 立方公分	1043 立方公分
4 山頂洞人	1300～1500 立方公分	
5 尼安德塔人(Neandelthal man)	1035～1610 立方公分	1400 立方公分
6 現代人	900～2100 立方公分	1350 立方公分

　　根據發現的股骨估計，北京人男性身高約 156 公分，女性則矮些。所以北京人身材較矮，但肌肉發達，肩膀很寬，直立行走，手的靈活度與現代人差不多，主要以右手勞動。他們懂得製造較精的石器與用火，也有簡單的思維能力，並開始有了最初的語言。這說明他們在人類進化的道路上已走過很長的路，不是最古老的人類。

　　周口店所處的特殊地點位置和良好的自然環境可能是北京人長期在這一帶逗留的重要原因。這裏西北背靠群山，東南有開闊的平原，複雜多樣的自然條件為遠古人類提供了豐富的食物來源。許多科學家相信，北京人生活在間冰期(Inter-glacier period)的氣候之中。那時，這裏的氣候一般來說要比今天溫暖一些，大約相當於現在河南安陽一帶的氣候條件，犀牛、象、水牛、獼猴等喜歡暖和的動物也從南方活動到這裏。然而也曾發現像洞熊和旱獺這樣適於寒冷而乾旱草原生活的種類，說明幾十萬年的環境是不斷變化的，因而更準確、全面了解北京人時期自然環境的變遷尚需更深入研究。

　　原始人要與自然界鬥爭生存是極艱苦的，猛獸的襲擊、飢餓與寒冷的威脅都時常折磨著北京人，所以他們的壽命一般很短，根據對 38 個北京人化石的研究，死於 14 歲以下的就有 15 人，死於 50 歲以上的僅有 1 人。

　　原始群是北京人時代唯一的社會形式，當時由於生產力低下，集體勞動是唯一可行的方式，他們必需數十人為一群才可能戰勝兇猛的野獸，也才有可能維持最低限度的生活。北京人的主要裝備為石器，是將河灘上拾來的卵石或山坡上的脈石英碎塊再加工成砍斫器、刮削或尖狀器等工具。這些工具可以肢解獵獲的野獸，也可砍樹枝做木棒。遺址裏還有大量留下打擊痕跡的獸骨，這類碎骨有的是被打成尖狀、刀狀的肢骨，有的是截斷的鹿角尖和經過修理的鹿頭蓋骨。有些科學家認為前兩種可能是採集植物塊根和捕捉鼠類的挖掘工具，後一種可能是盛水器皿。

　　北京人不僅能捕捉小動物，如鼠類、鳥類，而且能獵獲鹿、馬、野豬和水牛等大型動物，肉類、野果、嫩葉、塊根等可食植物，鳥蛋和昆蟲等都是他們的食物。採集仍然是這時期人類獲得食物的主要方法。在他們所住洞穴的內外均發現過一堆堆很厚的灰燼、木炭、燒骨等，這是他們用火的遺跡。在 1929 年時，是當時所知的全世界最早的用火紀錄。當然，現在我們知道距今 170 萬年前的元謀人遺址也有用火遺跡。

北京人生活圖。三位獵人獵罷回洞，1 位婦人攜子迎接。（取自 "Beyond the Bounds of History" by Henri Breuil）。

中國人祖先 是東非猿人

　　根據 2005 年 5 月 10 日北京新京報報導，由上海復旦大學現代人類生物學研究中心主任金力教授主持的研究團隊在透過對東亞和東南亞地區人群的研究發現，中國人的祖先源自於東非，再經南亞進入中國，後逐漸分化成現有的各民族。

　　金力教授的研究結果顯示，現代人屬單一物種，而各地區的猿人卻屬於不同物種，且皆未進化成為現代人，僅有東非猿人走上現代人的進化道路，所以，北京古猿人不可能是中國人的祖先。而另一位科學家劉武在非洲考察也發現，30％的東非人在頭骨特徵上與北京猿人相同。

由下往上看周口店第 1 地點猿人洞

山頂洞人遺址

山頂洞人遺址

　　山頂洞人(Upper Cave Man)遺址位於北京猿人洞上方靠近山頂的地方，1930年發現，1933、1934年由裴文中主持，作過大規模的發掘，出土了大約相當於10個人的遺骸，包括3個成年男女完整的頭蓋骨，另有25件石器（但沒有1件是有代表性的）與骨角器、裝飾器等。

　　山頂洞人比北京人的體質有明顯進步，能掌握人工取火及鑽、磨、鋸、染色等技術，並具有美的觀念。他們死後是有意識的進行埋葬，人們在死者身上撒上紅色赤鐵礦粉末，似乎希望死去的親人能在另外的世界獲得新生，這是原始宗教信仰的萌芽。洞內還發現他們用過的骨針，是出土文物最早有代表性的東西。另有用穿孔貝殼、獸牙、染紅石珠串連而成的「項鍊」或頭飾，顯示他們已會縫製獸皮衣服，而且還有餘力進行藝術活動，懂得裝扮自己。

山頂洞人的面貌和現代人基本上一樣，而且是原始的黃種人，更細的種族在當時還沒有分化定型，可以認為他們是現代蒙古人種的祖先。其腦容量1300～1500毫升，男性身高約174公分，女性約159公分。根據放射性碳素推斷，其年代距今18865±420年；屬於晚期的「智人」（Homo sapiens，或譯為「真人」）。

　　在生活上，狩獵對山頂洞人極其重要，他們的獵獲物有兔、鹿、野牛、野羊、虎、豹、鬣狗、熊等共計50餘種。數量最多的是兔和斑鹿，這反映了狩獵技術的進步和勞動的自然分工大概已基本完成。狩獵多由男子擔負，採集成為女子、小孩和老人的專門事務。在山頂洞文化層中還發現很多鯉魚骨和一條3尺長的青魚骨，可見他們也從事漁撈。生產力的發展促使人們更團結合作，以血緣關係為基礎的母系氏族產生了。

　　從洞中還發現渤海沿岸所產的蛤子殼、宣化一帶所產的赤鐵礦和黃淮流域以南所產的巨厚蚌殼，說明當時北京地區的居民已經和很遠地區發生了交換關係。

〔參考資料〕

李濟：《中國史前文化》，《大陸雜誌》2卷11期。

賈蘭坡：《周口店遺址》，《文物》1978年11期。

周口店北京人遺址博物館編，高星撰文：《周口店北京人遺址》，北京，美術攝影出版社，2004年。

裴文中：《龍骨山的變遷》，《裴文中史前考古學論文集》文物出版社，1987年。

謝又予、劉燕君、李容全等：《周口店北京猿人生活時期的環境》，《北京猿人遺址綜合研究》。

李濟：《北京人的發現與研究之經過》，《大陸雜誌》5卷7期。

裴文中：《北京人的失蹤》。

孫鐵剛：《中國舊石器時代》文史哲出版社，1985年。

賈蘭坡：《北京人》，《大中國百科全書・考古學本》，1986年。

英國 W. E. Le Gross Clark 著、楊希枚譯：《北京猿人》，《大陸雜誌》1卷1期。

李濟：《北京人的體質與生活》，《大陸雜誌》5卷10期。

李濟：《歷史圈外——Beyond the Bounds of History 評介》，《大陸雜誌》1卷8期。

吳新智：《山頂洞人的種族問題》，《古脊椎動物與古人類》2卷2期。

吳新智：《周口店山頂洞人化石的研究》，《古脊椎動物與古人類》1961年3期。

　　本文原載《牛頓雜頓》146期，1995年7月號，2005年8月增訂新資料。

青銅王國出土記

殷墟復原的乙 20 宮殿全景（河南省安陽市）

引文

在 100 多年前,西方學者尚不承認有商王朝的存在,因為商朝沒有如鐘鼎等傳世的文物可資證明,此時商朝被列於只有傳說,沒有實物的原史時代(Protohistoric Age)。

1899 年,甲骨文被發現後,始知商朝並非傳疑,而中國的信史也向上延伸了約 600 年。

國民政府時期,對商代晚期首都安陽殷墟發掘了 15 次,曾轟動世界。安陽殷都猶如特洛依(Troy)及龐貝(Pompeii)古城之再現於世。

中華人民共和國成立後,商早期首都(在河南省偃師縣)、中期首都(在鄭州市區)陸續為考古學家發現。尤以偃師縣的尸鄉溝商城遺址被聯合國教科文組織(UNESCO)列為 1983 年世界10 大重要發現之 1。

1996 年 5 月,啟動的夏商周斷代工程,是由歷史學、考古學、天文學和測定年技術等學科的專家學者聯手實施的系統工程,亦在 2000 年 11 月正式公布夏商周年表,夏代始年為公元前2070 年,商代公元前 1600 年,周代為公元前 1046 年;盤庚遷殷為公元前 1300 年。

2004 年偃師縣二里頭遺址又發現距今至少 3600 年的宮城,有完備的宮城城牆,嚴密的中軸線規劃,複雜的道路網體系,為中國宮殿建築形制的先河;而宮殿區南側又找到車轍痕,將中國用車的歷史推至距今 3700 年左右。

100 多年來,隨著考古學家對各地商遺址的發掘與歷史學者對商史的研究,商王朝之謎終於解開。

商族原始居地

商的遠祖居住在渤海灣一帶,範圍很廣。從大汶口文化〔山東泰安〕、龍山文化來推測,商族在母系氏族時期,可能是在山東一帶活動。後來一支向南遷徙就構成了江蘇北部和安徽南部一帶的大汶口文化(包括部分青蓮崗文化〔江蘇淮安〕),即可能就是古文獻上遠古的東夷族文化。

山東龍山文化的晚期有一支向北發展到河北省的北部與內蒙東部及遼寧一帶,構成了夏家店下層文化(以赤峰市松山區王家店鄉夏家店村為代表)。

進入河北省中部的這一支可能就是商文化的正身。從古史傳說上看這一帶正是商的遠祖契、昭明、相土、王恆、王亥等所居留過的地域。

先公時期

赤峰市夏家店下層文化城堡，這座城堡是殷商的祖先－古東夷族建造的。

商朝王室的先世始祖契，與禹同時，最初封於商（今河南商丘市，隴海鐵路與 1997 年通車的京九鐵路在此交會），因此以商為國號。

相傳契的母親簡狄，是帝嚳的第 2 個妃子，有一天她與其他兩位女子同到水裏洗澡，簡狄吞下了黑色鳥生下的蛋，因而懷孕生契，此即《詩經·商頌》：「天命玄鳥，降而生商。」鳥圖騰(Totem)是東方民族的特點。

從契以後，共傳 14 世 14 王（父子相傳）而到成湯（如從帝嚳算起，湯為第 15 世），是為商代的先公。此期間相傳曾 8 次遷都。

重要的先公及其事蹟有：相土作乘馬，並大啟疆宇，在泰山下建立東都；王亥（史記作王振，今從甲骨文）馴養牛，這對人民生活是一大貢獻。從王亥起到商朝最後一王實行用干

山東省泰安市，在泰山下，離大汶口遺址不遠，由大汶口及龍山文化推測，古商族曾在山東一帶活動，商的先公相土，曾在泰山下建立東都。

支給王命名的制度。王亥王曾遊牧於有易，被有易君綿臣所殺，子上甲微起兵殺綿臣，中興商族。

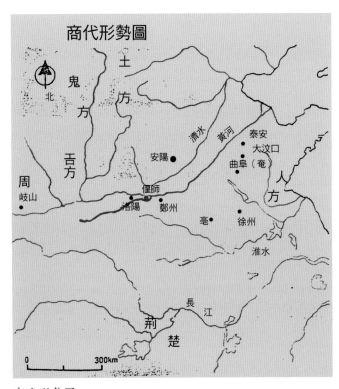

商湯像。繪者不詳《乾隆年製歷代帝王像真跡》。

商朝的建立及其興衰

一、先王時期

　　成湯（史記作天乙，甲骨文作大乙或唐）時，商人的力量已足以與夏朝抗衡，他得賢相伊尹的輔佐，實行仁政，以亳（河南內黃縣東南部亳城）為根據地，先消滅北方若干鄰族，如：葛（今河南寧陵縣）、韋（河南滑縣）、顧（山東范縣）、昆吾（河北濮陽縣）等，然後西征暴虐無道的夏桀，敗夏軍於鳴條（山西安邑），桀被放逐於南巢（安徽巢縣）而死。湯乃代之為天子。孟子認為湯的征伐是順乎天，應乎人的弔民伐罪之舉，謂之革命。

　　商朝從湯建國到帝辛（紂）覆亡，共傳17世30王，640年（公元前1751年～前1112年）。商朝年代眾說紛紜，今從董作賓《殷曆譜》及《中國年曆總譜》，因董作賓精通甲骨文及商史，並在天文學下過10年功夫，他提出的年代有學理與史料的依據。董作賓將商史分前後兩個時期，前期從商湯到陽甲共18王約353年；後期自盤庚15年（前1384年）到帝辛63年（前1112年）共12王273年。

　　商朝王位的繼承，以「兄終弟及」為原則，但限於嫡子。先傳嫡長子，即太子或稱小王，再依次傳嫡長子之弟，兄弟盡，方傳子，或還立長兄之子。在30位君主中，兄弟相傳的約居半數。這種制度的優點是國有長君，然易於釀成爭亂，所以最後5世皆以子繼父。

　　商朝自湯到紂王600多年間，國運曾經5盛5衰，並5次遷都，範圍皆不出今山東省的南半和河南省的東半。商人屢次遷都的原因，眾說紛紜，有說是當時仍為行國（遊牧）性質，有說是為避外患或水患，有說是適應國勢發展的需要。最後一次遷都是第19位王盤庚於公元前1384年自奄（山東曲阜市）遷殷（河南安陽市小屯一帶，當時也稱北蒙），此後直到商朝滅亡的273年間，商都始終在殷，因此商朝又稱殷朝。

　　商朝實行封建制度，商代諸侯

商代形勢圖

有侯、伯、子、男之分。諸侯對王室有征伐、戍邊、納貢、服役的義務，他們各有名號，即所謂「氏」，而以國為姓。姓是共號，代表同族；氏為分稱，代表同支。

商朝的疆域，以中原地區為中心，東到沿海，西到陝西，北到河北、山西，南到長江，位居「天下之中」，因此商人自稱「中商」或「天邑商」。殷人長於貿易，使用海貝與玉環為貨幣，後人因此將做買賣的人稱為「商人」。

湯在位 13 年，死後，外丙、仲壬相繼即位，不久即崩，第 4 個國王太甲（湯嫡長孫）嗣位，太甲無道，不遵守湯法，被伊尹放逐於桐（河南偃師縣西南）；3 年後太甲悔過修德，伊尹又把他迎回復位。

第 9 個國王太戊（亦稱大戊、天戊，湯的第 4 代孫）即位於公元前 1643 年，任用伊尹的兒子伊陟為相，修德勤政，使勢力衰微的商朝得以復興。太戊在位 75 年，為商朝在位最久的國王。

第 10 個國王仲丁將都城由亳遷到隞（亦作「囂」），可能是今鄭州市城區的商城，仲丁在位 11 年。

第 12 個國王河亶甲（湯的第 5 代孫）為迴避蘭夷的擾亂，把京城由囂遷到相（亦即今河南內黃縣亳城，與商湯時的亳為同一地）但又遭到北方的班方對商的侵擾，於是商朝集結大軍全力反擊，取得不少勝利。河亶甲在位 9 年，死後，其子祖乙繼位，為完成父業，任用巫賢為相，把國都遷到耿（今河南省溫縣東部），繼續征伐蘭夷、班方，經過 10 多年的戰爭，終於戰敗了蘭夷和班方，史稱「祖乙中興」（甲骨文，商中宗為祖乙；《史記》則作太戊）。祖乙在位 19 年。

二、後王時期

(1)盤庚遷殷

第 19 個國王盤庚，為湯的第 9 代孫，在位 28 年，是 1 位很有政績的國王，他看到以往商王室奢侈無度，政治腐敗，國勢衰頹，內亂時起，所以即位後，為了擺脫政治困境，決定選擇有利於重振朝綱和長遠發展的地方，建立一個基礎穩定的新都，但遭到貪圖安逸的貴族和一些自由人的反對，盤庚便召集他們到宮廷，親自說明遷都的好處，這次講話題為《盤庚》。經勸導後，貴族和自由人才勉強跟隨盤庚將國都由奄遷到殷。

遷殷後，盤庚建設了儉樸宮室，一切費用都盡量儉省，那些貴族們感到沒有過去舒服，便散播謠言、搬弄是非，挑唆人們對遷都不滿。對此，盤庚又作了兩篇《盤庚》勸告大家：只有勤勞儉樸，度過困難，生活才能富裕安定，國家才能強大。同時盤庚還進行一系列改革，大力發展農業、手工業、商業和文化等，以安定人心，使商朝得到鞏固和發展，殷都也成為商朝後期的政治、經濟和文化中心，也是中國史上第 1 個有穩定疆域的、長期定居在一個地方的國都。

殷高宗武丁像（明・王圻：《三才圖會》）。

盤庚死後，弟小辛、小乙相繼嗣位，商政復衰。直到小乙的兒子武丁，國家再度大治。

(2)武丁中興

武丁少年時被送到距殷都百餘華里的林慮山（河南省林縣）一帶，和平民一起生活，學會謀生的本領，養成簡樸的生活習慣，還和一名叫傅說的泥水匠（夯土版築工人）做了好朋友。

武丁於公元前1339年當上商朝第22個國王，有傅說盡力地輔佐，又有王后婦好領兵征伐。他修明政治、發展生產、充實國庫、富國強兵，深受臣民擁護。對外，先後征服了土方（夏民族）、鬼方（位於陝西省北部）、舌方（位於陝西中部稍北）、羌、夷和南方的荊楚、虎方等國，使商朝的國勢達到鼎盛時期，史稱「殷道復興」。武丁在位59年，死後廟號為「高宗」。

本文的年代悉根據董作賓的《殷曆譜》及《中國年曆總譜》，近年大陸的「夏商周斷代工程」專家學者判定商王武丁在位大致年代應為公元前1250年至公元前1192年之間。

(3)商紂覆亡

第30個國王帝辛，也就是紂王，於公元前1174年即位，在位63年，是商朝最後一個國王。

紂王當政初期曾攻克東夷，開發東南，在歷史上有大功績。但他貪酒好色，橫徵暴斂。為了享樂，從殷都南到朝歌（河南淇縣），北到邯鄲，到處建造尋歡作樂的行宮別館，把大片的良田變為他放養飛禽走獸，狩獵遊玩的圍苑。他所居的王宮用玉石作門、黃銅作柱，還在朝歌宮苑內建造高10丈的鹿台，其富麗堂皇的裝潢遠超過夏桀的瑤台。他還在鹿台下造酒池、肉林，讓男女裸體在裏面追逐嬉戲，醉飲狂歡直到通宵達旦。這種窮奢極欲的生活令人民怨聲載道，諸侯日見背叛。於是紂王制定了許多慘不忍睹的刑罰來恐嚇人民。如死刑中不僅將人殺死，還將人剁成碎塊稱為「肉脯」，或將人燙死，稱為「炮烙」等。

更殘酷的是他不聽其叔父比干忠心的勸諫，竟慘無人道地剖開比干的肚子，取其心來觀看。暴君的殘虐終使眾叛親離，周武王起兵伐紂，在牧野（河南淇縣南）大戰中，商軍陣前倒戈而慘敗。紂王見大勢已去，逃到鹿台之上，

點火自焚，商王朝滅亡。

甲骨文的發現與抗戰前殷墟的發掘及其研究

　　甲是龜甲，骨是獸骨，刻在其上的文字稱為甲骨文。殷墟甲骨文是商朝後期（公元前14～前12世紀）王室占卜記事之遺物，100多年來出土16萬片左右，由於中國古代典籍中有關商代的記載很少，所以殷墟甲骨文成為研究商史的第一手珍貴資料。近30年來，在陝西周原、灃西、北京昌平和山西洪趙等地不斷有西周甲骨的發現。

　　商朝人相信神鬼，遇事都要向神鬼問卜。占卜之前，先把龜甲和牛肩胛骨鋸削刮磨整齊，然後在甲骨的背面挖出圓形的深窩或鑿出梭形的淺凹槽，通過一定的宗教儀式把卜問的事情告知神鬼後，用燃燒的木枝在圓窩中或凹槽的側旁燒灼，於是在甲骨正面的相應部位就會顯出裂紋來，這稱卜兆。根據裂紋可判斷事情的吉凶。占卜完畢有時用刀子把占卜的吉凶情況及應驗與否的結果刻在卜兆的近處，有時也用朱或墨書寫在甲骨上，所以甲骨文也稱卜辭。甲骨文是一種進步的文字，它們是漢字的前身，象形、會意、形聲、指事、轉注、假借，六書具備、甲骨文單字有4500多個，但被人識讀的只有1700多個。

　　清光緒 25 年（1899年），甲骨文首先被國子監祭

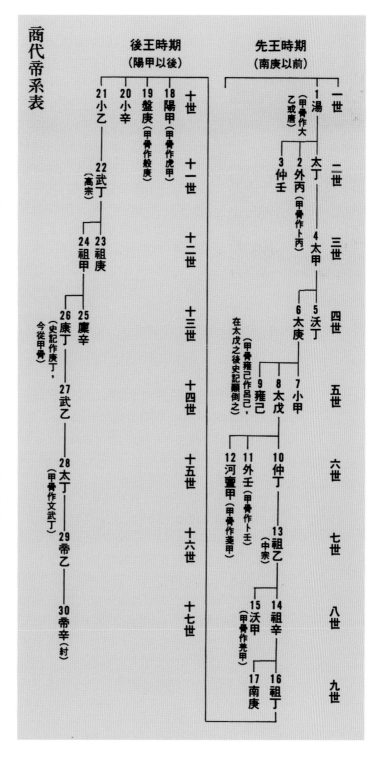

商代帝系表

後王時期（陽甲以後）　　先王時期（南庚以前）

甲骨文（一）

甲骨文（二）

酒（國立大學校長）王懿榮發現，他是一位傑出的文字學者（但於第 2 年，八國聯軍攻陷北京後殉職）。他家人為治療瘧疾，便到北京宣武門外菜市口附近的達仁堂藥店買藥，從藥方中他發現「龜版」上有古字，感到十分驚異，這些字他雖不認識，但立刻被吸引住，就命僕人到原藥店，將所有的「龜版」買回。

在此之前，河南省安陽縣小屯村北地濱洹水的農田裡即時有甲骨出土，小屯村人初以為藥材，檢拾售予藥店謂之「龍骨」。村民李成，一生即以售「龍骨」為業。「龍骨」多半皆有甲骨文字，售法有零有整，零售粉骨名曰「刀尖藥」，可以醫治創傷。每年趕「春會」出售，整批則售予藥材店，有字的，多被刮去。

劉鶚（字鐵雲）客遊北京，住在王懿榮私第，獲知甲骨文。清廷大官端方也收集甲骨，但沒有實際的學術影響。

光緒 29 年（1903 年），劉鶚就其所藏 5000 餘片甲骨選拓 1058 片，除去重出 3 片，偽刻 4 件外，實收 1051 片，編為《鐵雲藏龜》一書，共 6 冊，由「抱殘守缺齋」石印，這是第 1 部著錄甲骨的書；第 1 部研究甲骨的專著，則為孫詒讓撰的《契文舉例》2 卷，內容分為月日、貞卜、卜事、鬼神、卜人、官氏、方國、典禮、文字、雜例，共 10 類。

第 1 個考訂甲骨出土地點的是羅振玉。他追蹤訪查甲骨出土地點為安陽小屯。光緒 34 年（1908 年）羅振玉經多方打聽，終於探明甲骨出土地並非古董商稱的湯陰縣、衛輝縣，實為安陽洹水畔的小屯村，即《史記・項羽本紀》所載：「洹水南，殷虛上」。他在《殷虛古器物圖錄序》中說：「光緒戊申，予既訪知貞卜文字出土之地為洹濱之小屯，是語實得之山左估人范某」。

清宣統元年（1909 年）安陽小屯人在村前張學獻的地域內挖溝，發現許多甲骨，均由羅振玉購去。宣統 2 年（1910 年）羅振玉撰《殷商貞卜文字考》刊行，確認甲骨實為「殷朝王室之遺物」，但僅把小屯當作「帝乙之墟」。次年，他又派人到安陽收購甲骨。

民國元年（1912 年），羅振玉編《殷虛書契前編》，民國 3 年（1914 年）又編著《殷虛書契菁華》、《殷虛書契後編》（民國 5 年，1916 年）、《殷虛書契續編》（民國 23 年，1934 年），4 部書共收錄甲骨 5000 餘片，這是殷墟發掘之前零星出土甲骨的最重要集錄。

民國 4 年（1915 年）羅振玉親赴安陽與洛陽考查古蹟，寫下的日記於 25 年（1936 年）由蟫隱廬書店石印，書名《洹洛訪古遊記》。

民國 6 年（1917 年）王國維發表《殷卜辭中所見先公先王考》和《續考》，是甲骨研究的重大進展；加拿大人明義士(James Mellon Menzies, B.A. Sc.)編《殷虛卜辭》一冊，也在同年出版，他 1914 年在安陽任長老會牧師時，考察古物出土情況，收購甲骨。

民國 14 年（1925 年）王國維著《古史新證》出版，他在該書中根據卜辭指出「盤庚以後，帝乙以前，皆宅殷墟」。

從民國 17 年～26 年（1928 年～1937 年），中央研究院歷史語言研究所考古組，對殷墟進行了 15 次有組織有計畫的發掘，累計發掘面積達 46000 多平方公尺，出土了 24794 片甲骨、大批其他文物及建築基址（包括王陵區大墓 11 座、小屯北地建築基址等），先後主持發掘工作的有董作賓、李濟、郭寶鈞、梁思永、石璋如等。

在這期間，有關甲骨重要論著出版的有郭沫若的《甲骨文字研究》和《卜辭中的古代社會》（1929 年出版）、《殷契粹編》（1937 年）；董作賓的《甲骨文斷代研究例》（1932 年）；孫海波的《甲骨文編》（1934 年）。以上是抗戰以前甲骨文的出土、研究與殷墟的發掘概況。

民國 28 年（1939 年）時在安陽武官村吳玉瑤的地裏出土商代司母戊鼎，通高 1.33 公尺，器口長 1.10 公尺，寬 0.78 公尺，重 875 公斤，是中國古代最大的青銅器，在器腹壁鑄有「司母戊」3 字，因恐日軍奪取，又原地掩埋，民國 35 年（1946 年）重新掘出，由安陽縣政府保存，現存北京中國國家博物館。

抗戰勝利前後，胡厚宣的《甲骨學商史論叢》（1944年）、董作賓的《殷曆譜》（1945 年）出版了。

司母戊鼎　北京，中國國家博物館藏。

1949 年以後安陽的發掘、研究與出版

1950 年 4 月 11 日，中國科學院派出郭寶鈞率領的發掘團前往安陽，恢復中斷 13 年的殷墟發掘工作。發掘了武官村大墓等。武官村大墓共埋殉葬人 79 個，以及禽獸和其它隨葬品。以後殷墟的發掘工作由中國科學院（即今之中國社會科學院）負責，每年均有可觀的成績。

1959 年～1960 年在鐵路苗圃北地的鑄銅遺址發掘總面積 1 萬平方公尺以上，出土房屋基座、坩鍋、陶範以及其他鑄銅的碎片。製銅、燒陶、製骨被稱為商代的 3 大手工業。

1971 年在小屯村西南，出土 21 塊牛肩胛骨卜辭，其中有文字的 10 塊，最多的 1 片達 60 個字。

1973 年 12 月，在小屯村南地發掘出卜甲、卜骨 7150 片，其中有刻辭的 4511 片，是 1949 年以來發現有字甲骨最多的一次，後編撰《小屯南地甲骨》（上冊 1981 年出版，下冊 1984 年出版）。

1976 年春，在武官村大墓的南側發現祭祀坑 250 座，發掘了其中的 181 座，連同 1959 年發掘的 10 座，發現上千人牲。同年 5 月，發掘安陽小屯村北婦好墓，出土文物 1928 件，其中銅器 468 件，玉器 755 件，十分珍貴，這是殷墟發掘的唯一保存完好的殷代王室墓葬，也是唯一能與甲骨文與歷史文獻連繫在一起的商代王室墓。發掘收穫研究後編為《殷墟婦好墓》（1980 年出版）。

1978 年，郭沫若主編的《甲骨文合集》開始出版，至 1983 年全部出齊，

共 13 冊。

1979 年在後岡又發掘了 600 平方公尺，發現房屋基址 38 座，發掘出土器物大部分是陶器，多達 1000 多件。

在臺灣研究甲骨文及殷墟以董作賓、李濟的成就最為可觀，董作賓的著作集成《董作賓學術論著》（世界書局 1962）、《平廬文存》（藝文印書館 1963）、《董作賓先生全集》（藝文印書館 1978）。

李濟重要的中文著作有《李濟考古學論文集》(1977)，英文有《中國文明的起源》(1957)、《安陽》(1977)。

另外，高去尋、石璋如、張光直、嚴一萍、李孝定、張秉權、金祥恆、朱歧祥、蔡哲茂，也都有豐碩的研究成果。在世界學術界已有 1000 餘人投入殷墟及甲骨研究。

商代的社會與文化

殷商社會是父系社會，重男輕女，一般多聚族而居，每族自成一社會單位（氏），貴族擁有奴隸服勞役。

商自遷都於殷後，進入農業生活，以穀食為主，喜飲酒，一切祭祀均需有酒。居住方面，一般多穴居；王宮宗廟則建築於地面上，以石或銅作基礎，牆以夯土版築，屋頂用茅草或木板，當時似無磚瓦。

衣著方面，繅絲、績麻業已盛，衣服多為絲質或麻料，也有皮製的。

殷墟出土的動物中，家畜及野生動物均多，甲骨文中常有狩獵記載，可知商人喜好狩獵。飼養家畜及遊牧也是他們重要的生活方式之一。

商代主要生活用具為銅器。殷墟有大批銅、陶器等出土。銅器製作的技術很高，種類繁多，已進入銅錫熔合，硬度較高的青銅階段。製成的器物有兵器、禮器、食器、飲器、樂器。有些銅器上的紋飾極華麗複雜，以動物圖紋居多。

農具有耒、有耜，多為木或石製，可能也有銅製。陶器則以灰、白陶為主，刻有花紋，間或施釉。玉、石、象牙、骨及蚌貝類的雕琢鑲嵌，精美妙肖，玲瓏巧緻，工藝進步。

殷商曆法以 12 月為 1 年或 1 歲，小月 29 日，大月 30 日，365 又 4 分之 1 日為 1 年，而以餘日置閏。1 年分春、夏、秋、冬 4 時。

商代王都遺址

一、河南省商丘市

舜封契於商，居於亳（南亳，即商丘）顧名思義商丘與商朝首都應有關連。根據 Discovery Channel 報導：20、21 世紀之交，中外考古隊曾探勘出商都城牆。而商丘及附近亳州市均有成湯疑冢。

二、殷墟概況——龐大的地下博物館

經過近 80 年的鑽探和發掘，基本上殷都遺址的輪廓已清。殷都的中心是殷王宮殿區，坐落在洹河南岸和小屯村一帶。在小屯北邊和東邊有洹水流過，是天然屏障。在小屯村西和村南，發現有 1 條人工挖成的大壕溝，寬約 7～12 公尺，深 5～10 公尺，兩端與洹河的彎曲部位相連，使壕溝與河道構成 1 個長方形的防禦設施，南北長為 1000 多公尺，東西寬為 600 多公尺。

環繞中心區的四周，在洹河南岸的孝民屯、四盤磨、王裕口、後岡和北岸的大司空村等地，發現有密集的居民點、墓葬和大批手工業作坊遺址。在王宮、貴族和平民住房附近，還發現許多水井、道路、儲物的窖穴等。道路是用碎陶片和鵝卵石混合鋪砌，或單用鵝卵石鋪成，沿邊還有夯打的遺跡。殷墟總面積 24 平方公里。

以殷墟出土的甲骨文記載，可證明這裏是殷都，而且還有城垣記載，惟未發現城垣遺址。

(1)殷宮遺址

位於小屯村北，這裡發現有 56 座王宮建築基址，分別屬於甲、乙、丙 3 組。這些基址分布在南北長約 280 公尺，東西寬約 150 公尺的範圍內。

建築物都是建立在厚厚的夯土台基上，由夯土牆、木質樑柱、門戶廊檐、草秸屋頂等部分構成。平面有正方形、長方形、凸形、凹形，面積最大的為 1232.5 平方公尺。這些基址的方向，有南北向和東西向兩種，基址有的排列成行，有的互相連接，並已有了東西、南北屋兩兩相對，中為廣庭的四合院布局。

(2)殷王陵區

洹河北的西北岡、前小營、武官村、侯家莊一帶便是殷代王陵區，先後掘出 11 座殷王大墓。王陵占地面積都很大，有的竟達 1000 多平方公尺。其中 1 座編號 1001 號，呈「亞」字形，墓口南北長 18.9 公尺，東西寬 21.3 公尺，深 10.5 公尺。4 側帶 4 個斜坡墓道，東西墓道均長 11 公尺，南墓道長 30.7 公尺，北墓道長 19.5 公尺。墓室底部 4 角有 4 個殉葬坑，每坑埋 1 個侍衛和 1 狗 1 戈。槨室頂部殉奴隸 11 人，墓道中挖掘無頭屍 61 具，人頭 73 個。此墓曾被盜過，但仍出土有銅鼎、銅戈、銅瓿等不少隨葬品。

根據 2005 年 5 月 26 日新華社報導：考古工作者經過 5 個月的發掘，最近在距殷墟宮殿宗廟區西約 3000 公尺處，一次發掘出 7 座商代晚期車馬坑，其中有 5 座一組排列的貴族殉葬車馬坑。並發現一雙面刃青銅短劍，均屬殷墟一百多年考古發掘中的首次發現。

(3)後岡遺址

在殷王宮區東南的 1 處岡地，1931 年開始發掘，1949 年前共掘過 4 次，1949 年後又發掘多次。在後岡遺址發現了 3 種文化在地層上的先後疊壓關係，

商代的馬車模型。河南省安陽市殷墟博物苑模型。中國用車的歷史可推至距今3700年左右。

上一層是白陶文化，即小屯文化；中層是黑陶文化，即龍山文化；下層是彩陶文化，即仰韶文化，因而從地層上解決了3種文化的相對年代問題，也就是仰韶在先，龍山居中，商代文化在後。

(4)花園莊遺址——真正的殷墟？

根據1999年6月1日新華社報導：考古學家認為，商朝盤庚遷都於殷，地點應不是目前公認的安陽以小屯村為中心的殷墟，而是小屯村以北2公里外的花園莊一帶。

新華社報導，中國社科院考古研究所派駐安陽的考古工作隊負責人唐際根、徐廣德說，經過勘察鑽探發現，花園莊及附近4個自然村的商代遺址，面積達150萬多平方公尺，規模等於「第2個殷墟」，地下文化遺產十分豐富。

經過1997年和1998年的2次發掘，發現遺址核心部位分布著大片夯土建築基址，分析發現這個遺址的年代，介於商代早期的鄭州商城二里岡期商文化與商代後期小屯殷墟期商文化之間，特別是主體部分的文化堆積年代處於較早階段，屬中商時期，並有大面積的夯土建築墓地，出土的青銅器中有鼎等王室禮器。

武丁王后婦好墓。在宮殿區附近,是殷墟發掘的唯一保存完好的殷王室墓葬,也是迄今唯一能與甲骨文與歷史文獻聯繫在一起的商王室墓葬,出土青銅器等文物1928件(貨貝除外)。

殷墟洹水。《史記·項羽本紀》:「洹水南,殷虛上」早已指出洹水南即殷墟。而洹水北為殷王陵區。

據此推斷，洹北花園莊遺址有可能就是盤庚所遷的殷。

至於小屯村殷墟遺址，唐際根、徐廣德認為，這裡是商代後期都邑，屬盤庚、小辛、小乙諸王之後的武丁及其後各王居住地。理由是小屯殷墟一帶經過數十年考古發掘，主體出土古物均屬武丁及其後的帝乙、帝辛時期，沒有發現武丁以前的宮殿遺址、王陵和甲骨卜辭。

他們指出，目前出土文物證據仍未充分，盤庚遷殷究竟在花園莊還是小屯村，只能待今後的考古發掘最後認定。

三、河南省偃師縣二里頭遺址──前期為夏文化、後期早商文化？

二里頭遺址是目前所發現年代最早的 1 座青銅時代都邑遺址。它位於洛

陽盆地東部，今偃師縣西南 9 公里的二里頭村一帶。遺址的面積約 3.75 平方公里，發現於 1959 年。這裏發現的二里頭文化是介於河南龍山文化和鄭州二里崗期商文化之間的一種古代文化。遺址的文化堆積層很厚，最厚達 4 公尺。有 4 期文化遺存。

已出土的有宮殿基址、鑄銅、燒陶、製骨等手工業作坊遺址，發現有相當數量的房基、窖穴、墓葬等遺跡遺物，有銅器、玉器、骨器及大量的石器、陶器等，此外還發現有陶文、陶製藝術品、樂器、麻布和海貝等。

二里頭遺址的兩座宮殿基址均建於二里頭文化第 3 期，在建築方法和布局上有許多相似之處，是布局嚴謹、主次分明的宮殿建築群，其平面設計為中國宮殿建築的濫觴。

2004 年，考古工作隊又在宮殿區外圍探明了 3 條垂直相交的大路確認其圍起的宮殿區面積為 12 萬平方公尺左右，又發現宮城城牆的線索。

目前學術界對此遺址有不同看法，主要有兩種觀點：一是認為它是湯都西亳，或是商湯滅夏以後的行都；另一種是認為它是夏代都邑（疑為夏都斟鄩）。較綜合的觀點是二里頭文化遺存第 1、2 期可能是夏文化，第 3 期遺存則出現 1 組與鄭州二

二里頭宮殿遺址附近景觀

二里頭宮殿復原圖及早商用處
（遠處）（偃師商城博物館展覽）

偃師商城博物館。內典藏二里頭及尸鄉溝出土文物。

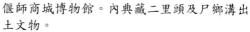

233

尸鄉溝宮殿基址模型。偃師商城博物館展覽之模型。

鄭州商城遺址

里岡商文化的典型器物一致，表明其年代已進入商代。而二里頭文化晚期的偏晚階段（第 4 期）的大型建築基址也有發現。二里頭遺址為目前探索夏文化和夏商王朝分界的關鍵性遺址。

四、偃師縣尸鄉溝商城遺址——湯都西亳？（聯合國列爲 1983 年世界 10 大重要發現之 1）

班固：《漢書・地理志》偃師縣條目下注曰：「尸鄉，殷湯所都」。唐代《括地志》：「湯即位居南亳，後徙西亳」，「亳邑故鄉在洛州偃師縣（指偃師老城）西 14 里……商湯之都也」。

尸鄉溝商城，西距洛陽市 30 公里，與偃師縣城毗鄰，於 1983 年發現並進行探勘和發掘。整個城址均覆蓋在現今地表之下 1～4 公尺不等。城垣平面略作長方形，已找出 7 座城門，城垣南北長約 1700 公尺，東西寬約 740～1215 公尺，殘留高 1～3 公尺，南城牆可能被洛河沖毀，總面積約 190 萬平方公尺。

在城內鑽探出有縱橫交錯的道路，已探出 11 條，東西向 5 條，南北向 6 條，路面一般寬約 6 公尺，最寬 10 公尺。道路與大門方位大致對應，構成棋盤式交通網絡。

城內中部偏南，築有小城3座，宮城居中，平面近方形，4邊圍牆分別長約：176公尺（北）、230公尺（東）、233公尺（西）、216公尺（南），面積4.5萬平方公尺。南牆正中有1大門，宮城中部有1座大型宮殿基址，附近還分布若干建築基址，有的自成一體，有的左右對峙，形成一個宮廷建築群，包括正殿、東、西、南廡、庭院、大門和西側門組成。

正殿位於北部居中，長 36.5 公尺，寬 11.8 公尺，高出當時地面 0.4 公尺。台基上發現有塗抹黃泥的牆皮，台基南側有 4 級夯土台階，有的台階兩側還豎立著石板。

正殿兩側為東、西廡，互相對照，廡後皆為木骨泥牆。正殿與三廡之間為庭院，東西 40 公尺，南北 14 公尺。這是 1 座自成一體的封閉式建築。

尸鄉溝商城城垣始建於二里岡下層期，城址內的文化遺存非常豐富，有居住遺址、墓葬中出土的青銅器及大量的陶、石、蚌、骨器等生活用具和生產工具，年代與二里岡期相當，因此這座城址的年代當屬商代前期。

對於此城性質也有兩種不同說法：即前述它是湯都西亳，持此說者，改變了偃師二里頭為西亳的觀點；另一說則認為尸鄉溝商城是商早期的離宮——即太甲所被放逐之處桐宮所在。堅持二里頭為夏都，鄭州商城為湯都。

五、鄭州市區商城遺址——疑仲丁都城隞（囂）

對鄭州商代文化的認識是在 1950 年發現二里岡遺址而開始的。發掘該遺址時，出土文物表現出同安陽殷墟文化有共同的特徵，又有較早的特點，地層關係也證明，二里岡遺存早於安陽殷墟文化，因此稱之為「二里岡期商文

鄭州三角公園商代遺址（後有城牆）

化」。其堆積分上下兩層，文化面貌又有區別，所以分別稱為二里岡上層期和下層期。

後來在鄭州南關外遺址新發現了早於二里岡下層的文化遺存，稱為「南關外期」。又在鄭州白家莊遺址發現有晚於二里岡上層期的文化遺存，稱之為「白家莊期」。由此，鄭州文化大致可分為 4 到 5 期；其分布廣泛，東起鳳凰台、西至西沙口、北至花園路、南到二里岡的整個鄭州市區，面積達 25 平方公里。

鄭州商城城垣的平面呈長方形，北牆長 1690 公尺，西牆長 1870 公尺，東、南兩牆各長 1700 公尺，保存在地面上的殘垣高 1～6 公尺，寬 20 公尺左

湖北黃陂縣盤龍城商代遺址

湖北黃陂縣盤龍城出土商代文物

右。在 4 側城垣上發現有 11 個缺口，有的可能是城門。夯土城牆的建築年代，最初推定在二里岡下層期，後來又有人推定在「南關外期」。

在城內外有豐富的文化遺存。城內東北部是宮殿遺址區，其它地方還有小奴隸主和平民居住區。城外分布著各種手工業作坊遺址、居民點、祭祀坑、窖藏、墓葬等遺跡。出土有石器、蚌器、骨器、玉器、銅器、陶器、原始瓷器及刻字甲骨和陶文符號等遺物。

鄭州商城雄偉的城垣和高大的宮殿是統治權力的象徵，這些重要遺跡的發現和大量珍貴文物包括青銅器及兩片有字甲骨出土，確定了鄭州商城是商代 1 座都邑遺址。

學術界對鄭州商城性質的看法主要有兩種觀點：一種是力主偃師二里頭為湯都西亳說者，認為鄭州商城是商代中期「仲丁遷隞」的隞都；另一種是主張偃師二里頭為夏都說者，認為鄭州商城是商代早期的湯都鄭亳。

另外：湖北黃陂縣盤龍城，城址面積 8 萬平方公尺，年代屬於 3500 多年前的商代前期，四周尚有土築城垣，城內有 2 座宮殿基址，城外 100 餘萬平方公尺分布平民區、作坊、墓地，有大批青銅器出土。疑為一諸侯國都城。

結論

全國各地的商代遺址被探知的已約有 300 處之多。甲骨文也有了 16 萬多

片，每片以 10 字計，即有 160 萬字；銅器也出土了 1000 件左右，但銘文（金文）字少，通常 1 件 1、2 字居多，十幾個字或幾十個字則十分少見，最長的則有 50 字；及由各遺址出土的其他文物，可謂非常豐碩。

學者們對商代的認知，隨著出土文物的種類常有驚人的發現，根據中央電視台國際頻道 2005 年 6 月 30 日報導，中國考古人員在著名的河南安陽殷墟大司空遺址內，發現了一處用於冷藏物品的凌陰遺址。該遺址是在一個深達 2 至 3 米的窖穴底部，再向下挖的一個長方形坑，此坑深達 6 米多，坑底的溫度比地面溫度低 6 攝氏度至 10 攝氏度。

而又根據同電視台 2005 年 8 月 1 日報導，河北省的考古人員在涉縣縣城附近發現商代遺迹，出土了 40 多件陶器、石器和骨器，其中包括占卜用的動物肩胛骨。這是在附近地區首次發現商代遺迹，這一發現擴大了太行山區商周文化的分布範圍，豐富了太行山區商周文化的內涵。

典籍文獻、考古文物、古文字學為商史的重建奠立基礎，已揭示了 3000 多年前不少的歷史真貌。但是，長達約 600 年且統治遼闊疆域的商朝，應該還會有更多的地下史料尚待發掘，將來商史的科際整合研究，會有輝煌的一片天地。

〔參考資料〕

《史記·殷本紀》。王國維：《觀堂集林》。《董作賓先生全集》。《李濟考古學論文集》。

李濟著、蘇秀菊及聶玉海譯：《安陽》中國社會科學出版社，1990 年。

安陽旅遊協調小組：《古都安陽》河南人民出版社，1987 年。

孫英民、李友謀主編：《中國考古學通論》，1990 年。

孫淼：《夏商史稿》文物出版社，1987 年。

彭邦炯：《商史探微》重慶出版社，1988 年。

王玉哲：〈商族起源和活動地區〉，《歷史研究》1984、1。

胡厚宣：〈甲骨文土方為夏民族考〉，《殷墟博物苑苑刊》創刊號。

陳全方、尚志儒：〈陝西商代方國考〉，《殷墟博物苑苑刊》創刊號。

中國科學院考古研究所二里頭工作隊：〈河南偃師二里頭早商宮殿遺址發掘簡報〉及〈河南偃師二里頭二號宮殿遺址〉，《考古》1974、4 及 1983、3。

趙芝荃：〈二里頭遺址與偃師商城〉，《考古與文物》1989、2。

鄒衡：〈偃師商城即太甲桐宮說〉，《北京大學學報》1984、4。

安金槐：〈試論鄭州商代城址──隞都〉，《文物》1961，4～5 期。

謝敏聰：《中國歷代帝王陵寢考略》，台北，正中書局，1976 年。

按本文原載《牛頓雜誌》165 期，1997 年 2 月號。2005 年 8 月根據新出土資料增訂。

周族與西周王朝

── 先周、西周史探微
──《易經》、《詩經》故地巡禮

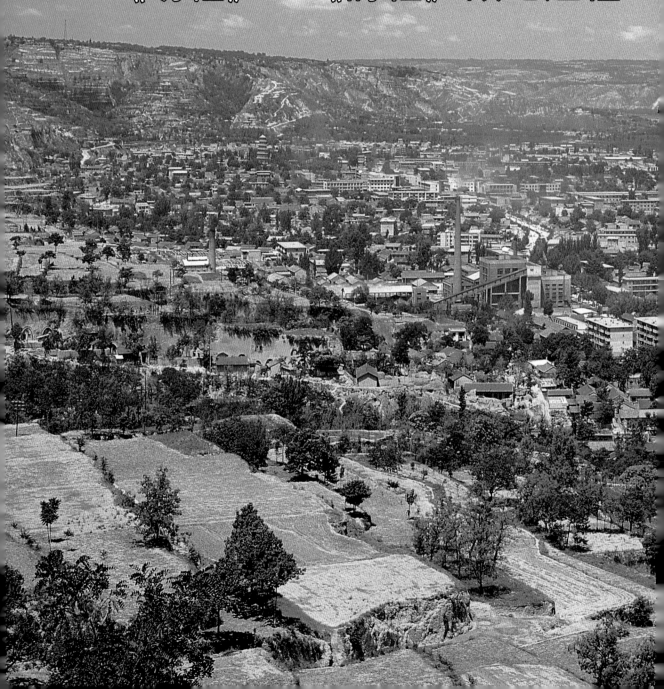

陝西省彬縣縣城。周族至公劉之世，遷到涇水中游的
豳地（即今彬縣、栒邑、長武一帶），聚邑相地，發
展農業，部落迅速發展起來。唐玄宗以「豳」易與
「幽」混淆，乃改為「邠」。1964年考慮到「邠」字
冷僻，改邠縣為彬縣。縣城為黃土高所環繞。

引言

　　周族是中國古代的 1 支重要部族，它所建立的周朝則是中國上古的王朝之一，也是有確切紀年可考的中國第 1 個朝代。周族的發祥地點至今仍爭論不休，迄無定論。西周享國約 340 年左右，但傳世文物、典籍很少。1949 年以來的考古發掘，取得豐碩成果，彌補了史料稀少的缺憾。

　　尤其在 2003 年陝西省郿縣出土的「單氏逨盤」，有 372 字銘文，西周的 13 位王，有十二位出現在銘文上，為考古史上第 1 次清楚勾勒出西周的歷史輪廓。

　　2004 年陝西岐山縣周公廟發現 214 座貴族墓葬，其中具四條墓道的華貴墓葬 10 座，2005 年鳳翔縣桿橋鎮水溝村又發現具有王都規模的古城。為認識西周王陵、都城等，提供依據。

　　本文作者為探訪周族的發展，特沿周族起源、遷徙與定都的路線，對先周及西周的故址，作一次地理考察，並參互考古報告、典籍文獻、傳世文物及近人研究專論加以整合，試圖重建先周與西周的歷史真貌。

周族起源

　　周人的起源，一直是歷史學界、考古學界注重的問題之一。周族發祥地和周先世活動地區，有「陝甘之際的涇、渭水中、上游說」和「山西西南部汾水中、下游說」兩種。

　　1930 年代，錢穆教授提出了周族本居住在山西省南部的新絳、聞喜一帶的汾水流域，後來在古公亶父的時代才開始向陝西省境內遷徙。

　　贊成錢穆教授說法或在錢說的基礎上加以修改申論的學者就有呂思勉、陳夢家、鄒衡、李仲立、徐中舒、許倬雲、王玉哲、李民、楊升南、劉起釪、方述鑫。

　　另外一說即「陝西說」，一般傳統學者多持這種說法，歷來古書注家都認為后稷始封之邵在今陝西省武功縣，此說即周族起源於陝甘地區的涇渭流域的「土著說」，公劉時代才遷到豳（今陝西省彬縣）定居，古公亶父時又遷居到岐山下的周原。採用此說的有齊思和、丁山、郭沫若、范文瀾、翦伯贊、白壽彝、金景芳。而由於考古發掘資料的關係，在考古學界支持「晉南說」的只有王克林一人。

　　本文的撰寫係採用「傳統說」，即「陝西說」，所述先周地點均在陝西省境內。

　　商周 2 族在語言、文字、生活、風俗習慣如束髮與席地而坐都相同，銅器造形如鼎、鬲、爵、尊，兵器如戈、矛、弓、箭形制也大都相同，被認為是周族不斷商化的結果。

周朝開國神話

　　周王室的始祖后稷，名字叫棄，他的母親是有邰氏的女子，名字叫姜原。姜原是五帝之一的帝嚳的正妃。有一天姜原到野外，看到巨人的足跡，心裡很喜悅的去踩它，踩了之後，就懷孕了。

　　過了一段時期，產下了一名孩子，被認為是不吉祥的，因此把他丟在窄巷，但馬、牛經過都避開而不踏到他；把他移到樹林裡，林裡人多；又把他丟在結冰的溝渠上，飛鳥們用牠們的翅膀為孩子蓋著墊著。姜原以為很神異，於是抱回來養育，使他成人。因當初要放棄他，因此取其名為棄。

　　棄在兒童時代，就有如巨人的志向。他在遊戲的時候，喜歡種植麻、菽（豆子），麻、菽都長得很好，也因此他成年後喜歡農務，會勘察土壤的特性，選擇適合栽種穀類的地方來耕作，人民皆依他的方法去種地。唐堯聽到了就拔舉他當農師，天下都得到他的好處，立了大功。帝舜說：「棄，過去老百姓時常飢餓，你后稷播植百穀後，百姓已能吃飽。」於是封棄於邰（邰亦作斄，今陝西省武功縣南漆村傳即古斄城），以「后稷」為稱號，另外以「姬」作姓氏。后稷興起的時代約在陶唐氏（堯）、有虞氏（舜）、夏禹的時候，他們都有很好的德行。根據考古發掘，今武功縣的尚家坡、鄭家坡、

教稼台，陝西省武功縣東門外。根據《史記》記載，周始祖名棄，生於虞夏之際，因善於播時百穀，被舉為農師，封於有邰（今陝西省武功縣）。

黃家坡、二水寺和柴家嘴，都發現先周文化遺存。

先周與羌的文化關係

《詩・大雅・生民》篇中，周人在追述自己祖先的遠古歷史時曾說：「厥初生民，時維姜嫄」。在周人的心目中，姜嫄是他們最早的祖母，姬周部族是由姜姓部族分衍出來的。周人始祖后稷的兒子不窋就奔居在戎狄之間，以至古公亶父十幾代人都活動在犬戎之間。早期青銅文化時期，甘肅、青海地區一些祖源相同的畜牧、遊牧部落統稱為西戎或羌，姜姓部族可能是西戎或羌部落中較早從事農業的部族。文獻記載和考古資料都可說明先周文化與甘、青地區的青銅文化有著不可分割的關係。

公劉遷豳

后稷死後，他的兒子不窋繼立。不窋末年，夏朝政治衰敗，廢掉農官。不窋丟官以後，逃往戎狄之間（其遷避之地，據方志稱在今甘肅慶陽一帶）。不窋死，其子鞠立。鞠死，其子公劉立。公劉雖居在戎狄之間，但恢復后稷的本業，致力耕種，使地盡其利。從漆縣的漆水、沮水渡過渭水到秦嶺取木材使用。遊牧的人有了資財，定居的人也有積蓄。人民仰賴他的恩澤，百姓感念他，很多人遷徙而歸附他。周室政教的興起，自公劉開始，所以詩人歌詠樂章以感懷他的恩德，此即《詩・大雅》〈篤公劉〉所敘述的事。公劉都邑在豳，就是今陝西省彬縣、長武、栒邑一帶。周國國君此時自稱「豳公」，即以豳為國，國就是城。在今豳地區的長武縣司馬河、碾子坡等地也發現了先周文化遺址。

梁山。古公亶父南下遷岐的行程中，曾越過今陝西省乾縣的梁山。

古公亶父遷岐

公劉九傳到亶父（周人稱為古公）復繼續公劉的事業，積德行義，很受到人民的愛戴。薰育（西周時代的玁狁，春秋戰國時的匈奴）戎狄攻打古公亶父，目的為了財物，亶父就給了。後來又再一次來攻打，為的是土地與人民。人民都憤怒起來，要與敵戰鬥，古公說：「人民推舉君主，是為了替他們謀福利，現在戎狄攻打我們，是要取我們的土地與人民。人民屬於我與屬於戎狄，有什麼不同？而人民卻要為了我而戰鬥，那就是殺了人民的父子，來做他們的領袖，我不忍

244

心這麼做。」於是就與近親部屬「三千乘」沿莫西溝（今賈趙河）南下，渡漆（今漆水河）、沮二水，越過梁山，溯雍水（今湋水河）西行，到達岐山下的周原，定都於今岐山、扶風兩縣交界處的鳳雛（岐山縣京當鄉）、召陳（扶風縣法門鄉），並以「周」為國號。

周人總算從黃土高原又回到渭河平原，此地距周始祖后稷的封地邰（今武功縣）很近，但並未東去，反而轉向西發展。因當時關中東部是殷商統治力量強大的地區，向東擴展，會與商的諸侯國衝突。何況武功一帶，平原曠野，無險可守。而周原地處關中西陲，又有岐山作為屏障。《詩‧大雅‧綿》：「周原膴膴，菫荼如飴」即先周時期在周原立國的寫照。

周人到周原後「乃貶戎狄之俗，營築城廓、室屋，而邑別居之。」《詩‧大雅‧綿》記錄了周人的建築物「築之登登」、「百堵皆興」，以及設立「冢門」、「應門」與「冢土」的情況。現這裡已發現此時期的宮殿區、製骨作坊（在雲塘）、墓葬區（在禮村、賀家），以及大批的青銅器和甲骨文。

周原建築基址，包括岐山縣鳳雛和扶風縣召陳兩處先周、西周宮室建築基址，均在 1976 年發現。其中鳳雛基址布局完整，呈中軸對稱狀，廟堂和宮寢建築錯落有序，影壁、門墊、台階、迴廊、牆面、石礎、屋瓦、散水以及下水管道等建築設施齊全，為印證和研究先周、西周的宮室宗廟建制及建築技術水準提供了典型實例。

1977 年周原出土甲骨有 1 萬 7500 多片，其中有字甲骨 297 片，刻辭約 900 字，這是從安陽殷墟出土甲骨文以來最重要的甲骨文發現，但與殷墟卜辭並非同一概念。周原甲骨文字體細小，結構嚴謹，刀筆剛勁，其內容記載了商周關係及周國與四鄰部族方國的關係等，史料價值很高。

2005 年初辨識岐山周公廟甲骨 495 字

2003 年 12 月 14 日，北京大學教授徐天進在岐山周公廟附近進行田野考古調查時，首先發現 2 片有刻辭的西周卜甲，經辨識共有 55 個字。考古隊在周公廟遺址範圍內的三處地方，發現卜甲 760 餘片其中有刻辭者 86 片。截至 2005 年 2 月初已將 760 多片卜甲拼對綴合為 500 多片，經拼對綴合後發現有刻辭者 99 片，可辨識的文字達到 495 字。

周原地區遺留當時的眾多瓦片及方磚，周人應是中國最早以瓦蓋房的民族，殷墟尚未發現有瓦片，這也糾正了「秦磚漢瓦」的傳統陳說。

周人在周原致力發展農業，並隨著國力的發展，不斷地向關中中部和東部擴展勢力，翦滅商在關中地區的諸侯

周王室的先世世系(諸侯時期)：

(姜嫄)—棄—不窋—鞠—公劉—慶節—皇僕—差弗—毀隃—公非—高圉—亞圉—公叔祖類—(古公)亶父(太王)—季歷—昌(文王)

西周王室世系

⑴武王 發—⑵成王 誦—⑶康王 釗—⑷昭王 瑕—⑸穆王 滿—⑹共王 繄扈——⑺懿王 囏——⑼夷王 燮—⑽厲王 胡——⑾宣王 靖—⑻孝王 辟方

——⑿幽王 宮湦

岐山、扶風之間的周原。周原位於陝西省關中盆地的西部，北倚岐山，南臨渭水，東西橫跨今武功、扶風、岐山、鳳翔諸縣之境。歷經古公（太王）、王季、文王３世的開拓經營，成為翦商的根據地。

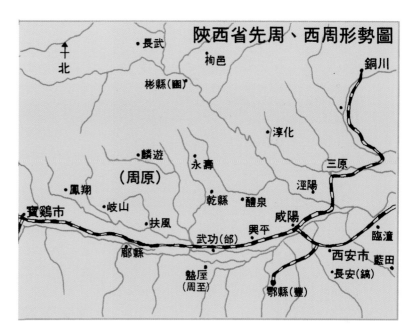

陝西省先周、西周形勢圖

國。

太王分支——吳侯

　　據《史記·吳太伯世家》的記載，周太王
（古公亶父的尊稱）有3子，長子太伯，次子
仲雍，幼子季歷。季歷是太王遷居周原後，娶
太姜為妃所生。季歷有子名昌（即後來的周文
王），深為太王所鍾愛，太王曾說：「我世當
有興者，其在昌乎！」太伯、仲雍得悉太王欲
立季歷為繼承人，以傳位及昌，便心存去國避
讓之志。不久，太王有病，二人便藉口到衡山
採藥，而南下到楚地，而後又輾轉來到吳地。
其所居之地在蘇州北25公里的常州無錫縣梅
里村（今仍存有太伯墓），其地有「斷髮紋
身，裸以為飾」的傳統。據東漢·應邵：《風
俗通義》的解釋是「（因）常在水中，故斷其
髮，紋其身，以象龍子，故不見傷害。」太
伯、仲雍帶來了較為先進的農耕技術，在當地
「與民並耕而食，饔餐而治」，吳地居民，有1000多戶人家來歸附。太伯建
立了「勾吳」，太伯逝世後，仲雍繼位，仲雍死後，葬於常熟的海嵎山（今
虞山）東麓。周武王滅商後，封太伯、仲雍的五世孫為吳國之主，周章歿後，
也葬在海嵎山上，與仲雍之墓相鄰。這是周族移出陝西最早的分支。

247

周文王像。河南省湯陰縣羑里城演易台。

季歷繼古公位，繼續古公遺道，致力於義行，因此諸侯都來歸順他。由於季歷有姜戎的血統，從而與姜戎結成政治、軍事的同盟關係，並世代二部互婚。姬姓在政治上取得了統治地位，姜戎文化逐漸融合到周文化裡面。

季歷時代的大事尚有伐西落鬼戎（在商王武乙35年），俘虜了20個「翟王」；又伐燕戎（在商王太丁2年），但周兵大敗；又攻克余無（太丁4年）、始乎（太丁7年）、翳徒（太丁11年）等戎族，與商國直接有了關係。商王承認季歷做西方的霸主，號稱西伯，但後來商王文丁感到周國的強大對商王室是個威脅，便殺死了季歷。

周文王演《周易》

季歷子昌繼位，是為西伯，後人追尊為文王。文王遵循后稷、公劉的志業，與古公、季歷的法規，篤行仁政、敬老禮賢、慈愛幼童，當時賢能的人都去歸依文王。

崇侯虎向商紂王獻譖言，說西伯積善累德，諸侯都歸向他，這將不利於紂王。於是紂王乃囚西伯於羑里。

羑里城遺址在今河南省湯陰縣城北4公里處（此處北距殷都安陽15公里，南距殷行都朝歌40公里），為一高5公尺多、南北長106公尺、東西寬103公尺的土台，面積1萬918平方公尺，是已知中國最早的國家監獄。

姬昌被囚後，紂王經常侮辱他的人格。根據《帝王世紀》載：姬昌被囚時，其長子伯邑考做為人質，住在殷都，紂王把伯邑考殺了，做成人肉湯強迫昌喝，昌忍受屈辱，將人肉湯嚥下。紂王說：「都說昌是聖人，聖人是不會吃自己兒子的肉的。」便放鬆對昌的警戒心。

姬昌在羑里監獄7年（82歲被囚，89歲獲釋），強忍悲痛，發憤治學，苦心鑽研，在被囚期間，將伏羲8卦演繹成64卦384爻，並以此形式推測自然和社會的變化，提出了「剛柔相對，變在其中」等富有樸素辯證法的哲理。

周國對於姬昌被囚十分不安，姬昌大臣散宜生、閎夭、太顛等人投紂王所好，搜求到有莘氏（今陝西合陽縣東南，一說山東曹縣西北）的1美女及驪戎（今陝西省臨潼縣）的紋馬（赤鬣縞身，目如黃金的駿馬），另在有熊（今河南新鄭縣）也搜得了36匹馬，透過紂王嬖臣費仲而獻給紂。紂王於是釋放了姬昌，並賜昌1批弓、箭、斧、鉞等武器，使西伯有征伐的權力。西伯又獻洛河以西的土地，請紂王廢去炮烙之刑罰，紂王答應了。

昌回到周原，在渭之濱的磻溪（今陝西省寶雞市東南）訪得賢人姜尚，

周文王羑里城。在河南省湯陰縣。周文王被商紂囚於此，而於此演《周易》。

拜為國師。昌並積極修德行善，施行裕民政治，並禁止飲酒打獵，鼓勵農民開墾荒地，作為私田。他本人也很勤儉，經常穿著普通人的衣服到田地耕種，以了解農民的辛苦。因此，昌贏得了廣大平民的愛戴。《詩・大雅・靈臺篇》：「經始靈臺，經之營之，不日成之，經始勿亟，庶民子來。」意即昌要建靈台（天文台），出乎預料沒多久就完工了。開始時，昌囑咐不要急迫進行，以免擾民，但百姓都自動來參加工作，所以很快就完工了。

文王易碑，拓本，原碑刻於明代。

昌還針對紂王招誘奴隸，為其他小國所不滿的情形，訂出1條「有亡荒閱索」（《左傳・昭公七年》）的法律，就是說，誰的奴隸歸誰所有，不准藏匿。這是昌用來爭取方國、孤立紂王的一種手段。春秋時代楚國的申無宇說這是周文王得天下的重要原因之一。

昌一方面爭取一些方國，或使其歸順周室，或結為聯盟，另一方面對附庸於紂的方國部落發動一系列的戰爭。他首先調解了虞（今山西省平陸縣北）、芮（今陝西省大荔縣東）之間的矛盾，並討伐犬戎（西北遊牧部落）密須（今甘肅省靈台縣西）、耆國（即黎國，今山西省長治市西南，或山西

249

省黎城縣，又有一說在今陝西省境），再攻打商王經常去田獵的邗（今河南省沁陽縣西北），成為 40 多個方國的首領，對紂都朝歌（今河南省淇縣南）形成進逼的形勢。

伐邗勝利後，西伯再伐崇國，崇國位於豐、鎬之間的灃水上游西岸，在今陝西省鄠（戶）縣，是虞、夏、商以來的古國。崇侯虎曾陷害西伯昌，使昌遭受 7 年囚禁之苦。周軍傾全力，以鉤梯、臨車、沖車等攻城器械，滅掉崇國。為了鞏固勝利，昌便在灃水西岸修建了豐京，即《詩・大雅》：「既伐于崇，作邑於豐。」

根據胡謙盈教授的推斷，豐京的範圍，東以灃河為界，西至靈沼河，北至客省莊、張家坡，南至馬王鎮、馮村，總面積約6平方公里。

昌並自岐周遷都豐京，使周「三分天下有其二」，又命其子發在灃水東岸營建鎬京。據胡謙盈教授研究：鎬京在昆明池西北，即洛水村、上泉北村、普渡村、花園村、斗門鎮一帶，面積約4平方公里。近年在鎬京遺址的斗門鎮花園村發現夯土建築基址十多處，其中於1984年9月至1986年10月，清理發掘了鎬京5號大型宮殿基址，呈「工」字形，主體部分南北長59公尺，東西寬23公尺，兩翼部分東西均長59公尺，南北均寬13公尺，總面積2891平方公尺，是目前所發現的西周時期面積最大的建築基址。

遷都豐京第2年，昌逝世，在位50年。太子發立，是為周武王。

武王伐紂

武王即位，以姜望（子牙）為太師，武王弟姬旦為輔佐，召公、畢公為大臣，紹述文王的事業。

武王祭過文王陵墓，往東演習到盟津（今河南省孟津縣），將文王神位載在車內，以木主率領中軍。武王在討紂戰爭中，自稱太子發，奉文王命出征，不敢擅自專行。這時候，不期而會於盟津的諸侯有800個。但可能尚未充分準備，所以班師。

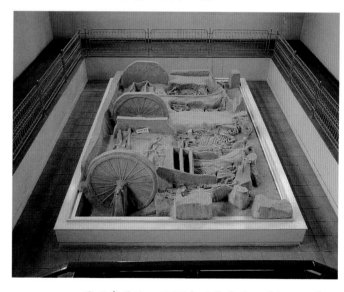

灃西車馬坑。1957年於豐京遺址發掘西周貴族墓葬殉葬坑。

灃河。文王末年，周族遷都到灃（長安縣灃河以西），到武王時又遷都鎬（長安縣灃河以東），通稱灃鎬。

周武王像。繪者不詳,《乾隆年製歷代帝王像真跡》。

又過了兩年,聽說紂王比以前更加暴虐,殺其叔父比干,囚禁箕子,樂官太師疵、少師彊抱了他們的樂器投奔周國。於是,武王遍告諸侯:「紂王有重罪,一定要討伐。」仍然遵奉文王,率領兵車 300 乘,精壯衛隊(或衝鋒兵)3000 人,帶甲的武士 4 萬 5000 人,往東伐紂,此時,商朝大軍正在東南與東夷作戰。周武王 11 年 12 月戊午日那一天,大軍全部渡過盟津黃河,諸侯全部到齊,武王作《泰誓》一文,昭告眾人:「今殷王紂乃用其婦人(按即妲己)之言,自絕於天,毀壞其三正(三統也,即天統、地統、人統),離逷其王父母弟(祖父母之族),乃斷其先祖之樂,乃為淫聲,用變亂正聲,怡說(悅)婦人,故今予發維共行天罰。勉哉夫子(丈夫),不可再,不可三(即再三告誡)。」

2 月甲子日,拂曉,武王一大早即到商朝行都朝歌郊外的牧野,宣布商紂罪狀,庸、蜀、羌、髳、微、纑、彭、濮等族及諸侯有 4000 輛戰車會合,陳師於牧野。

紂王聞知武王來討伐,也發兵 70 萬人(?)抵抗,武王命師尚父(姜子牙)與百名勇士前往挑戰,以大軍衝鋒紂王軍隊,紂軍雖多,但無士氣,心裡皆希望武王趕快打進來。紂軍中的奴隸陣前倒戈,以引導武王,紂王眾叛親離,逃回朝歌,登鹿台,自焚而死。

武王伐紂的重要銅器有「利簋」,又名「武王征商簋」,此簋是現知最早的 1 件西周銅器,1976 年在陝西省臨潼縣一處周代窖藏中出土,現藏臨潼縣博物館。至於武王克商年代,學者間眾說紛紜,尚未定論,主要有董作賓的「公元前 1111 年說」、勞榦的「公元前 1025 年說」、唐蘭的「公元前 1075 年說」、陳夢家的「公元前 1027 年說」。而「夏商周斷代工程」學者們判定應在公元前 1050 年至公元前 1020 年之間。上海天文台的江曉原先生認為武王於公元前 1045 年 12 月 4 日誓師出發,公元前 1044 年 1 月 3 日渡過孟津,1 月 9 日決戰牧野。

周朝的建立

武王在位凡 17 年,克商以後,7 年崩於鎬,回到岐周舉殯,葬地畢原,當距岐周不遠,今扶風縣黃堆公社之名推測(古代王、黃不分),可能與西周王陵有關。子成王立,年幼,由叔父周公旦(文王第 4 子,因采邑在周〔即今陝西省岐山縣東北〕,所以如此稱呼)攝政。周公弟管叔、蔡叔(管、蔡與霍叔合稱三監,原為監視殷遺民者)不服,聯合被封於殷王畿地的紂子武庚及殷的舊諸侯奄(今山東省曲阜市),和淮水下游的外族淮夷,反抗周室。周公率軍東征,費時 3 年,才殺掉武庚、管叔(一說他自殺),放逐了蔡叔(後成王又封其子胡於蔡,為蔡國始祖),並滅了 50 個國家。經這次的東征,周的勢力才達到現在的河南、山東兩省及淮河流域。

周公姬旦像

周公東征以後，重定封國，將殷都及畿輔的土地，封給文王的少子康叔，國號衛；把商丘（今河南省商丘市）一帶及一部分殷遺民封給紂的庶兄微子啟，以奉殷祀，國號宋。另封自己的兒子伯禽（遺物有「禽簋」）於奄的舊地，國號魯（國都曲阜）；封功臣望（即姜太公，兵書《六韜》傳為所作）的兒子於魯的北邊，國號齊（國都在今山東省淄博市臨淄區）；封功臣召公奭（周同姓，原封地於召，在今陝西省岐山縣西南）的兒子於齊的北邊，國號燕（國都在今北京市附近的薊丘）。

　　周公東征後，東方的版圖擴大，國都豐、鎬位置偏西，不足以綜綰全局，就選定當時全國的中心，四方入貢道里平均的洛邑（今河南省洛陽市），派召公奭營建成統治中原的中心「成周」，而把首都鎬稱為宗周。1965 年出土於寶雞的「何尊」記載成王繼承武王遺志，要建都於天下中心。「何尊」是洛陽建城的重要文物。

　　周公多才多藝，制禮作樂，周初的典章制度多由他完成，孔子對他十分讚揚。根據「何尊」銘文，成王即位後的第 5 年，才完成成周的祭祀禮儀。利用這個機會，成王訓示族人要學習何的父親的忠勤。此文中，文王受命、武王既克大邑商等語皆可見。

　　宋朝的理學家以周公上承堯、舜、禹、湯、文、武，下接孔子、孟子，

洛陽市周公廟定鼎堂。根據「何尊」記載：成王繼承武王遺志，於天下中心建都。洛陽城址則由周公選定，城市由周公始建。洛陽的周公廟據傳是在隋末，由王世充所建。

大散關。在陝西省寶鷄市西南 26 公里，為控制川陝南北的交通要道。王國維認為這裡在周朝初年為散國之地，著名的散氏盤即發現於此。今有川陝公路及寶成鐵路通過。

形成所謂「道統」的體系。其言論見於《尚書》的〈大誥〉、〈多士〉、〈無逸〉、〈立政〉等篇。

成康之治

周公攝政 7 年後歸政於成王，成王親政，繼續分封諸侯，並加強對地方的控制，奠定了周室統治的基礎。

成王在位 37 年，以後的康王也能恪守先訓。「大盂鼎」有銘文 290 多字，它記載：「王（周康王）二十三年，在宗周告誡他的大臣盂的事，教他千萬不可酗酒，還說到周朝之有天下，完全是由於飲酒有節，殷之失天下，由於諸侯百官之酗酒所致，以下還刻有許多訓話和賞賜。這個名叫盂的大臣就以此鼎為祭祀他的祖父南公的祭器。」

康王在位 26 年，國勢強盛，曾不時地發動對鬼方和東南各地的戰爭，並掠奪奴隸和土地，分賜給各級貴族。「小臣謎簋」即記載西周成王初期，東方夷人反叛王室，周王命白懋父將軍率軍討伐。小臣謎把此戰功記錄下來。

「大盂鼎」也記載康王有一次賜給盂奴隸 1700 多人的事。「小盂鼎」的銘文則記有征伐鬼方之事。

鬼方古城遺址於 1987 年在陝西省北部清澗縣城東 45 公里的李家崖村發現。城北、西、南 3 側被無定河環繞，僅東邊有石築城牆。城內發現貯物窖

穴、房屋和大型成組的建築遺址。城址文化遺存的時代上限約相當於殷墟第2期，下限不晚於西周中期。

儒家曾極力推崇「成康之治」，謂當時「刑措四十餘年不用」。

康王死，昭王立，在位18年。南伐楚國，回軍渡漢水時，昭王死在水中。「宗周鐘」的銘文說：「南國的人蹂躪我們的土地，王起兵討伐，南人派『間』來迎『邵王』，南夷、東夷來見的有26國。」這銘文裡的「邵王」有人解釋為「昭王」，也有人解釋「邵」為「嚮導」，但「間」如果解釋為「間諜」，那麼昭王的不復，可能確遭了南人的暗算。難怪《左傳》載齊桓公伐楚時，拿「昭王南征而不復」的事責問楚人。

穆王繼立，曾西擊犬戎，俘虜五王，並將犬戎遷到太原（今山西省西南部，不是現在的太原市），還東攻徐戎，在涂山（今安徽省懷遠縣東南）會合諸侯。後世傳說穆王曾周遊天下，《穆天子傳》即寫他西遊的故事。（另按《左傳》：「穆王周行天下」。《尚書·呂刑篇》內所記載的舊說為周穆王訓告西方，有關刑罰的話。）

周室的中衰

穆王在位55年崩逝，子共王繼立，據《太平御覽》引《帝王世紀》：「周自共王到夷王四世，年紀不明。」此四世年數今悉從董作賓《中國年曆總譜》。共王時代重要的青銅器「史墻盤」，1976年出土於陝西省扶風縣，盤銘記述了西周文、武、成、康、昭、穆6王的重要事蹟，以及作器者家世之事，對於研究西周的歷史極為重要。

共王在位16年傳子懿王，王室衰弱，戎狄交侵，曾遷都犬丘（今陝西省興平縣）。

懿王在位12年傳弟孝王，孝王和睦西戎，西方暫時安定。

參與「夏商周斷代工程」的學者確定周懿王元年為公元前899年，為西周早期的紀年提供了準確的座標。

孝王在位30年傳懿王子夷王，夷王有惡疾，行為暴虐，民生疾苦，諸侯多不來朝，周室更加衰弱。孝王、夷王以後的重器有「散氏盤」，盤銘中詳細記載了核定土地徑界及盟誓的經過。

夷王在位46年傳子厲王。厲王生性暴虐，任用榮夷公做為卿士，實行專制政策，加強對「國人」（平民）、奴隸的剝削和壓迫，又命衛巫監視「國人」，對批評的人處死，引起人民抗暴，厲王逃奔到彘（舊說在今山西省霍縣，王國維考證在陝西省盩厔〔周至〕縣）

厲王在位37年被逐後，諸侯共伯和（采邑在今河南省輝縣），受其他諸侯擁戴，代行王政。共伯和事載於《竹書紀年》，另「師兌簋」的銘文說：「王命師兌佐師龢父」，師龢父傳為共伯和，另有一說是衛武公名和，即共伯和。

此事另有說法是，厲王奔彘後，由大臣周定公、召穆公攝行政事，號稱「共和」。共和元年，即公元前841年，這是中國歷史上有正確年代的開始。

三足附耳「逨盤」。銘文372字，是1949年以來出土銘文最長的青銅重器。銘文中記載了單氏家族8代與西周11代12王的對應關係。2003年陝西省郿縣出土。（資料照片）。

「夏商周斷代工程」是中國95國家科學研究計劃的「重中之重」，結合自然和社會科學，目的在廓清懸疑2000多年之久的中國上古史年代學標尺。2003年1月19日晚陝西郿縣出土西周時期單氏家族的27件銘文青銅器，將填補「斷代工程」對西周曆譜的長期疑點。

共和14年，厲王死，子宣王（公元前828～前782年在位）受召伯虎（遺物有「召伯虎簋」）擁護即位。當時周室的統治已經動搖。宣王即位後，在經濟方面「不籍（藉）千畝」（語出《國語·周語》，即廢除藉田制度，一說廢除在藉田上的奴隸集體耕作。按：藉田千畝名義上是天子親耕，供祖宗祭祀用的米飯，不藉千畝即不能再維持公田。）以獎勵農耕；在軍事方面，命召伯虎討伐淮夷，也命尹吉甫（他的遺物有「兮甲盤」）討伐玁狁（鬼方，後來的匈奴），並對徐戎用兵，互有勝負，國力耗損很大，雖有「宣王中興」之稱，但也加深了周室統治的危機。

宣王在位46年死，子幽王（公元前781～前771年在位）繼位，任用虢石父為卿，執掌政事，加強壓榨剝削人民。又逢地震、旱災，人民流離失所，進攻六濟之戎也無功大敗。幽王在位11年，寵愛褒姒。幽王為博褒姒一笑，戲舉烽火，愚弄諸侯。幽王並廢掉申后及太子宜臼，申侯乃聯合犬戎、西戎攻周。幽王再舉烽火，諸侯無人往救，褒姒被俘，幽王被殺於驪山下，西周覆亡。豐鎬可能在這次戰火中被燬，北宋以後，人們對豐鎬已不能確指其地。近幾十年來對豐鎬遺址的發掘，也取得了重大的成果。

華清池驪山。在陝西省臨潼縣，海拔 800 多公尺。周幽王為博褒姒一笑於此山戲舉烽火，後幽王也被殺於此。這裡也是唐明皇賜浴楊貴妃的地方。1936 年的西安事變也發生於此地。

周室東遷

幽王被襲殺後，申侯與魯孝公、許文公等諸侯擁立宜臼於申（今河南省南陽縣），是為平王。平王因鎬京殘破，且距犬戎較近，乃在秦襄公兵送之下遷都於洛邑（今河南省洛陽市），是為東周。「虢季子白盤」盤銘說：「薄伐玁狁，於洛之陽。」是指虢季子白奉王命拒玁狁入寇成周，周平王賜給他馬、弓、箭、鉞以征蠻方，於是虢季子白就鑄造這個盤來記其事。

結論

周族自傳說中的后稷被封於邰，迄周幽王被殺，西周滅亡，歷時約有 1400

赤峰市寧城縣西南部山區小黑石遺址考古發掘現況。小黑石文化約出現在西周晚期至春秋時期。有典型的西周銅禮器出土，但亦有草原青銅文化文物出土，可看出兩種文化交織情形。小黑石遺址為夏家店上層文化的重要遺址。

年之久，可謂世系傳之久遠。西周立國以後的封建、宗法、禮制、奴隸制度為其朝代的特色。西周王室仍不失為能控制局面的朝廷，諸侯對其有朝覲、貢方物、出兵的義務。根據許倬雲教授的研究，西周的文化圈大致比西周的政治力量所及更為廣大，東北到遼西，與夏家店上層文化相接，北到山西汾水中游，西北到涇水上游；在對南方，西周文化也有擴展，甚至遠達浙江、兩廣。到了東周前期的春秋時代，王室名義上仍為天下共主，但此時天下的重心已在諸侯國而不在王室，王室僅能控制洛陽附近的王畿之地，王室的生

存甚至要靠諸侯的支持，最有名的是齊桓公的「尊王攘夷」政策。到了戰國時代，各國分別稱王、稱帝，與周室分庭抗禮。列國之一要併吞周室，易如反掌，而周室統轄的人口與土地太少太小，得之並無太大助益，反要冒天下輿論之大不韙，因此東周王室的存在僅是在一種均勢(balance of power)之下，列國之間的一種默契。到了東周末年，秦國獨強，秦與各國之間已無所謂均勢，周王室在這種形勢下，就免不了被秦吞併。就歷史的意義來說，東周王室的存在，不過是形式上延續西周文化上的統系（東周前期，周禮盡在魯國），以及延續著周室的紀年，使能在紛亂的時代裡較有頭緒的繫年。因此，東周時代的周王室不在本文的探討範圍。

〔重要參考資料〕

《史記·殷本紀》。《史記·周本紀》。《周易》。《尚書》。《詩》。

許倬雲：《西周史》聯經出版事業公司，1990 年。

武伯綸、武復興：《西安史話》，陝西人民出版社，1986 年。

史念海：《河山集》（1～7 集）北京三聯書店，1963～1999 年。

童書業：《春秋史》，上海古籍出版社，2003 年。

陝西歷史博物館編：《周文化論集》，三秦出版社，1993 年。

陝西歷史博物館編：《第二次西周史學術討論會論文集》，陝西人民教育出版社，1993 年。

范文瀾：《中國通史簡編》，北京人民出版社，1965 年。

馬正林：《古今西安》，陝西師範大學出版社，1986 年。

陳全方：《當代陝西文博》，三秦出版社，1990 年。

姚秀彥：《先秦史》，三民書局。

黎東方：《先秦史》，臺灣商務印書館，1995 年。

錢穆：〈周初地理考〉，《燕京學報》10 期。

尹盛平、任周芳：〈先周文化的初步研究〉，《文物》1984 年 7 期。

傅斯年：〈姜原〉，《中研院史語所集刊》第 2 本 1 分。

盧連成：〈扶風劉家先周墓地剖析──論先周文化〉，《考古與文物》1981 年 2 期。

陳全方：〈早周都城岐邑初探〉，《文物》1979 年 10 期。

胡謙盈：〈豐鎬地區諸水道的踏查──兼論周都豐鎬位置〉，《考古》1966 年 4 期。

李學勤：〈從郿縣楊家村窖藏談青銅器研究的 5 個方面〉，《文物天地》，163 期，2005 年 1 月號。

趙叢蒼：〈周公廟墓地性質管窺〉，《西北大學學報》2004 年 11 月，第 34 卷第 6 期。

本文原發表於《牛頓雜誌》175 期，1997 年 12 月號。2005 年 8 月，增新出土文物資料。

清廷入關前記

——由興京到山海關

中國歷史上最後一個王朝——清朝，是滿族建立的。中國是有 56 個民族的多民族
國家。滿清以幾十萬人的部族政權，先統一女真，薩爾滸大戰後，取得對明朝的軍
事主動權，並攻朝鮮、服囚蒙古，進而進入山海關，定鼎北京，再收入外蒙古、台
灣、西藏、青海、新疆，在中國歷史下版圖之大，僅次於元朝。入主中原也達 268
年之久，曾統治有 4 億多的人口。所以 1644 年的清軍入關是歷史上的一件大事。

山海關東門城樓

興京老城（赫圖阿拉）城內的滿族住居。由此推想努爾哈赤在費阿拉（舊老城）、赫圖阿拉早期宮室建築情況之一部分。

瀋陽清故宮清寧宮前的神杆，俗稱索羅杆子。神杆上有錫斗，祭神時切豬腸、肉、肺、肚，生置其中，必有烏鴉來啄食，是為「立杆祀天」。這是信奉薩蠻教(Shamanism)的女真人的一種祭天儀式。此照片為由北向南拍攝，杆後為鳳凰樓。

滿族現況簡介

　　滿族在中國少數民族，人口並不算多，但漢化相當澈底，從外表看幾與漢族無異。自清廷入關後，清軍在北京與各省要地實行八旗駐防制度，所以滿人散居全國各地。現在全國滿族約有 1000 多萬左右，其中約 500 萬人居住於遼寧省及承德地區，較為集中。另也有居住在新疆伊犁河流域的察布查爾・錫伯族自治縣的錫伯族。錫伯族是滿族的一支，本居住黑龍江流域，乾隆時代，派到新疆守邊，從此落戶生根，至今仍用滿語。

　　而遼寧省及承德地區也有不少滿族自治縣如遼寧的新賓、北鎮、鳳城、岫岩；承德附近的圍場、豐寧、隆化。滿族生活風俗的博物館設於岫岩滿族自治縣。

開國神話

　　中國古代王朝多有開國神話傳說。如《詩經・商頌》：「天命玄鳥，降而生商」。殷商始祖契，其母簡狄，是帝嚳的次妃，她在河裡沐浴後，看到燕子產卵，取之吞下，因孕生契。

　　滿族發祥於東北，與殷商同屬東方民族，都有鳥圖騰(Totem)信奉習俗。清室起源、先世及太祖努爾赤事蹟有很多有關烏鴉、野鴿的神話故事，這是民族學值得探討的課題之一。清代盛京皇宮的「宮殿群鴉」仍為瀋陽八景之一。

　　根據傳說：「滿洲起源於長白山東北部的布庫里山下，有一個湖泊，叫布爾瑚里。有一天，有 3 位仙女下凡，到這裡洗澡。長仙女名恩古倫，次仙

女正古倫，三仙女佛古倫。浴畢上岸，忽然有一隻神鵲（烏鴉），口銜一紅色果實，放置在佛古倫的衣服上，果實很鮮豔，佛古倫很喜歡，不忍釋手，於是銜在口中，不小心滑進肚子，即感而成孕，生下了清朝的始祖──愛新覺羅·布庫里雍順。」

布爾瑚里今名圓池，在天池東邊，面積約 4 萬平方公尺，是一座火山口，湖形很圓，故名。「圓池笑月」為長白山奇景之一。在圓池外 20 多公尺的地方，建有「天女浴躬碑」一座，清朝每年均派員到此祭祀。

滿族的前身女真族，是一個歷史悠久的民族，可以上溯到 3000 多年前的肅慎人。其後，在不同的歷史時期被稱作挹婁、勿吉、靺鞨、女真等。他們長期居住在黑龍江沿岸地區。到了明朝，女真人分為建州、海西、野人 3 部。後來，建州和海西（或稱扈倫部）先後遷入今天的遼寧省境內。建州女真定居在新賓縣的蘇子河沿岸（渾河支流）、煙筒山下。海西女真則定居在開原縣境內。

滿清的建國者努爾哈赤，追溯其直系祖先最早可考的是他的六世祖猛哥帖木兒（或稱孟特穆），為元朝末年的萬戶（世襲武職），歸明後任建州左衛指揮使，他就是清朝的肇祖原皇帝。

公元 1409 年（明永樂 7 年）明朝政府在黑龍江口特林故元征東元帥府設奴兒干都司，行使管轄權，奴兒干都司當時轄衛 184、所 20，到萬曆時期（1573～1620 年）衛增到 384、所 24。努爾哈赤的五世祖董山在 1440 年（明正統 5 年）遷到今新賓縣一帶。努爾哈赤所在的建州左衛即在該都司管轄之下。由撫順到新賓之間即為清人崛起的大本營。

努爾哈赤的身世

1559 年（明嘉靖 38 年），清太祖努爾哈赤出生於建州女真蘇克素滸部（遼寧省新賓滿族自治縣）費阿拉。其祖父覺昌安任建州左衛都指揮，父塔克世也任同衛指揮。

努爾哈赤的祖先墳墓──永陵在遼寧新賓縣西永陵鎮，西距瀋陽 200 公里。前臨蘇子河，背倚啟運山，占地 11880 平方公尺。陵內葬努爾哈赤的遠祖孟特穆、曾祖福滿、祖父覺昌安、父塔克世。整個陵區由前院、方城、寶城 3 部分組成，四周圍以繚牆。前院內橫列肇祖（孟特穆）、興祖（福滿）、景祖（覺昌安）、顯祖（塔克世）的 4 座碑亭。方城入門為啟運門，門內為享殿──啟運殿，殿後為寶城（墳丘）。

努爾哈赤 10 歲，生母喜塔拉氏卒，繼母納喇氏，對其刻薄寡恩，到 19 歲（1577 年，明萬曆 5 年），努爾哈赤娶佟佳氏為妻，其父塔克世「惑於繼母言，遂與努爾哈赤分居」，只給極少財產。此時又逢長女東果格格出生，努爾哈赤生活非常艱辛，為了謀生，他上山採松子，挖人參，運到撫順出售。努爾哈赤年輕時勤奮好學，胸懷大志，「好看三國、水滸二傳」，自認為是有謀略。

1583 年（萬曆 11 年）2 月，明朝遼東總兵李成梁在圖倫城主尼堪外蘭引

永陵四碑亭。永陵為努爾哈赤的祖先肇祖、興祖、景祖、顯祖的墳墓。（遼寧省新賓滿族自治縣）。

導下，攻打蘇子河下游阿台（王杲之子）的古勒城（今遼寧新賓縣古樓村），在城中的覺昌安和塔克世於城陷後，在混亂中被明軍誤殺。

努爾哈赤得知祖、父慘死的噩耗，乃往詰問明朝邊吏。明朝遣使謝過，於是歸還其祖、父遺體，並給敕書30道（敕書是清廷頒發規定可帶到北京的人數、貨物等等的文件）、馬30匹：並給努爾哈赤襲父職，任建州左衛指揮。

同年5月，努爾哈赤以祖、父「十三副遺甲」，糾合八、九十人起兵攻克蘇克素滸部的圖倫城（在古勒城之西5公里，新賓縣湯圖村附近），尼堪外蘭攜妻逃往嘉班城。8月努爾哈赤陷嘉班城，尼堪外蘭又逃往撫順北部的鄂勒渾城。1586年（萬曆14年）鄂勒渾城陷，尼堪外蘭被殺，努爾哈赤完成對蘇克素滸部的統一。

在1584年（萬曆12年）也招徠董鄂部，次年，征服渾河部，1587年（萬曆15年）占領哲陳部，次年攻取完顏部，統一了建州五部。

為了防止建州勢力擴張，1593年（萬曆21年）以葉赫為首的海西（或稱扈倫）女真各部糾合九部3萬聯軍攻打建州，被努爾哈赤擊敗。這次戰役是女真統一的轉折點，不僅保衛了建州，而且改變了雙方力量的對比，努爾哈赤的威名自此大震。1600年（萬曆28年）他併吞哈達，1607年（萬曆35

年）攻克輝發，1613年（萬曆41年）滅烏拉。1619年（萬曆47年）薩爾滸大戰後，乘勝滅葉赫，統一海西女真四部。而此同時，東海、黑龍江的女真各部也相繼被吞併或歸附，完成女真的統一。

清肇興之地——費阿拉

1587年努爾哈赤興建費阿拉城做為統一建州女真的根據地，城位於今新賓縣西南25公里二道河子村附近的哈爾薩山北麓的一塊平崗坡地上。外城周長5公里，內城周長約2公里。

在居住費阿拉期間，努爾哈赤創建了八旗制度及創制滿文。八旗制度是政治、社會、軍事合一的社會組織，以300人為1牛彔，每牛彔設牛彔額真(niru ejen) 1人領之；5牛彔為1甲喇，設甲喇額真(jalan ejen) 1人領之；5甲喇為1固山（旗），設固山額真(gusai ejen) 1人領之。最初設四旗，以黃、白、紅、藍為標幟，到1615年（萬曆43年），因來歸戶口眾多，於是在原四旗基礎上，增加鑲黃、鑲紅、鑲藍、鑲白，合為八旗。每旗有7500人，八旗合計有6萬人。

1599年（萬曆27年）努爾哈赤命額爾德尼和噶蓋等用蒙文字母與女真語言拼成

清太祖像　北京故宮博物院藏

滿文，頒行全國，是為「老滿文」；到清太宗皇太極時，命巴克什達海改進老滿文清濁輔音不分、上下字無別、語法不規範、結構不嚴謹之缺點，而加以圈點，是為「新滿文」。

後金第一京——赫圖阿拉（興京）

隨著征服區域擴大，人口劇增。1603年（萬曆31年）又在蘇子河與二道河會合處左岸，建立了赫圖阿拉城。稱費阿拉是「舊老城」，赫圖阿拉是「老城」，兩城相距4公里。老城圍山而建，壘土為郭，三面臨水，一面靠山，內城周長2.5公里，外城周長約4.5公里，當時有2萬戶，約10萬人。城內遺址有尊號台、望樓、魁星樓、文廟、昭公祠、城隍廟、八旗衙門等。尊號台亦稱金鑾殿，是1616年（後金天命元年）努爾哈赤建立大金（史稱後金）政權，建元天命，自稱：「奉天覆育列國英明汗」登台受賀之所。另據黃彰健院士稱：那年努爾哈赤建國號為建州，至1619年（萬曆47年）改國號為

赫圖阿拉城汗王井。在赫圖阿拉城內，為城內
的水源，據傳曾被努爾哈赤譽為千軍萬馬飲不
乾的井。

興京赫圖阿拉城北門及尊號台

興京赫圖阿拉城復原的北門

後金，至 1621 年（明天啟元年）再改為金。

薩爾滸之戰

　　1618 年（萬曆 46 年）4 月，努爾哈赤以七大恨告天，聲討明朝殺害其祖及父、偏袒葉赫、壓制建州，以大欺小、不遵界約、越邊取利。旋即率師攻明，襲破撫順，明朝守城遊擊李永芳投降，並俘獲人畜 30 萬，這是努爾哈赤起兵 35 年來第一次與明軍正面交鋒，即初戰告捷。

　　1619 年明朝以經略（明朝軍隊在東北地區的最高指揮官）楊鎬（他曾在中日朝鮮之役喪師）為諸路總指揮，坐鎮瀋陽。各路總兵 10 萬餘人，號稱 47 萬，分 4 路，分進合擊，直攻赫圖阿拉。努爾哈赤以集中優勢兵力，各個擊破。當時八旗兵不過 6 萬人。努爾哈赤在諸路告警時，東路派 5 百人禦敵，南路派 2 百人防守，確定以「憑爾幾路來，我只一路去」的原則，每戰以 3、4 倍優於敵的兵力，將明軍逐路擊破。

　　首戰擊潰明軍於薩爾滸（撫順市東 15 公里，大伙房水庫）大營，擊斃明朝猛將杜松，西部（撫順路）瓦解；北路（開原路）主將馬林敗於尚間崖（薩爾滸西北 15 公里）；東路（寬甸路）主將劉綎也敗死於阿布達里岡；南路（清河路）主將李如柏怯戰，接到楊鎬的檄令後，急命回師。

　　根據統計，薩爾滸之役明軍文武將吏死亡 310 餘人，軍丁死亡 4 萬 5870 餘人，損失馬、騾、駝 2 萬 8600 多匹。

　　此役為明軍在東北由攻勢轉為守勢的關鍵戰爭。

　　薩爾滸之戰後，努爾哈赤乘勝攻陷開原、鐵嶺。努爾哈赤由赫圖阿拉遷駐界凡（今撫順大伙房

薩爾滸古戰場遺址，今已建大伙房水庫，供給撫順、瀋陽地區居民的用水。部分古址沈入水庫。
作者攝影時正值大霧，與當年戰爭的天氣一致。

水庫南岸蘇子河與渾河匯流的鐵背山上，遺址仍存）。

　　明廷於此時命熊廷弼為遼東經略，駐遼陽，在各地堅城固守，形勢逐漸穩固，15個月內，努爾哈赤不敢對他有所舉動。明熹宗即位，廷議責廷弼不戰，以袁應泰取代他，仍駐遼陽。新遼東經略袁應泰對軍事不熟悉。1621年（明天啟元年）3月，努爾哈赤攻打瀋陽、遼陽，袁應泰有熊廷弼築好的工事不用，出城迎戰，兵敗城陷，瀋陽戰役明兵折損7萬人，遼陽失守時袁應泰自殺，遼河以東大小70多座城堡均投降努爾哈赤。

關外第二京——東京城

　　1621年（明天啟元年），努爾哈赤遷都遼陽，並於次年在今遼陽市以東4公里的東京陵鄉新城村，營建東京城，城前臨太子河，背依丘陵，用長方磚建造，城周約3公里，高12公尺，東西長933公尺，南北寬875公尺，原有8個城門，有漢、滿文石門額，現存南面天祐門。城內西南高崗上，原有八角宮殿和樓閣，東南有彌陀寺。

　　東京陵在遼陽市太子河東3.5公里的陽魯山上，西南距東京城僅1公里。努爾哈赤在1624年（後金天命9年）將其景祖、顯祖及皇伯、皇弟、皇子諸

遼陽東京城南門－天祐門遺址

陵墓遷葬於此。

1654 年（清順治 11 年）清廷把努爾哈赤祖父覺昌安、父塔克世等陵墓遷回赫圖阿拉，僅存努爾哈赤胞弟舒爾哈赤、穆爾哈赤，從弟祜爾哈赤，長子褚英及穆爾哈赤之子達爾察等人墓葬。此陵在清初關外三陵中規模最小，只有繚牆、山門、碑亭等建築，碑亭保存較好，建在舒爾哈赤墓前，穆爾哈赤墓前有康熙年間石碑兩座。

褚英墓

盛京城闕

1625 年（明天啟 5 年），後金再遷都瀋陽，改稱盛京。瀋陽地理位置優越，但處平原中，無險可守，因此在原明城址上拓高加固，成為壁壘森嚴的四方形磚石城。

瀋陽位於交通叉路口上，當時此地西與明朝接壤，北為蒙古，東南與朝鮮為鄰，就地勢而言誠不愧是一代帝都的恰好位置，至今仍為中國第 5 大都市，也是東北最大的城市。

盛京皇宮，始建於 1625 年（明天啟 5 年，後金天命 10 年），1636 年（清崇德元年）基本建成。乾隆時又有增建。計房屋 300 餘間，組成 10 多個院落，全部占地 6 公頃。

舒爾哈齊墓碑亭

其四周宮牆圍繞，南面正中為大清門。宮內建築分為 3 大部分：

東路完成於努爾哈赤時代，以大政殿為中心，兩翼輔以方亭 10 座。

中路屬大內宮闕，完成於皇太極時代。院落三進均在一個中軸線上，前院以崇政殿為中心，前為大清門，左右有飛龍閣和翔鳳閣。殿後是中院，東有師善齋和日華樓，西有協中齋和霞綺樓。再北為內宮，築於 3.8 公尺的高台上，前有鳳凰樓，後為清寧宮，左右有配宮和其它 4 宮。

崇政殿東為頤和殿、介祉宮、敬典閣；崇政殿之西則有迪光殿、保極宮、

継思齋、崇謨閣。

西路完成於乾隆時代，以文溯閣為中心，前後有戲臺、嘉蔭堂、仰熙齋等。

宮內建築富麗堂皇，殿宇巍然，雕樑畫棟，精緻優雅，是中國現存僅次於北京故宮最完整的皇宮建築，也是滿、漢兩族文化交流反映在建築上的輝煌結晶。現為瀋陽故宮博物院。

福陵又稱東陵，是努爾哈赤和皇后葉赫那拉氏的陵寢，位於瀋陽市東北 11 公里的丘陵地上，前臨渾河，後倚天柱山，萬松聳翠，大殿凌雲，「天柱排青」為

東京陵區。此為穆爾哈赤與其子達爾察之墓。穆爾哈赤為努爾哈赤同父異母弟，屢立戰功。

瀋陽永安石橋。位於瀋陽于洪區馬三家子鄉。此橋是清入關前，西達山海關的重要交通要道。1641 年（清崇德 6 年），清太宗敕建。橋全長 37 公尺，寬 8.9 公尺。

瀋陽清故宮崇謨閣

瀋陽八景之一。福陵建於 1629 年（後金天聰 3 年），到了 1651 年（順治 8 年）才基本建成，占地 19.4 公頃，四周繞以矩形繚牆。

福陵除了參道由於地勢漸高，有 108 磴台階，其餘制度基本與北陵相同。

昭陵在瀋陽市區北部，是清太宗皇太極和孝端文皇后博爾濟吉特氏的陵寢，又稱北陵。是清關外三陵中規模最大和最完整的 1 座，崇樓大殿掩映在蒼松翠柏間，景致十分幽美。

昭陵建於 1643 年（清崇德 8 年），到 1651 年（清順治 8 年）才竣工，占地 18 公頃，四周有繚牆圍繞，南面正中有正紅門，門外有下馬碑、華表、石獅、石橋、石牌坊、更衣亭、宰牲亭等。石牌坊位於門外正中，青石精雕，玲瓏有緻。尤其門兩翼嵌有五彩琉璃蟠龍壁，造型生動活潑。

正紅門內參道兩側有 4 根華表、12 隻石獸、2 個大望柱，左右相對。其中仿清太宗坐騎而雕的「大白」、「小白」特別著名。北部正中建有碑樓。

再北的方城是陵園的主體建築，正中為隆恩殿，是享殿，東西有配殿，四角建角樓，後有明樓，中立「太宗文皇帝之陵」石碑。方城北部為月牙形寶城，寶望之內為寶頂，其下為皇太極與其后妃的地宮。

瀋陽清福陵（東陵）隆恩門。福陵為清太祖努爾哈赤的陵寢。

瀋陽清太宗昭陵（北陵）的碑亭（前）與隆恩門（後）

廣寧（北鎮縣城）之役

明朝失陷瀋陽、遼陽後，舉國震驚，北京戒嚴。於是再度起用主守的原遼東經略熊廷弼。熊廷弼建「三方布置策」，陸上以廣寧（遼寧省北鎮縣城）為中心，由遼東巡撫王化貞統率10多萬明軍駐紮，受經略指揮，明軍堅城固守，正面牽制滿兵主力；海上各置水軍於天津、登萊，襲擾後金的遼東半島，而熊廷弼以經略駐山海關（僅有精兵 5000

人），節制三方。

廣寧此時成為山海關外明軍的最大基地。廣寧位於遼寧省西部，醫巫閭

272

山東麓，南臨大海，西界錦州，直通山海關，東隔遼河與遼陽遙相對峙，有明一代，廣寧一直是遼東地區僅次於遼陽的第 2 大城，廣寧即為與努爾哈赤關係密切的遼東總兵官李成梁的駐地。素有「幽州重鎮」之稱。

從 1570 年（明隆慶 4 年）起，李成梁兩度出任遼東總兵官，鎮遼 30 年，在與蒙古與女真戰爭中保境安民。1580 年（明萬曆 8 年）明朝為表彰李成梁功績，特建旌功石坊 1 座，全部以暗紫色砂礫岩製造，四柱五樓式。額上豎刻「世爵」兩字，下面橫書「天朝誥券」及「鎮守遼東總兵官兼太子太保寧遠伯李成梁」等文字。

努爾哈赤早年也曾在廣寧居住過，為李成梁的養子。

北鎮醫巫閭山。為契丹的聖山，清帝東巡常遊此山。

廣寧戰役前，經臣主守，撫臣主攻。王化貞（巡撫）本庸才，好大言，素不習兵，輕視大敵；熊廷弼（經略），有膽知兵，剛直不阿。這種戰守之爭，實質是閹黨擅權，利用邊事攻擊東林大臣。努爾哈赤探知明朝經撫不和，朝廷言官戰守意見不一，乃西渡遼河，直指廣寧。

1622 年（明天啟 2 年，後金太祖天命 7 年）努爾哈赤攻廣寧，王化貞置 13 萬守軍不顧，棄城逃亡，明遊擊孫得功，迎請努爾哈赤

北鎮李成梁旌功坊。遼寧省北寧市。

進城，廣寧失陷。潰兵夾雜上百萬難民向山海關奔逃。在熊廷弼所編練的 5000 明軍「殿後」下，王化貞與敗兵、難民安全進入山海關。

金兵攻陷廣寧後，分兵攻取廣寧西部的義州（今義縣），義州是遼西交通樞要之地，對鞏固廣寧有重要的戰略意義。

明廷立即逮捕熊廷弼、王化貞，3 年後熊廷弼被宦官魏忠賢斬首，王化貞也在 1632 年（明崇禎 5 年）被處死。

這次戰役，是後金繼遼陽、潘陽戰役之後，又一次重大勝利，突破了明朝的遼河防線，廣寧地區成為進攻遼西、征服蒙古提供一個前哨基地。同時也獲得了明朝大批人口、右屯衛糧食 50 萬石及無數的牲畜和金銀布匹等物資。

寧遠之役──努爾哈赤一生唯一挫敗

明廷逮捕熊廷弼與王化貞後，先派王在晉當經略，後改派孫承宗。孫承宗駐於山海關並接受寧前道袁崇煥的建議，堅守山海關東北 100 公里的寧遠城（今遼寧省興城市）盛修守備，努爾哈赤按兵數年不敢深入，大凌河以西

北鎮廟在北鎮縣城西 2.5 公里處的醫巫閭山麓。醫巫閭山是中國五大鎮山之一，以此為北鎮。

的遼西失地幾乎全部收復。其後孫承宗與魏忠賢不和，因而罷職，明廷繼以高第為經略。高第將明朝守軍全部撤入山海關，唯獨袁崇煥死守寧遠不去。

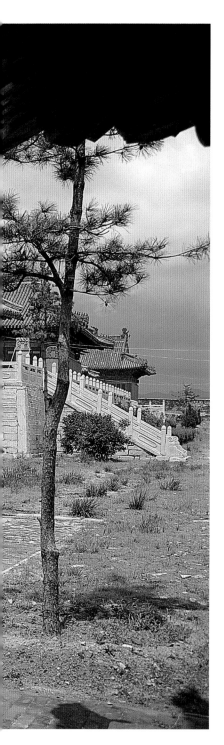

1626年（明天啟6年）正月25日，努爾哈赤以傾國之師13萬人圍攻寧遠，袁崇煥以1萬8000明軍憑城固守。努爾哈赤命令士卒冒死搶攻城頭，城上明軍奮力死戰。崇煥令福建兵以西洋大炮炮擊金營，努爾哈赤身受重傷。第2日再攻，金軍又傷亡累累，只好回師，明人取得「寧遠大捷」。

努爾哈赤在回師途中嘆道：「自25歲領兵打仗以來，從未吃過敗仗，唯寧遠一役，慘敗而歸」，並於同年8月死去，子皇太極立，是為清太宗。

寧錦大捷──袁崇煥再次大勝

1627年（明天啟7年）5月，皇太極率15萬大軍，再次攻寧遠。金兵先攻錦州，明守將趙率教守得很好，未能攻下，轉攻寧遠，袁崇煥再度以火器痛擊金軍，金軍又再次遭到重大傷亡，金兵再回師攻錦州，傷亡亦大，皇太極只好揮兵退回盛京（瀋陽），此役明人稱為「寧錦大捷」。

寧遠衛城，是中國現存古城中最完好的1

寧遠城西門。遼寧省興城市。

祖大壽旌功坊（遼寧省興城市）

清太宗皇太極像（取自瀋陽故宮博物院簡
介）

座。外城廢於清乾隆時。內城呈正方形，城壁外用青磚，內用石壁砌成。南北長825.5公尺，東西寬803.7公尺，高10.1公尺。四門，門外有甕城，城內十字大街正中有鼓樓1座，南大街有祖大壽與祖大樂兩座明朝的旌功坊。

袁崇煥不攀權附勢，不為魏忠賢所喜，寧錦大捷後，反被迫去職，明朝以王之臣接替。明思宗即位，改元崇禎，頗思振作，誅魏忠賢，再次以袁崇煥督師薊遼。當時總兵毛文龍鎮守皮島（今朝鮮灣之椵島，李氏朝鮮允許明兵駐紮在她的領土，成為後金心腹之患），暗中與滿州勾結，驕縱不聽節制，崇煥便設計誅殺毛文龍。毛文龍生前常浮報軍費以賄賂宦官，因此閹黨恨袁崇煥擋其財路，便陰謀拉倒崇煥，種下崇煥日後被殺的禍根。

己巳事變──後金兵初次入塞

皇太極以遼西扼於袁崇煥，不能攻下，乃改變戰略，繞道內蒙古，從背後攻擊北京。1629年（明崇禎2年）10月，皇太極以蒙古騎兵為先導，親率5萬大軍由喜峰口（今河北遵化市東北）毀長城進入內地，進逼北京，北京戒嚴，明人稱此事件為「己巳事變」。明廷急起用孫承宗，使其守通州（今北京市通縣）；袁崇煥率9000騎兵兼程進關勤王，袁崇煥與其部將祖大壽屯兵北京廣渠門，金兵來攻，崇煥力戰挫敵，金兵退數十里。皇太極使用反間計，利用所俘的兩個明朝太監，故意使他們隔房暗中聽到金與袁崇煥有密約，然後放其歸明，報告崇禎帝，朝臣於是誣指崇煥縱敵進京，將迫朝廷訂城下盟，崇禎帝中計，下袁崇煥於獄。閹黨高捷、袁弘勳等又以袁崇煥擅主和議、擅殺毛文龍2事入崇煥於罪。次年，清兵退去，明遂磔（千刀萬剮之刑）崇煥於北京西市，崇禎帝等於自毀抗清長城。其後滿人再4次進入長城，明的邊防完全失去作用，金兵如入無人之境。

崇煥死後，明以關內外軍事付孫承宗。1631年（明崇禎4年），皇太極率數萬大軍圍攻明將祖大壽於大凌河城（今遼寧錦縣東，距錦州20公里），金兵首次使用自製大炮用於圍城，並大敗明援軍於長山（大凌河城東南）。

現在的錦州，位於京哈鐵路與錦承鐵路的交會點。市區占地50平方公里，人口100萬。錦州曾是明軍抗後金的最前線，為東北的咽喉。

北京德勝門。1629年（明崇禎2年）的己巳北京保衛戰在德勝門、廣渠門、左安門、永定門激烈戰鬥。

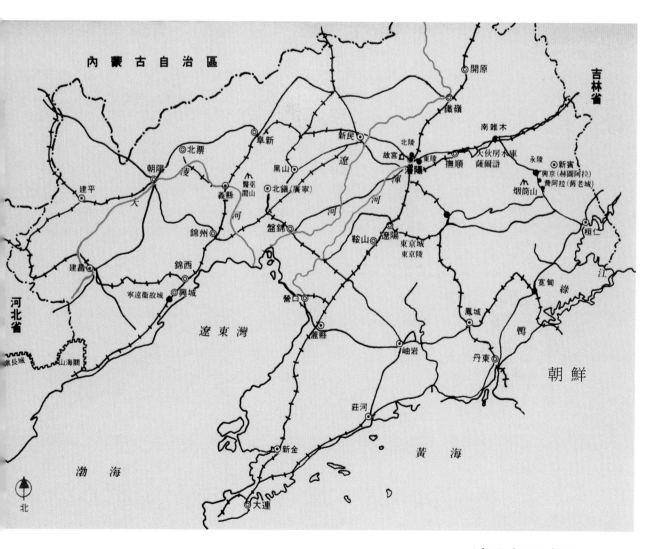

祖大壽詐降，而脫身到錦州，皇太極乃毀大凌河城而返，錦州成為抗金的最前線，其後雙方在遼西相持 7 年。

　　1636 年（明崇禎 9 年）皇太極正式稱帝，改國號清，取《詩經》上「維清緝熙」，有取而代明之意，並改族名女真為「滿洲」。同年，清兵再入喜峰口，劓掠北京附近而去。當時朝鮮尚忠於明朝，皮島也仍在明朝手裏，為清人東方及海上的牽制力；加以明於寧遠、錦州一帶駐有重兵，清人迂道入侵，雖屢次得利，但因有後顧之憂，終不敢久留關內。因此清軍退去後，專力以取朝鮮。次年，朝鮮附清，皮島也陷落。

　　1638（明崇禎 11 年），皇太極以弟多爾袞、岳托分道攻明，自率大軍赴

山海關。多爾袞等進窺北京附近，凡下48城。孫承宗年80，早已辭官養老，清軍攻其家鄉高陽（河北高陽縣），他與他的19位子孫壯烈殉國；盧象昇督師迎敵，於鉅鹿（今河北鉅鹿縣）中4箭3刀，陣亡，全軍覆沒。皇太極一路攻打錦州則為祖大壽所敗，未能得逞。次年，清軍南下，攻入山東境，陷16縣，然後退去。清軍退回關外後，乃竭力圖取山海關外諸城。

松錦戰役——洪承疇降清

由於寧、錦守備甚嚴，清軍便使用「由遠漸近，長期圍困」的戰略，在錦州北45公里的義州（今義縣）屯田。1640年（明崇禎13年），清兵重圍錦州，祖大壽堅守不屈。第2年，明經略洪承疇派吳三桂等8大將援錦州，結果失敗；承疇堅守松山（今錦州南9公里），皇太極親率大軍圍攻，半年後，1642年（明崇禎15年）2月承疇被擒，所部13萬人整個崩潰。祖大壽在「城內糧盡，人相食，戰守計窮」的情況下，以錦

山海關的老龍頭，在關城南4公里，這裡是長城入海處，入海部分長23公尺，寬10公尺。

北京故宮午門。1644年（清順治元年）9月，順治帝車駕入宮，遷都北京，定鼎中原。

279

州降清，明乃以吳三桂守寧遠，明在山海關外，只剩幾城。

　　1643 年（明崇禎 16 年）皇太極死，其子福臨繼位，是為清世祖，並改第 2 年為順治元年，順治帝年幼，由多爾袞攝政。1644 年（明崇禎 17 年，清順治元年），關內的農民軍之勢復盛，李自成在西安稱王，建國號大順，建元永昌，並自陝西東進，攻下太原，繼而攻下寧武關（在今山西寧武縣），連陷大同、宣府及居庸關（今河北昌平市）。3 月，李自成圍北京，太監曹化淳開城門接納大順軍，北京陷落。崇禎帝登皇宮後山煤山自縊而死。

　　當李自成進逼北京時，崇禎帝急詔吳三桂入援，三桂率軍自寧遠入關，行至河北豐潤，而京師已陷，遂頓兵山海關，觀望形勢。

山海關之戰——清軍入關

　　李自成捉住三桂父親吳襄，令其寫信招降吳三桂，三桂欲降，既而聽說愛姬陳沅（又名圓圓）為李自成大將吳宗敏占有，怒而據關固守，4 月，自成親率 20 萬大軍攻打山海關，為夾擊吳三桂兵，自成派前鋒唐通率軍 2 萬往北繞出山海關，三桂向清乞援。是時多爾袞督軍於關外，便偕洪承疇急馳進山海關，清兵到關後，以吳三桂為前驅與大順軍激戰於山海關北 12 公里的一片石關，清兵再乘勢攻擊大順軍，再敗李自成於關西的石河。李自成退回北京，稱帝於明宮武英殿，然後挾明太子西走。

　　清軍獲勝後，多爾袞封吳三桂為平西王，三桂重獲陳圓圓，9 月，順治帝

乾隆裕陵。清廷入關後，在今河北省遵化市馬蘭峪營建東陵，這裡有：順治（孝陵）、康熙（景陵）、乾隆裕陵、咸豐（定陵）五位帝陵。

文翁仲 武翁仲

清西陵總神道的翁仲。清代自雍正以後另於河北省易縣泰寧鎮永寧山建西陵。這裡有：雍正（泰陵）、嘉慶（昌陵）、道光（慕陵）、光緒（崇陵）四位帝陵。1990 年代初，宣統帝溥儀也由八寶山公墓移葬西陵。

車駕至北京，御皇極門，頒詔大赦，定鼎中原。清廷以明宮為宮城，並在今河北省遵化市、易縣另闢東、西陵區。

〔內文中所標月日均為農曆〕

〔重要參考資料〕

《清史稿》，《滿洲實錄》。
孫文良：《明清戰爭史略》遼寧人民出版社，1986 年。
孫文良、李治亭：《崇德帝》吉林文史出版社，1993 年。
傅波主編《撫順地區清前遺跡考察紀實》遼寧人民出版社，1994 年。
閻崇年：《努爾哈赤傳》北京出版社，1983 年。
陳捷先老師：《明清史》三民書局，1990 年。
黎東方：《細說清朝》傳記文學社，1997 年。
傅樂成老師：《中國通史》大中國圖書公司，1977 年。
黃彰健：《努爾哈赤所建國號考》史語所集刊第 37 本。
李光濤：《明清史論集》臺灣商務印書館，1971 年。
楊暘主編：《中國的東北社會 14～17 世紀》遼寧人民出版社，1991 年。
李林、湯建中：《北鎮滿族史》遼瀋書社。
于善浦：《清東陵大觀》，河北人民出版社，1985 年。
謝敏聰：《中國歷代帝王陵寢考略》，正中書局，1976 年。

本文原載《牛頓雜誌》159 期，1996 年 8 月號。2005 年 8 月根據新資料增訂。

泰山
——五嶽獨尊，名山之首

泰山嶔岑磅礡，峻極高崇，氣象萬千，風光至為壯麗；歷代帝王又以此地為
舉行「封禪」大典之所，留下不少珍貴的古蹟、文物。有自然景觀之美，兼
有人文氣息之勝。1987年，聯合國教科文組織將泰山列入「世界自然文化雙
重遺產」。

由南天門下望。會當凌絕頂，一覽眾山小。

由天街看南天門。泰山的山頂上象徵「天上之城」,有東、西、南、北4天門。南天門海拔1460公尺。石砌拱形門洞,上覆樓閣3間,重檐歇山頂,黃琉璃瓦覆蓋,氣勢雄偉。元代中統5年(公元1264年)道士張志純創建,門額題「摩空閣」3個大字。

泰山刻石「五嶽獨尊」。歷代帝王將相與文人墨客，在泰山所題寫的現存刻石，就多達2500處。

望嶽　　杜甫

岱宗夫如何？齊魯青未了。
造化鍾神秀，陰陽割昏曉。
蕩胸生層雲，決眥入歸鳥。
會當凌絕頂，一覽眾山小。

這首詩是詩聖杜甫在考進士落榜，於唐玄宗開元24年（公元736年）漫遊山東省所作，當時他25歲，逼真的描繪，僅寥寥40字，就把泰山整個景色納於腕底。其原意為：

「泰山有什麼景色呢？在齊魯大地，青蔥之色沒有盡頭。泰山綺麗雄偉，鍾聚神秀之姿。山南明亮，山北昏暗，泰山也是日出日落交替陰陽的地方。層層雲海翻湧，胸懷無限坦蕩。張大眼睛，看到歸鳥飛入窠巢。登上泰山的絕頂，可以看到其他的山都變小了。」

泰山又名岱宗，是中國的聖山，古代皇帝祭天舉行「封禪」的地方。古稱東嶽，聳立在山東省泰安市北邊2.5公里的雲外。自古與華山、恆山、衡山、嵩山合稱五嶽，而東嶽最受重視。

泰山總面積達426平方公里，主峰海拔1545公尺，巍然立於山東中部，有「擎天捧日」之姿，形勢雄偉，氣象萬千。孟子曾說：「孔子登東山而小魯，登泰山而小天下。」（《孟子·盡心上》）

海外人士要到泰山，可以先乘國際航班飛機到青島，再由膠濟鐵路或濟青高速公路到濟南，轉公路或鐵路到泰安；或先飛北京、天津或南京，再乘京滬鐵路火車抵泰安。或先飛濟南再南下泰安。

泰安市是因泰山而發展起來的，帝王封禪及一般人登山，都會先在山下的泰安安頓，因此泰安就成了以為泰山服務為主要功能的城市。1949年人口為30000，自1979年改革開放以來，泰安由一般住居為落後平房的小縣城，發展成為現代化的大城市，1985年改泰安市並升為地級市，實行市管縣體制，總面積7762平方公里，總人口536萬（2005年統計），市政府駐地泰城，位於泰山南麓，面積37平方公里，人口約38萬。

封禪大典

在佛教尚未傳入中國以前（佛教於東漢時，公元67年傳入中國），漢民族在古代是多神信仰，因此，古代先民認為所有名山大川都是神聖的，為神靈所憑依主宰。根據《山海經》裡記載的451座山，都有不同的祭祀活動，

泰安市區及泰山、渿河。泰安市在泰山南麓，已發展成現代化的大城市。泰山不但是仙界，也是鬼界，泰安城則為人界。圖中可見流經泰安的渿河。今僧道作法事，常有渿河橋。

可見祭山的廣泛性。而帝王的重要職責之一是主持祭典，為國祈福，所以五嶽四瀆都列在國家的祭典裡。

由於泰山是黃淮大平原東部山東丘陵中最高最大的山，與廣闊的黃淮平原相對高差 1300 公尺以下，形成強烈對比，因而有異峰突起之勢。而五嶽中唯有它雄踞東方，泰山自古即被譽為萬物之始，陰陽交代之處，因為日出東方，日出的地方，一向被認為萬物萌生，陰陽昏曉交替之處。這是泰山被選為封禪地點的原因。

「封」是在泰山頂上築土為壇以祭天，岱頂的登封壇有兩處，一在今玉皇頂，另一在日觀峰附近；「禪」是在泰山下附近的小山梁父山（或在社首山、蒿里山，按：梁父山在大汶口東南 15 公里，平衍突出。蒿里山在泰安市西南，山坡不平坦，高 198 公尺，南向。梁父山則為東向。）的山上，除土為禪以祭地，用以報答天地的勳功。

《史記・封禪書》引《管子・封禪篇》記載，傳說古史上曾有 72 君到泰山燔柴祭天。根據可靠的記載，首次封禪的應為秦始皇。以後的秦二世、漢武帝乃至唐玄宗、宋真宗，封禪典禮都極為隆重。南宋時代，因疆土未達山

東，封禪典禮停止。元朝蒙古族對漢人的典章制度不甚熟悉；明代初年洪武、永樂二帝忙於軍事、政務，無暇封禪，以後遂相沿成制。清代康熙帝 2 次登泰山；乾隆帝 11 次御駕泰安，6 次登上泰山，祭廟但沒封禪。

歷代在泰山的封禪地點：祭天，秦始皇、漢武帝登封於玉皇頂；唐、宋則傳在日觀峰西的登封壇。祭地則秦始皇禪梁父山；漢武帝禪蒿里山、石閭山；唐玄宗、宋真宗均禪社首山。

「封禪」的文物曾數度出土於後代，如：

明洪武元年（1368 年），居民於泰山頂日觀峰得一玉匣，內裝玉簡 16 片，刻文記載宋真宗祭祀泰山之事。明成化 18 年（1482 年）秋，大雨曾沖出過玉簡。清乾隆 12 年（1774 年）12 月 14 日，有人於此鑿石，又得玉匣 2 只，內裝玉簡，金繩封閉，其一為宋真宗登封玉冊，共 17 簡，每簡字一行。

民國 20 年（1931 年），在蒿里山與社首山之間清理戰場時，在一座被燬的閻王廟（又稱蒿里山神祠，即森羅殿，內祀酆都大帝及冥府 75 司）下掘地時，發現了唐玄宗及宋真宗禪地祇用的石函及玉冊，今珍藏於台北故宮博物院。

泰山神靈

泰山一地不但是仙界，而且也是鬼界，泰安城則是人界，顧炎武《日知錄》卷 30，即有「泰山治鬼」專章討論。顧炎武說：「泰山的仙論起源於周朝末年，而鬼論起源於東漢末年」。另宋、明以後泰山主祀天仙玉女——碧霞元君。《博物志》說：「泰山又名天孫，即為天帝之孫，主召人魂魄。」又《後漢書·方術傳》：「中國人死者魂神歸泰山。」又《三國志·管輅傳》：「泰山治鬼。」

2000 多年來，泰山成了儒、釋、道三教的天下。泰山頂上有孔子廟；經石峪有大字鼻祖之稱的《金剛般若經文》石刻；岱頂有玉皇殿、碧霞元君祠，泰山山麓「岱宗坊」東邊有酆都廟（即鬼城廟，內祀酆都大帝配以冥府十王，此廟今已拆除），禪地祇所在的蒿里山，山的名稱「蒿里」即漢代的輓歌（送葬曲）。

巍峨岱廟

登泰山通常都先遙拜參門，即到東嶽廟。泰山原有上、中、下 3 廟。上廟狹小，毀於民國年間，中廟也毀於民國年間，今僅存遺址，只有下廟，巍然高大，在泰安市區北部，此廟即為岱廟。

岱廟始建於秦漢，擴修於唐宋，盛於明清。廟的格局採用帝王宮城的模式，城堞高築，規制宏敞，宮闕重疊，雄偉壯麗，巍峨不凡。總面積達 9637 平方公尺，周圍 1.5 公里，平面呈長方形，南北長 405.7 公尺，東西寬 236.7 公尺，廟內現有古建築 150 餘間。廟前有遙參亭、岱廟坊；廟中南北軸線上貫穿著正陽門、配天門、仁安門、天貺（音況，賞賜之意）殿、後寢宮、厚載門；東側輔以漢柏院、東御座、東道院；西側配以延禧殿、雨花道院。整

岱廟正陽門。正陽門為岱廟的正門，原門樓、角樓毀於民國年間。1985 年重建，按宋代祠祀建築中的最高標準建造的。

座建築不僅結構嚴謹、氣勢宏偉，而且雕樑畫棟，金碧輝煌。

　　主體建築——宋天貺殿，奉祀東嶽大帝，重檐廡殿式，黃琉璃瓦頂，顯得富麗堂皇。殿前有高大的露台，漢白玉欄杆環繞，與北京故宮太和殿、曲阜孔廟大成殿為中國 3 大宮殿建築。宋天貺殿面闊 9 間、進深 4 間（東西長 48.7 公尺，南北寬 19.79 公尺），通高 22.3 公尺。創建於宋真宗大中祥符 2 年（1009 年），歷代皆有重修。

　　天貺殿內東、西、北三牆壁間繪有《東嶽大帝啟蹕回鑾圖》，畫全長 62 公尺，高 3.3 公尺，繪出東嶽大帝出巡時啟程和回鑾的情況，浩浩蕩蕩的隊伍，威嚴的武士、壯麗的儀仗、連綿的車馬旌旗，以及群臣迎送的情形，生動自然，極神功之妙，傳為宋代所繪，但原畫已毀（大殿在金、明兩代曾遭

岱廟宋天貺殿。始建於何時?目前無確切考證。元、明兩代曾 3 次被火焚燬。清代也遇過地震。
天貺殿是中國現存 3 大宮殿建築之一。

3 次火災),現存壁畫是清初畫家在保留宋畫原貌的基礎上重畫的。實際上,
這幅壁畫也可以說是反映歷代帝王告祭泰山時盛況的寫實畫,它彷彿歷史場
景的再現,畫中的殿閣樓臺圖樣,很有助於人們對傳統建築的鑑賞和研究。

由岱宗坊到中天門

泰山的山麓到山頂(由岱廟到南天門)有 8.2 公里,盤道石磴 5800 餘級,
徒步登山大約要 4 小時,下山只須 2 小時。現在遊客多由山麓的大眾橋沿盤
山公路乘車到中天門(約需 25 分鐘),再由中天門徒步上山,或坐 8 分鐘的
空中纜車沿空中索道,即可到達南天門。

徒步從登泰山的大門——「岱宗坊」開始,地勢漸高。坊離泰安城北 0.5

《東嶽大帝啟蹕回鑾圖》（部分）應為封禪大典歷史場景的寫實紀錄。（資料照片）。（取自美乃美《中國佛教の旅》）。

公里，建於明穆宗隆慶年間（1567～1572年），雍正時代重建。由岱宗坊走約2公里，便看到入盤道的大門——「一天門」，門北有一石坊，刻著「孔子登臨處」，石坊北邊又有一懸崖，壁上有兩個朱紅大字「紅門」。紅門北邊為「萬仙樓」，樓中奉祀王母，配以列仙。

再往上登為「經石峪」，此乃1400年前古人在崖壁上所刻的《金剛經》文。《金剛經》就是《金剛般若波羅蜜經》，經石峪原刻了2000多字，現僅存1067字，每字大約50公分見方，篆隸兼備，書法遒勁，無年款與刻書者姓名，一般認為出自北齊人之手，這些刻經有大字鼻祖之稱。過了峪，再上到半山腰的迴馬嶺，即此處馬不能再登石級，傳為當年宋真宗迴馬處。由此石磴盤曲，依峭鑿成壁，令人心生揣懼，需緩步蛇行；兩峰之間，有澗水下流，水聲潺潺，古柏夾道，盤迂如虬龍。再往上即到中天門。

由中天門到十八盤道

中天門往北是「御帳坪」（因宋真宗駐蹕而得名）；再開始陡峭，磴級陡險，坪邊石罅，有瀑布直下，這是澗水的水源，鐫有「江河元脈」4字。

再往上爬到五松亭處，看到「五大夫松」，這是秦始皇27年（公元前

五大夫松

219年），秦始皇登泰山避雨的地方，封為五大夫，今有 3 棵松樹，是清雍正 8 年（1730 年）補植的。（五大夫是秦朝的一種官名，後人誤為五棵松樹。）再從小天門而上，兩山壁立，只有小徑一條可通行，這就是所謂的十八盤道，石級鱗次，攀登的人莫不懍然惶恐，由此仰望南天門（又稱三天門），如穴中窺天。

岱頂攬勝

在南天門以上為泰山頂上（即岱頂）大致為 0.7 平方公里的開曠平台。俯視下方，大地茫茫，渺無際涯，徂徠山如蒜、黃河如玉帶。

由南天門可登上泰山的絕頂──天柱峰，又稱玉皇頂，頂上一座廟──玉皇閣，奉祀明代鑄的玉皇大帝銅像，這是泰山最高的地方。該處有數座巨石，矗起土中，是為「嶽巔」，絕頂上的登封臺是古代帝王設壇祭天的地方，台上有一方石，色澤很青，彷如天空色彩。

碧霞祠在玉皇頂下，是泰山頂上規模最宏大的古建築群，為防止高山雷

天街

緊十八盤道。有 473 級石階，始達南天門。

大觀峰石刻。大觀峰削壁為碑，題刻遍布，字體各異，洋洋大觀。圖右邊為唐玄宗御書《紀泰山銘碑》古人評論：「蓋自漢以來碑碣之雄壯未有及者」。史載：「舊填金泥，元時錯落。每當晴朗時，自南數十步望之，字裡行間光彩照灼。」1959 及 1982 年復貼金。

293

碧霞元君祠。為泰山頂上最大的建築群，宋大中祥符年間建，金碧輝煌，儼然天上宮闕。

五台山

冰緣地貌，佛山之首

五台山台懷鎮及菩薩頂全景。偏右遠方頂處有雄偉建築
的即為菩薩頂。塔院寺的喇嘛白塔是五台山的象徵。

擊，採用金屬鑄件和土木磚石結合的設計，正殿有 5 間的殿瓦、鴟吻、檐鈴均為銅鑄，左右配殿各 3 間，其與山門的瓦則為鐵鑄；正殿前方的兩側各立有明代銅牌，院內有銅鑄千斤鼎，整座建築金碧輝煌，頗為壯麗，傳說碧霞元君是東嶽大帝的女兒，宋真宗封泰山時，建昭應祠供奉此天仙玉女。清乾隆 5 年（1740 年），祠毀於祝融，次年（1741 年）重建。

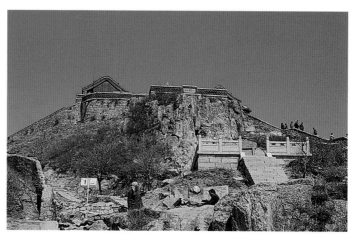

泰山絕頂

碧霞祠旁有孔子祠，孔子祠的東邊大觀峰下原有東嶽廟（即岱廟的上廟），已坍廢，現僅存柱礎，廟後崖壁上刻有唐玄宗《紀泰山銘》，也就是摩崖碑，高 13.3 公尺，幅 5.3 公尺，有 996 字，為唐開元 14 年（726 年）玄宗自己行文並以隸書御筆的八分書，字大如碗，深幾寸，字跡勁秀無比。

泰山的頂上東南部又有日觀峰，峰上東北邊有奇石「探海石」，長 6.5 公尺，是眺望

孔子祠

旭日東升的最佳地點。俗稱泰山 4 大奇觀是：「旭日東升」、「晚霞夕映」、「黃河金帶」、「雲海玉盤」。觀日出奇景在黎明時分，天空由灰漸亮，瞬時水面霞光燦爛萬道，金黃色的旭日突現，放出萬丈光芒，蔚為奇觀。

結語

泰山形成於太古代，距今約 24 億 54 萬年到 25 億年，為片麻岩構成的斷塊山地。山上多石少土，石蒼黑色，多方形，較少圓形；少雜樹多松樹，生長在石罅；而峭壁懸崖、深谷巨壑、湧泉飛瀑，更顯出山勢磅礴雄偉，峰巒突兀峻拔，景色壯麗、氣象萬千。山上名勝古跡眾多，為中國名山之首，「泰山天下雄」非浪得虛名。

本文原載《牛頓雜誌》180 期，1998 年 5 月號。2005 年 8 月根據新資料增訂。